Secrets
of
The Embassy

Secretos
de
La Embajada

OTHER TITLES BY STEFANO BUONOCORE-KNOTHE

The Embassy (2001)

A Special Visit to The Embassy
(English edition 2002, Dual-language edition 2019)

The Gift of The Embassy
(English edition 2003, Dual-language edition 2020)

Secrets of The Embassy

Secretos de La Embajada

A SPECIAL DUAL-LANGUAGE
EDITION TO PROMOTE
ENGLISH-SPANISH LITERACY

Stefano Buonocore-Knothe

Translated by Zinthia Fuentes

BOOK DESIGNED AND PUBLISHED BY

Michael Chrisner
design for a small planet®
designsmallplanet.com

Special thanks to Michael, Zinthia, Angela, and Jesús Antonio
for their excellent and tireless work in making this
book possible. Family photos graciously made available
by Kathy Knothe Sheehan and Diane Devoid.

DEDICATION

To Omar García Vasquez for continuing to
inspire me in my studies and my writing.
To my parents and grandparents and all the
wonderful Embassy memories that we share.

DEDICATORIA

Para Omar García Vásquez porque sigue
inspirándome en mis estudios y en mi escritura.
Para mis padres y abuelos y todos los maravillosos
recuerdos que compartimos de La Embajada.

Contents / Índice

ABOUT THE TRANSLATION

THE TRANSLATION PROCESS of *Secrets of The Embassy* has been satisfying and enriching. As a translator, I had the privilege of being in regular contact with Stefano Buonocore-Knothe as he was a careful reader of my Spanish version of his text since he is a skilled speaker of this language. In our online video talks we were able to specify the meaning in some phrases or passages and we also agreed to adapt some meanings to the conventions of Mexican or Oaxacan culture, since the variant from the Oaxaca high plateau is used for the Spanish version. All this with the purpose that readers in Spanish enjoy the stories in this book in all its nuances.

As a reader, I entered all areas in The Embassy, even the kitchen, and I also walked through the streets of the city of Troy in the 50s and 60s of the 20th century. Those decades are far away in time and space for me, but this book gave me access to the American daily life of the time in a working-class family. And thanks to *Secrets of The Embassy* I was able to have a faithful portrait of the fundamental role of Raffaella, the mother, and Grandmother Knothe—like other women at the time—in supporting their families thanks to their tireless work.

The Embassy is quite a character with its own temperament thanks to its diverse residents and now I know why it is cherished by Stefano Buonocore-Knothe, in his heart and in his books.

Zinthia Fuentes

SOBRE LA TRADUCCIÓN

EL PROCESO DE TRADUCCIÓN de *Secretos de La Embajada* ha sido satisfactorio y enriquecedor. Como traductora, tuve el privilegio de estar en contacto regularmente con Stefano Buonocore-Knothe pues fue un lector cuidadoso de mi versión en español de su texto ya que es un hablante diestro de esta lengua. En nuestras videocharlas pudimos precisar el sentido en algunas frases o pasajes y también acordamos la adaptación de algunos significados a las convenciones de la cultura mexicana o oaxaqueña, pues para la versión en español se emplea la variante del altiplano oaxaqueño. Todo ello con el propósito de que los lectores en español disfruten en todos sus matices los relatos presentes en este libro.

Como lectora, entré a todas las áreas de La Embajada, no nada más hasta la cocina, y también paseé por las calles de la ciudad de Troy de los años 50 y 60 del siglo xx. Esas décadas son para mí lejanas en tiempo y espacio, pero este libro me permitió acceder a la cotidianidad estadounidense de la época en un sector de clase trabajadora. Y gracias a *Secretos de La Embajada* pude tener un retrato fiel del papel fundamental de Raffaella, la madre, y la Abuela Knothe —como otras mujeres de la época— en el sostenimiento de sus familias gracias a su incansable trabajo.

La Embajada es todo un personaje con temperamento propio gracias a sus diversos residentes y ahora sé por qué Stefano Buonocore-Knothe la atesora en su corazón y en sus libros.

Zinthia Fuentes

An expressionistic pastel illustration of The Embassy by the author.

Una ilustración expresionista de La Embajada realizada al pastel por el autor.

"And let us linger in this place, for an instant to remark that if ever household affections and loves are graceful things, they are graceful in the poor. The ties that bind the wealthy and the proud to home may be forged on earth, but those which link the poor man to his humble hearth are of the truer metal and bear the stamp of Heaven. The man of high descent may love the halls and lands of his inheritance as part of himself, as trophies of his birth and power; his associations with them are associations of pride and wealth and triumph; the poor man's attachment to the tenements he holds, which strangers have held before, and may tomorrow occupy again, has a worthier root, struck deep into purer soil. His household gods are of flesh and blood, with no alloy of silver, gold, or precious stone; he has no property but in the affections of his own heart; and when they endear bare floors and walls, despite of rags and toil and scanty meals, that man has his love of home from God, and his rude hut becomes a solemn place."

From *The Old Curiosity Shop*, Chapter 38, by Charles Dickens, 1840

"Y detengámonos un instante para señalar que, si alguna vez el afecto y el cariño doméstico son bellos sentimientos, lo son en la casa de los pobres. Los lazos que unen a los ricos y a los orgullosos con su hogar pueden estar forjados en la tierra, pero los que unen al hombre pobre con su hogar humilde son de un metal más fiel y llevan el sello del cielo. El hombre de alta alcurnia puede amar las haciendas y las tierras de su heredad como parte de sí mismo, como trofeos de su cuna y de su poder; está asociado a ellas por el orgullo, el dinero y el triunfo. Pero el apego del hombre pobre a la morada que posee, que otros han ocupado antes y otros volverán a poseer después, tiene una raíz más digna, arraigada en lo profundo de un terreno más puro. Sus dioses familiares son de carne y hueso, sin aleación de plata, oro o piedras preciosas; el hombre pobre no tiene más propiedad que los afectos de su corazón; y cuando sus dioses le hacen amar los suelos y muros desnudos de su casa, a pesar de los harapos, el trabajo fatigoso y las comidas escasas, entonces ese hombre recibe de Dios el amor por su hogar, y su humilde cabaña se convierte en un lugar suntuoso."

Tomado de *La tienda de antigüedades* (1840) de Charles Dickens, Capítulo 38.

PREFACE
(Stefano Reveals What Really Happened Within The Embassy Walls)

T HE READERS OF *The Embassy* series have shown such a love of this endeavor, that I wanted to satisfy their deepening curiosity about The Embassy "behind the scenes." Pulling back the curtain, this book will tell the reader (in more or less chronological order) factual events which occurred during those eventful years of the 1950s and 1960s . . . while factual, still very interesting and ENTERTAINING!

For new readers of The Embassy, please keep in mind that The Embassy was NOT a real governmental embassy, but rather a poor, private two-family home in a lower, middle class working neighborhood in the Upstate New York city of Troy during the second half of the Twentieth Century. It was always thought of and referred to by me since childhood as "The Embassy" because of the many national backgrounds, the many languages spoken there, and the many religions practiced there during my childhood years in residence. It seemed like a world unto itself. After all, an embassy is legally a foreign land within a bigger host country.

It should also be emphasized to the new reader that the Buonocore-Knothe family who lived in The Embassy was very cash poor, and although all were good and intelligent individuals, for the most part they were not particularly typical of the more stereotyped American families of the time. This was due to the recent arrival of a young post World War II war bride from Italy (my mother) and her very aged in-laws (my paternal grandparents) who, being born in the 1890s, had very old-fashioned ways of running The Embassy which they had bought in the 1930s.

And unlike the nuclear families of many post WWII homes, The Embassy was a prime example of "the extended family" of an earlier generation of Americans; so there were all kinds of interesting family members who lived there. This book is a real walk back in time to a special era that no longer exists.

PREFACIO
(Stefano revela lo que pasó realmente al interior de los muros de La Embajada)

LOS LECTORES DE LA SERIE *La Embajada* han mostrado tanto amor por este empeño que quise satisfacer su profunda curiosidad sobre el "detrás de cámaras" de La Embajada. Al levantar el telón, este libro le contará al lector, en un orden más o menos cronológico, los hechos reales que ocurrieron durante las décadas de 1950 y 1960, ¡reales pero muy interesantes y ENTRETENIDOS!

Los nuevos lectores de La Embajada por favor tengan en cuenta que NO fue una verdadera embajada gubernamental, sino más bien una pobre casa particular de dos familias en un vecindario de clase media baja trabajadora de la ciudad de Troy, en el estado de Nueva York, durante la segunda mitad del siglo xx. Desde la infancia, siempre pensé en ella y la consideré como "La Embajada" debido a los muchos orígenes nacionales, los muchos idiomas que se hablaban y las muchas religiones practicadas durante los años de mi infancia que residí allí. Parecía un mundo en sí misma. Después de todo, una embajada es legalmente una tierra extranjera dentro de un país anfitrión más grande.

También se debe resaltar al nuevo lector que la familia Buonocore-Knothe que vivía en La Embajada carecía mucho de efectivo y, aunque todos eran individuos buenos e inteligentes, no eran en su mayoría especialmente típicos de las familias estadounidenses más estereotipadas de la época. Esto se debía a la llegada de una joven italiana recién casada (mi madre), mujer representativa del periodo posterior a la Segunda Guerra Mundial y sus muy envejecidos suegros (mis abuelos paternos) quienes, nacidos en la década de 1890, tenían formas muy anticuadas de administrar La Embajada, la cual habían comprado en los años treinta.

Y a diferencia de las familias nucleares de muchos hogares del periodo posterior a la Segunda Guerra Mundial, La Embajada era un excelente ejemplo de "la familia extendida" frecuente en la generación anterior de estadounidenses; así que vivían allí todo tipo de familiares interesantes. Este libro es un auténtico paseo en el tiempo hasta una época excepcional que ya no existe.

Chapter 1

A Halloween Crisis

M Y EARLIEST MEMORY OF ANYTHING was of an incident that occurred in October of 1956. I remember that day and subsequent days quite vividly. I was only a little five-year-old boy, and like many things that remain in children's minds, the Halloween observance of my public school kindergarten class was a long-remembered social horror for me.

When my Catholic mother married my non-Catholic father in Italy as World War II drew to a close, she had to journey from Naples, Italy to Rome to get special permission from some church leader at The Vatican to have a mixed-marriage performed by a Catholic priest back in Naples. One of the requirements insisted upon by that document of permission was that "any children who might be conceived through the conjugal bliss of this connubial union must be raised and educated in the Catholic Church." My very religious Catholic mother was in full accord with this ruling, and my U.S. Army father (who was only 20 years old and not very religious anyway) would have signed off on having his children educated on the planet Mars, as long as he could marry my dark-haired, beautiful, and shapely mother. Further complicating matters was a law at that time, whereby the U.S. Army said he could not marry *anyone* because he was under 21 years of age until he got written permission from his parents in the USA. His parents (my paternal grandparents) acquiesced—but later told me that they were afraid my father would do something even more rash than marry an Italian girl—so they signed the permission form to let him get married overseas at the end of the war. As for my Italian maternal grandparents, they just

Capítulo 1

Crisis en Halloween

L O PRIMERO QUE RECUERDO EN TODA MI VIDA es un incidente que ocurrió en octubre de 1956. Recuerdo ese día y los siguientes muy vívidamente. Yo era solo un niño de cinco años y, como muchas cosas que persisten en la mente de los niños, la celebración de Halloween de mi grupo del jardín de niños fue una pesadilla social que recordaría por mucho tiempo.

Cuando mi católica madre se casó con mi padre no católico en Italia, al término de la Segunda Guerra Mundial, ella tuvo que viajar desde Nápoles, Italia, a Roma para obtener un permiso especial de alguna autoridad eclesiástica en el Vaticano para que un sacerdote católico en Nápoles oficiara un matrimonio mixto. Una de las exigencias estipuladas en ese permiso era que "cualquier niño que sea concebido a través de la dicha conyugal de esta unión matrimonial debe ser criado y educado en la Iglesia Católica". Mi muy religiosa madre católica estaba totalmente de acuerdo con esta disposición y mi padre, miembro del ejército de los Estados Unidos, que solo tenía 20 años y no era muy religioso de todos modos, de ser necesario habría firmado que sus hijos fueran educados en el planeta Marte con tal de poder casarse con mi hermosa madre, de cabello oscuro y bien formada. Conforme a la ley en ese momento, el ejército de los Estados Unidos estipulaba que mi padre no podía casarse con nadie, porque era menor de 21 años, sino hasta que recibiera permiso por escrito de sus padres en los Estados Unidos. Sus padres (mis abuelos paternos que luego me dijeron que les daba miedo que mi padre hiciera algo MÁS impulsivo que casarse con una chica italiana) firmaron el formulario de permiso para autorizar que se casara en ultramar al final de la guerra. En cuanto a mis abuelos maternos italianos, estaban simplemente ENCANTADOS con mi

LOVED my handsome, outgoing and self-confident father (who they thought was older than he was), so they gave their blessings to my mother once they saw what a serious and high-quality person my father was.

So the children of this wartime romance were all destined to attend Catholic school. However, in our poor city neighborhood in Troy, New York, our Roman Catholic church, St. Paul the Apostle, had room for only Grades 1 – 8. Kindergarten was not looked upon as a real grade in those days, so St. Paul's didn't have one. The result was that for my first year of school (kindergarten was only a half day in the morning), I had to attend a PUBLIC school!!

Fortunately, Public School #17 was a fine school located only one half-block down the street and up the hill from The Embassy. My older brother, Fred, who was four years my senior and attended St. Paul's CATHOLIC school five blocks away, was assigned by my parents to walk me to school every day on his way to his busy school day. No one escorted me home at 11:30 A.M. when kindergarten class was over. Evidently, my parents felt that I could find my way home by myself since it was only a short walk down the hill to The Embassy. My mother certainly would have met me after school and walked me home, BUT besides my brother and I, she already had two other little pre-school children at home (with more on the way). I was a solitary and dreamy little kid, but I just had to get home by myself. Even in a lower middle-class city neighborhood in those days of the 1950s, it was very safe and there was almost NO automobile traffic to speak of, so crossing the street was also safe for a little five-year-old boy. The streets in those days were SO devoid of cars and any vehicular traffic that we children actually played in the street without worrying about the occasional car which might pass slowly by on our poorly-paved pothole-ridden street.

So that fateful Halloween morning, my brother dragged a little self-distracted Stefano the half-block up the hill to public school kindergarten as he had evidently been doing since school had begun in September. My father couldn't bring me to school either, because he was on the road by 5 A.M. to get to his job at the General Electric

padre: un joven guapo, extrovertido y seguro de sí mismo (que creían mayor de lo que era), por lo que dieron sus bendiciones a mi madre una vez que vieron en mi padre a una persona seria y de excelencia.

Pues bien, en nuestro vecindario pobre de la ciudad de Troy, Nueva York, nuestra iglesia católica romana San Pablo Apóstol tenía espacio solo para los grados de primero a octavo[1]. El jardín de niños no se consideraba un grado de verdad en esa época, por lo que San Pablo no tenía. Como resultado, durante mi primer año de escuela (el jardín de niños era solo medio día por la mañana), ¡tuve que asistir a una escuela pública!

Afortunadamente, la Escuela Pública Núm. 17 era una excelente escuela ubicada a solo media cuadra colina arriba en la calle de La Embajada. A mi hermano mayor, Fred, que tenía cuatro años más que yo y asistía a la escuela CATÓLICA de San Pablo a cinco cuadras de distancia, mis padres le encargaron que me acompañara a la escuela todos los días, de camino a su ocupado día escolar. Nadie me acompañaba a casa a las 11:30 a.m. cuando las clases del jardín de niños habían terminado. Evidentemente, mis padres sintieron que podría encontrar el camino a casa por mí mismo, ya que era solo una caminata de media cuadra colina abajo hasta La Embajada. Por supuesto que mi madre me habría ido a buscar después de la escuela y me habría llevado a casa, PERO, además de mi hermano y de mí, ella tenía ya otros dos niñitos de preescolar en casa (y más en camino). Yo era un niño solitario y soñador pero tenía que ir a casa sin acompañante. En aquellos días de la década de 1950, incluso en un vecindario urbano de clase media baja, era muy seguro y casi NO había tráfico de automóviles, por lo que cruzar la calle también era seguro para un niño de cinco años. Las calles en esos días estaban tan desprovistas de coches y de cualquier tipo de tráfico vehicular que los niños de hecho jugábamos en la calle sin preocuparnos por el muy ocasional automóvil que circularía lentamente por nuestra calle pobremente pavimentada y llena de baches.

Así, aquella fatídica mañana de Halloween, mi hermano arrastró a un pequeño y distraído Stefano a lo largo de la media cuadra colina arriba hasta el jardín de niños, como evidentemente lo hacía desde que habían comenzado las clases en septiembre. Mi padre tampoco podía llevarme a la escuela porque desde las 5 a.m. estaba en camino para llegar a su trabajo en la planta de General Electric, a una hora de viaje en Schenectady, Nueva

17

---

[1] N. de la T. Los grados de 1° a 8° corresponden en el sistema educativo mexicano a los grados 1° a 6° de educación primaria y 1° y 2° de educación secundaria.

plant a one-hour commute away in Schenectady, New York. There were no interstate highways or even four-lane highways in the Albany area in those days other than the far-away New York State Thruway, so slow-moving bus and car traffic was crammed onto narrow two-lane streets and roads between each of the "tri-cities" of the Capital District where we lived. My father faced a long and slow commute every morning. My poor brother was almost always late for his own school because he had to deal with my slow-moving, preoccupied self every morning as he tried to get me safely into my classroom on time.

This particular October morning, my brother and I were surprised to see dozens of costumed boys and girls milling about outside the school entrance door. At that moment, I suddenly remembered that we kindergarten students WERE SUPPOSED TO COME TO SCHOOL WEARING A HALLOWEEN COSTUME!! Our kindergarten class was going to entertain the rest of the school that day to honor Halloween. I begged my brother to take me home so I could get my Halloween costume to wear. Well, that was just too bad for me. My nine-year-old brother was already hurrying to get to his school and he refused to bring me home to The Embassy to get the costume that my mother had already made for me to wear "trick-or-treating" in our neighborhood that Halloween evening. You couldn't blame my brother; he was far too young to be in charge of a little five-year-old and he had his own obligations to worry about. My brother said it wasn't necessary that I have a Halloween costume and he "dumped" me inside my kindergarten classroom and took off at a full gallop to get to his school on time (as any typical kid would do). I was already wildly crying and fearful that I had done something wrong in forgetting to wear a costume to school that day. It got worse.

It turned out that the kindly kindergarten teacher, Mrs. Smith, had anticipated that some of her students would not have a costume or forget to wear one to school, so she had prepared paper masks to be worn by children who didn't have a costume. The paper masks were cheap, dumb-looking orange construction paper PUMPKIN FACES to be tied on with string. One other hapless

York. En aquellos días no había autopistas interestatales ni autopistas de cuatro carriles en el área de Albany más que la alejada autopista del Estado de Nueva York por lo que el tráfico lento de autobuses y automóviles se amontonaba en estrechas calles y caminos de dos carriles entre cada una de las tres ciudades del Distrito Capital[2] donde vivíamos. Mi padre enfrentaba un viaje largo y lento todas las mañanas para ir a su trabajo. Mi pobre hermano casi siempre llegaba tarde a su propia escuela, porque tenía que lidiar todas las mañanas con mi yo soñador que se movía lentamente, mientras trataba de llevarme a tiempo y a salvo a mi salón de clases.

Esa particular mañana de octubre, mi hermano y yo nos sorprendimos al ver docenas de niñas y niños disfrazados deambulando afuera de la escuela, frente a la puerta de entrada para los niños mayores. ¡¡En ese momento recordé de golpe que los estudiantes del jardín de niños DEBÍAMOS LLEGAR A LA ESCUELA VESTIDOS CON UN DISFRAZ DE HALLOWEEN!! Nuestro grupo de jardín de niños iba a entretener al resto de la escuela ese día para celebrar la noche de brujas. Le rogué a mi hermano que me llevara a casa para poder ponerme mi disfraz de Halloween. Yo no tuve otra opción. Mi hermano de nueve años ya iba apresurado para llegar a su escuela y se negó a llevarme a La Embajada para recoger el disfraz que mi madre me había confeccionado para ponérmelo y pedir dulces en nuestro vecindario la noche de Halloween. No podía culpar a mi hermano. Era demasiado joven como para estar a cargo de un pequeño de cinco años y tenía sus propias obligaciones por las que preocuparse. Mi hermano me dijo que no era necesario que yo vistiera un disfraz de Halloween y me "aventó" en mi salón de clase y se fue a todo galope para llegar a tiempo a su escuela (como haría cualquier niño normal). Yo ya estaba llorando incontroladamente y temiendo haber hecho algo mal al olvidar ponerme mi disfraz para ir a la escuela ese día. Pero se puso peor.

Resultó que la amable maestra del jardín de niños, la Sra. Smith, había previsto que algunos de sus alumnos no tendrían disfraz o se les olvidaría ponérselo para la escuela, por lo que había preparado máscaras de papel para que los niños sin disfraz las usaran. Las máscaras de papel eran unas sencillas CARAS DE CALABAZA anaranjadas de aspecto bobo, hechas de cartulina y atadas con una cuerda. Otro desafortunado niño y yo estábamos ataviados con estas "máscaras" espantosas y fuimos

---

[2] Es el área metropolitana que rodea a Albany, la capital del estado de Nueva York. NT.

boy and I were adorned with these dreadful "masks" and made to walk at the end of the line of our fully-costumed classmates. As we paraded throughout the school from classroom to classroom, I felt completely degraded and foolish. Every classroom we walked into held a fresh insult for me. All my fellow classmates marched proudly through the upper grade classrooms, but the moment the students in the upper grades saw me with my silly paper pumpkin mask, they laughed hysterically and catcalled derogatory observations! I was mortified. By the end of our class march through all the other classrooms, my construction paper mask was a sodden mess from the tears I had cried and cried into it.

On reaching home for lunch later that morning, I sobbed to my mother and told her of the insults and discomforts I had to endure for forgetting my Halloween costume. My mother wisely distracted me with food for lunch and with our anticipated plans for our family excursion in the neighborhood festivities later that day. Once in The Embassy, NOTHING from outside ever seemed to hurt me. I soon joined in the preparations for our family Halloween celebration. By the time my brother and my father arrived home later that afternoon, I was completely engrossed in fun anticipation of a spooky evening of trick-or-treating.

obligados a colocarnos al final de la fila de nuestros compañeros de clase totalmente disfrazados. A medida que desfilamos por toda la escuela, de salón en salón, me sentía completamente humillado y tonto. Cada aula en la que entrábamos tenía un nuevo insulto para mí. Todos mis compañeros de clase marchaban orgullosamente a lo largo de las aulas de los grados superiores, pero en el momento en que los estudiantes de los grados superiores me veían con mi tonta máscara de calabaza de papel, reían histéricamente y silbaban comentarios despectivos. Estaba mortificado. Hacia el fin de nuestra marcha grupal por todas las aulas, mi máscara de cartulina era un desastre empapada por las lágrimas que le había llorado y llorado.

Más tarde esa misma mañana, al llegar a casa para almorzar, sollozando le conté a mi madre los insultos y las incomodidades que tuve que soportar por haber olvidado mi disfraz de Halloween. Mi madre me distrajo sabiamente con la comida para el almuerzo y con nuestros planes previstos de la excursión familiar en el vecindario para pedir dulces más tarde ese día. Una vez en La Embajada, NADA del exterior parecía lastimarme. Pronto me uní a los preparativos para nuestra celebración familiar de Halloween. Cuando mi hermano y mi padre llegaron a casa más tarde, yo estaba completamente absorto en la divertida expectativa de una espeluznante noche de pedir dulces y hacer travesuras.

Chapter 2

Not-So-Private
Confession in Church

WHEN MY FUTURE-PARENTS CAME TO THE U.S. from Italy in 1947 (after WWII), they had heard that things in the States were booming. Allegedly, the United States was enjoying unprecedented economic success and profitable future development. Apparently, newlyweds from Europe were not predestined beneficiaries of that financial prosperity.

For us at The Embassy, we lived under the scary specter of THE HOUSEHOLD FINANCE COMPANY. Ugghhh! Just those very words put everyone in our home in a state of fear and terror. As a little boy, I didn't know what a finance company was, but I did know that whenever "The Household Finance Company" name was mentioned, both my parents went into a sad and distraught funk. This was especially true for my mother who was on the frontline battling the bill collectors from the finance company. Since companies knew that women in those days were usually "stay-at-home moms," such companies would send their bill-collector agents to ring the doorbells of their debtors or instruct their agents to constantly telephone those housebound matrons. It was a brutal technique which tormented poor young housewives like my mother in those days of the 1950s.

The Household Finance Company was the loan company that my father and mother had used to help them fund various purchases and expenses. My parents, like most of their peers of that era, never did have credit cards or even checking accounts throughout my entire life at The Embassy. The loan company had promised "easy payments" at "low interest rates," but over the course of more than

Capítulo 2

Una confesión no muy privada en la iglesia

C UANDO MIS FUTUROS PADRES LLEGARON a los Estados Unidos desde Italia en 1947 (después de la Segunda Guerra Mundial), habían oído que en Estados Unidos las cosas estaban en auge. Supuestamente, el país norteamericano estaba disfrutando de un éxito económico sin precedentes y un desarrollo lucrativo en los años por venir. Por lo visto, los recién casados que llegaban de Europa no estaban destinados a beneficiarse de esa prosperidad financiera.

Nosotros en La Embajada vivíamos bajo el aterrador espectro de la COMPAÑÍA FINANCIERA DE VIVIENDA. Uf. Esas solas palabras ponían a todos en nuestra casa en un estado de miedo y terror. De niño no sabía qué era una compañía financiera pero sí sabía que cada vez que se mencionaba el nombre de la "Compañía Financiera de Vivienda", mi padre y mi madre se amilanaban y angustiaban. Esto ocurría especialmente a mi madre pues ella estaba al frente de la batalla contra los cobradores de la compañía financiera. Como las empresas sabían que las mujeres en esos días solían ser "amas de casa", entonces enviaban a sus agentes cobradores a tocar los timbres de sus deudores o les indicaban a dichos agentes que telefonearan constantemente a esas matronas confinadas en sus hogares. Era una técnica brutal que atormentaba a las madres de familia jóvenes y pobres como mi madre en aquellos días de la década de 1950.

La Compañía Financiera de Vivienda era la empresa de préstamos a la que mi padre y mi madre habían acudido para ayudarse a sufragar varias compras y gastos. Mis padres, como la mayoría de sus pares en esa época, nunca tuvieron tarjetas de crédito ni cuentas de cheques durante el tiempo que viví en La Embajada. La compañía de préstamos había prometido "pagos chiquitos" con "bajas tasas

23

ten years, my poor parents lived with the menacing and annoying phone calls and home visits of the men from The Household Finance Company trying to collect their money. Unfortunately, my poor parents had been duped by the American promise of "E-Z cash" and "E-Z payments." In reality, my parents could barely keep up with the interest payments every month. What had they borrowed the money for? I assure you, it wasn't for any type of luxuries. We at The Embassy had NOTHING that even smacked of luxury. A simple kitchen stove (a necessity), my dad's old, second-hand car which he needed to get to work, and money to help pay medical bills (another necessity) were all that my poor parents were guilty of "squandering" borrowed money on. My father took two part-time jobs and my mother economized to the bone, but they just couldn't get out from under their first "E-Z loan" experience. So, for years we lived under the torment of The Household Finance Company.

When, as a little boy, I shared my fear of The Household Finance Company with my paternal grandmother (who lived with my grandfather and my great-aunt in the flat upstairs in The Embassy), she, in turn, told me her horror story of borrowing money. It seems that, in their financial struggles in their younger days, Grandmother and Grandfather Knothe had had to borrow money against their life insurance policy in order to come up with the down payment for The Embassy. My grandmother told me that she and my grandfather were terrified for several years while they lived without insurance. This was terrifying for young housewives of that era because after getting married, most women stayed at home raising children and had no way of earning money for themselves. Like her counterparts of that era, my grandmother went right from being dependent on her father to being dependent on her husband. When they finally paid off that loan against their insurance policy, she said that they had felt a great weight was lifted from them. (Looking back on the 1930s now it seems that The Embassy was a bargain at $4,000., but that was a whopping amount for lower-middle-class people to pay for a house in the 1930s.)

Fortunately for us, we didn't just have to constantly pay bills

de interés", pero en el transcurso de más de diez años, mis pobres padres vivieron con las amenazantes y molestas llamadas telefónicas y las visitas a domicilio de los hombres de la Compañía Financiera de Vivienda tratando de cobrar su dinero. Desafortunadamente, mis padres habían sido embaucados por la promesa estadounidense de "Efectivo fácil" y "Pagos chiquitos". En realidad, mis padres apenas podían estar al corriente con los pagos de intereses de cada mes. ¿Para qué habían pedido prestado el dinero? Les aseguro que no fue para ningún lujo. En La Embajada no teníamos NADA que siquiera oliera a lujo. Una simple estufa de cocina (necesidad básica); el viejo auto de segunda mano de mi papá que le era imprescindible para ir a trabajar; y dinero para ayudar a pagar las facturas médicas (otra necesidad básica) era todo en lo que mis pobres padres eran culpables de "derrochar" el dinero prestado. Mi padre aceptó dos trabajos de medio tiempo y mi madre economizaba hasta los huesos, pero simplemente no pudieron escapar de su primera experiencia de préstamo de "Pagos chiquitos". Así que durante años vivimos bajo el tormento de la Compañía Financiera de Vivienda.

Cuando de niño compartí mi miedo a la Compañía Financiera de Vivienda con mi abuela paterna (que vivía con mi abuelo y mi tía abuela en el piso de arriba del nuestro, en La Embajada), ella a cambio me contó su historia de terror cuando pidieron dinero prestado. Parece que, en sus luchas financieras en sus días de juventud, mi Abuela y el Abuelo Knothe habían tenido que pedir dinero prestado para pagar el enganche de La Embajada y para ello dejaron en garantía su póliza de seguro de vida. Mi abuela me dijo que ella y mi abuelo vivieron aterrorizados durante varios años en los que no tuvieron seguro. Esta situación era pavorosa para las jóvenes amas de casa de ese tiempo porque, después de casarse, la mayoría de las mujeres se quedaban en casa criando hijos y no tenían forma de ganar dinero por sí mismas. Al igual que otras mujeres de la época, mi abuela pasó de depender de su padre a depender de su esposo. Mi abuela me dijo que cuando finalmente pagaron ese préstamo que tenía en garantía su póliza de seguro sintieron que les habían quitado un gran peso de encima. (En retrospectiva, ahora parecería que La Embajada fue una ganga de cuatro mil dólares, pero en la década de 1930 para las personas de clase media baja esa era una cantidad enorme para comprar una casa).

Afortunadamente para nosotros, no solo teníamos que pagar

and bills and bills. It seemed that FREE gifts just rained down on us in those booming days of the 1950s. At breakfast we would get FREE toy prizes in almost every box of cereal. Whenever we went to the grocery store we received FREE "S&H" Green Stamps; once collected, you could trade dozens of books full of these stamps for things like an electric toaster or a little desk lamp. My grandfather saved the coupons from packs of cigarettes like Pall Mall and Chesterfield to trade in toward more FREE cigarettes. What a deal!! In almost every box of powdered laundry soap, my mother would receive a FREE dish towel or a FREE tiny orange juice glass. FREE; FREE; FREE. It seemed at every turn, there was some sort of free reward for spending your money in the 1950s.

Of course, not much was really free in those booming days of the 1950s, and not everyone was blessed with tons of ready cash. We at The Embassy surely knew that. For example, in those days, not every home had a telephone. I'm speaking now of heavy telephone appliances attached to the house by means of telephone wires—nothing like the ubiquitous cell phones in everyone's pocket today. There were public phone BOOTHS on almost every corner of our city as well as in nearly every store. Why? Because before today's cellular phones we had to spend a dime to make each phone call to our friends or family when we were not at home where we could use our house phone.

Truth be told, back then, private phone service in homes was a luxury. People like us used neighbor's telephones or public telephone booths because to have a telephone installed in your house cost (to us) an exorbitant amount of money monthly. Over the years we sometimes had access to a home telephone, but when money got tight and we couldn't pay that phone bill, we, like many of our friends and neighbors, had our phones "turned off" by the Bell Telephone Company. Usually, of course, most of us poorer families were able to re-connect our phones in a few weeks, paying in cash, the backlog of telephone bills, thereby not losing our designated telephone number. "Ashely 41781" was our home number back then for The Embassy in Troy, New York. People in nearby Watervliet had a number

constantemente recibos y más recibos. Parecía que los obsequios y cosas GRATUITAS nos llovían en esos días de auge de la década de 1950. En el desayuno obteníamos un juguete GRATIS en casi todas las cajas de cereal. Cada vez que íbamos a la tienda de comestibles recibíamos GRATIS las Estampillas Verdes de la compañía *S&H*. Después de reunirlas, se podían intercambiar docenas de cuadernillos llenos de estas estampillas por cosas como una tostadora eléctrica o una pequeña lámpara de escritorio. Mi abuelo guardaba los cupones de los paquetes de cigarros como "Pall Mall" y "Chesterfield" para cambiarlos por más cigarros GRATIS. ¡¡Qué buena promoción!! En casi todas las cajas de jabón en polvo para lavar ropa, mi madre recibía GRATIS un trapo de cocina o un pequeño vaso de jugo de naranja. GRATIS, GRATIS, GRATIS. Parecía que a cada paso de la década de 1950 había algún tipo de recompensa por gastar tu dinero.

Por supuesto que no mucho era realmente gratis en esos días de auge de la década de 1950 y no todos eran bendecidos con toneladas de dinero en efectivo. Nosotros en La Embajada por supuesto que lo sabíamos. Por ejemplo: en esos días no todos los hogares tenían teléfono. Hablo de aparatos telefónicos pesados conectados a la casa por medio de cables telefónicos, nada como los ubicuos teléfonos celulares que hoy en día están en el bolsillo de todos. Había CABINAS telefónicas públicas en casi todos los rincones de nuestra ciudad así como en casi todas las tiendas. ¿Por qué? Pues antes de los teléfonos celulares actuales teníamos que gastar diez centavos para hacer una llamada telefónica a nuestros amigos o familiares cuando no estábamos en casa, donde podíamos usar nuestra línea telefónica.

A decir verdad, en ese entonces contar con servicio telefónico privado era un lujo. La gente como nosotros usaba los teléfonos de los vecinos o las cabinas telefónicas públicas porque tener instalado un teléfono en tu casa costaba (para nosotros) mensualmente una cantidad exorbitante de dinero. A lo largo de los años, algunas veces tuvimos un teléfono en casa, pero cuando el dinero era escaso y no podíamos pagar ese recibo telefónico, a nosotros, como a muchos de nuestros amigos y vecinos, la Compañía de Teléfonos Bell nos "cortaba" la línea. Por lo general, la mayoría de las familias más pobres podíamos reconectar nuestros teléfonos en unas pocas semanas pagando, en efectivo, la torre de recibos telefónicos, y de este modo NO perdíamos nuestro número de teléfono asignado. Ashley 41781 era nuestro número de

like "Arsenal 36512" (because of a longstanding Army arsenal located there . . . very clever). "Bridge" was another prefix for local telephone numbers. Every town or neighborhood had a name prefix associated with its telephones. Later, Ashley became "274," and other names were simply replaced by numbers, so dialing was a little easier. The dials on our old black desktop or wall telephones were slow and noisy, but they worked. Even better, by the mid 60s, breakthroughs in push-button technology replaced the dials.

Unfortunately, in those early days, phone communication put many people on "party lines." A party line was not, as one would think, a fun fiesta of telephoning. What a party line meant was that more than one group of people would physically share the telephone wires . . . very UN-private and very annoying. For example, if you wanted to call your best friend up on the telephone to ask on what page in your history book the homework for tomorrow's class was located on, you couldn't just dial to reach them. You went to the telephone (which was attached to the wall by a long brown cloth-wrapped wire), picked up the receiver, listened for a "dial tone" (imagine an electronic hum) and dialed your friend's home telephone number (using his neighborhood code name like Ashley, Arsenal, or Bridge, etc.). However, often there was no "go-ahead" dial tone. Sometimes there simply was no telephone service at all—even if you had paid your phone bill. A plethora of reasons kept the phones of the day from working smoothly: construction, downed lines, wet lines, lines in big demand, etc., etc. Also, (and this was the most annoying thing) you might hear VOICES on your phone line instead of the dial tone. What were these voices? Well, the trade-off of this less expensive, shared service meant someone else in your "party" could be using the telephone simultaneously resulting in overlapping conversations—when all you wanted was a quick chat with your friend. Good telephone manners of the day expected you to simply hang up the telephone and make your call later when (assumedly) the telephone line would be "open." Yikes!!! This worked for most folks. Sadly, however, some of us had people on our party lines who monopolized the phone for hours. In our case some "old lady" used

casa en aquel entonces para La Embajada ubicada en Troy, Nueva York. La gente que vivía en el cercano Watervliet tenía un número como Arsenal 36512 (porque el antiguo arsenal estaba ubicado en Watervliet... qué listos). "Bridge" era otro prefijo para los números de teléfono locales. Cada ciudad o vecindario tenía un nombre como prefijo asociado con sus teléfonos (después Ashley se convirtió en 274 y otros nombres simplemente fueron reemplazados por números y marcar se volvió un poco más fácil). Los discos de nuestros viejos teléfonos negros de escritorio o de pared eran lentos y ruidosos, pero funcionaban. Y fueron todavía mejores, a mediados de los años 60, los avances en la tecnología de botones que reemplazaron a los discos.

Desafortunadamente, en aquellos primeros días la mayoría de las personas usaban líneas compartidas llamadas "líneas party"[3], que poco tenían que ver con la diversión de una fiesta telefónica. Lo que Línea Party quería decir era que más de un grupo de personas compartían físicamente la línea telefónica... nada privado y muy molesto. Por ejemplo, si se quería llamar a un mejor amigo por teléfono para preguntar en qué página del libro de historia se encontraba la tarea para la clase de mañana, no se podía marcar y ya para contactarlo. Uno iba al teléfono (que estaba conectado a la pared por un cable largo envuelto en tela café), levantaba el auricular, había que esperar a que se escuchara el "tono de marcación" (imaginen un zumbido electrónico) y se digitaba el número de teléfono de la casa del amigo (usando el nombre del código de su vecindario como Ashley, Arsenal, Bridge, etc.). Sin embargo, casi nunca había tono de marcación para seguir "adelante". A veces simplemente no había servicio telefónico, incluso si habías pagado tu recibo de teléfono. Una gran cantidad de razones impedían que los teléfonos de la época funcionaran sin obstáculos: construcciones, líneas caídas, líneas mojadas, líneas con gran demanda, etc., etc. Además, (y esto era lo más molesto), se podían escuchar VOCES en tu línea telefónica en lugar del tono de marcado. ¿Qué eran estas voces? Bueno, el precio que había que pagar por tener este servicio compartido menos costoso significaba que alguien más podría estar usando el teléfono simultáneamente, lo que resultaría en conversaciones superpuestas, cuando lo único que se deseaba era una charla rápida con un amigo.

Los buenos modales telefónicos de la época suponían que simplemente colgaras el teléfono y llamaras más tarde cuando (en teoría)

29

---

[3] N. de la T. Uno de los equivalentes de la palabra *party* en español es *fiesta*.

to talk and talk and talk for hours without ever hanging up. If you were rude enough or bold enough to "listen in" on her call, you would realize her call was endless, shameless gossip. How frustrating it was to wait for a clear line. If you were really brazen, you could speak into the telephone and ask the person on your shared line to please hang up soon because you had an important call to make. Most people on a party line would then end their call shortly as a nod to good manners and thoughtfulness, allowing you soon after to make your call.

Our town was full of stories of party line members who were NOT so polite or thoughtful. Party line members commonly did not know each other and were usually not even neighborhood residents. Often the person using this party line would be irked by your request to use the phone line; sometimes resulting in arguments and shouting matches. On occasion, in retaliation, party line members would "listen in on" private conversations. It was usual through careful attention to hear that someone was eavesdropping on your conversation and they would be directed (in a very annoyed tone) to "Please get off the line. This line is in use." Again, one hoped for proper civility and thoughtfulness on the part of both parties, but, more often than not, the person whose call had been connected first retained use of that line until he or she was finished with their call. All-in-all, party lines were a frustrating and time-consuming method of communication. Fortunately, in those early days, the U.S. mail was delivered more than once a day, six days a week.

Not only were the telephone lines a troublesome means of communication, but also, for those of us in The Embassy, even face-to-face verbal exchanges were fraught with problems. After the War there were many war brides and "foreign" people who had come to live in the Capital District where our home was located. Not all of these new arrivals had mastered English very well at the time of their arrival. My mother's English was excellent as she had studied and practiced English very hard in her university in Italy. However, although her grammar skills and vocabulary were BETTER than most of the native-born people in our middle-class American neighborhood,

la línea telefónica estuviera "desocupada". ¡Caray! Esto funcionaba para la mayoría de la gente. Lamentablemente, sin embargo, algunos compartíamos las líneas con personas que las monopolizaban durante horas. En nuestro caso, alguna "anciana" solía hablar y hablar y hablar durante horas sin colgar. Si se era lo suficientemente grosero o lo suficientemente atrevido como para "escuchar" su llamada, uno se daba cuenta de que la conversación era un interminable chisme desvergonzado. Qué frustrante era esperar una línea desocupada. Si se era lo suficientemente descarado, se podía interrumpir la llamada y pedir a la persona en la línea compartida que por favor colgara pronto porque había que hacer una llamada importante. La mayoría de las personas en una línea compartida terminarían su llamada poco después, en señal de buenos modales y consideración, lo que nos permitiría hacer la llamada.

Nuestra ciudad estaba llena de historias de usuarios de líneas compartidas que NO eran tan educados o considerados. Los miembros de la línea compartida con frecuencia no se conocían entre sí y generalmente ni siquiera eran residentes del vecindario. A menudo, la persona que usaba tu línea compartida se irritaba ante tu solicitud de usar la línea telefónica y a veces resultaba en discusiones y competencias de gritos. A veces, en represalia, los usuarios de la línea compartida "escuchaban" conversaciones privadas. Era habitual, si se ponía atención cuidadosa, darse cuenta de que alguien estaba escuchando a escondidas la conversación y se le indicaba (en un tono muy molesto): "Por favor, salga de la línea. Esta línea está en uso". Una vez más, uno esperaba cortesía y consideración de ambas partes, pero, la mayoría de las veces, la persona que se había conectado primero retenía el uso de la línea hasta que concluyera su llamada. A fin de cuentas, las líneas compartidas eran un método de comunicación frustrante y que requería mucho tiempo. Afortunadamente, en esos primeros días el correo de Estados Unidos se entregaba más de una vez al día, seis días a la semana.

Para nosotros en La Embajada, no solo las líneas telefónicas eran un medio de comunicación problemático pues también las interacciones verbales cara a cara estaban cargadas de problemas. Después de la Guerra, hubo muchas novias de guerra y "extranjeros" que habían venido a vivir al Distrito Capital, donde se ubicaba nuestra casa. No todos los recién llegados dominaban muy bien el inglés al

her pronunciation was incomprehensible to the average American person on the street. Like so many children of recent immigrants at that time, my older brother and I had to learn to "cope with" these oddities of pronunciation and, regularly, clarify my mother's verbal communications to "the locals" by translating my mother's English to an English that the locals could understand.

My tall, shapely, beautiful, young Italian mother had been raised in an upper-class home in an era of class-consciousness in pre-war Europe. She had learned the rudiments of the English language very well, *but* she was completely incapable of understanding the American cultural and social rules of behavior. In the sophisticated cosmopolitan city of Naples, Italy in pre-war Europe, a young woman of her class did NOT casually wave to or speak to unknown or slightly-acquainted-with people on the streets or on buses or in stores. If someone (especially a man) were bold enough to sit next to my mother on the bus, she stood up and went to find another seat. When walking downtown, my slim, pretty mother took us children by the hand, looked up and straight forward, and did not deem to speak to unknowns. . . . Anywhere. She was shocked when passersby or distant neighbors or fellow bus riders would try to initiate conversation with her. It just wasn't done.

The ongoing problem of my mother's pronunciation of American English added to the "adventures" my brother and I had whenever we accompanied her on shopping excursions in those early years after the War. One time, we went into a downtown drugstore and my mother wanted to buy a skin care product which was popular at the time called "Beauty Ice." Being beautiful and fashionably dressed in high heels, hat, gloves, and a long full dress (people in those days did NOT wear casual clothes to go shopping in the nicer downtown stores), my mother caught the attention of a young salesman. He asked her what she would like to buy. "Beeuuuty Eyess" my mother responded in her heavy accent (meaning "Beauty Ice"). The salesman's response was: "Madam, we don't have "Beauty Eyes," but we do carry "Maybelline" (a popular eye make-up brand of the time). I could feel my mother's grip tighten in frustration on

momento de su arribo. El inglés de mi madre era excelente ya que lo había estudiado y practicado con mucho esfuerzo en su universidad en Italia. Sin embargo, aunque sus habilidades de gramática y vocabulario eran MEJORES que la mayoría de las personas nacidas en Estados Unidos que vivían en nuestro vecindario clasemediero, su pronunciación era incomprensible para el estadounidense promedio de a pie. Al igual que muchos hijos de nuevos inmigrantes de la época, mi hermano mayor y yo tuvimos que aprender a "lidiar" con estas rarezas de pronunciación y regularmente teníamos que aclarar la comunicación verbal de mi madre a "los locales" mediante la traducción del inglés de mi madre a un inglés que los lugareños pudieran comprender.

Mi juvenil y hermosa madre italiana era alta, bien formada y había sido criada en la Europa de antes de la guerra en un hogar de clase alta en una época en la que se tenía conciencia de clase. Había aprendido muy bien lo elemental del idioma inglés, *pero* era completamente incapaz de comprender las reglas de comportamiento social y cultural de los Estados Unidos. En la sofisticada ciudad cosmopolita de Nápoles, Italia, en la Europa de antes de la guerra, una joven de su clase NO saludaba casualmente ni hablaba con desconocidos, o poco conocidos, con la gente en las calles o en los autobuses o en las tiendas. Si alguien (especialmente un hombre) era lo suficientemente atrevido como para sentarse al lado de mi madre en el autobús, ella se levantaba y buscaba otro asiento. Cuando caminaba hacia el centro, mi madre, delgada y bonita, nos tomaba a los niños de la mano, miraba en alto y al frente, y no consideraba hablar con desconocidos... en ningún lado. Se sorprendía cuando los transeúntes o vecinos lejanos o compañeros de autobús intentaban iniciar una conversación con ella. Simplemente no se hacía.

El continuo problema de la pronunciación de mi madre del inglés americano se sumó a las "aventuras" que mi hermano y yo teníamos cada vez que acompañábamos a mi madre en las expediciones de compras en los primeros años de posguerra. Una vez fuimos a una farmacia del centro y mi madre quería comprar un producto para el cuidado de la piel que era popular en esa época llamado "Belleza fría". Bella y hermosamente vestida con tacones altos, sombrero, guantes y un elegante vestido largo (la gente en esos días NO usaba ropa casual para ir de compras a las tiendas más bonitas del centro), mi madre llamó la atención de un joven vendedor.

my little five-year-old hand as she thanked the man and we left the store. Later, at home, my father suggested she might try to write down her proposed purchases and show the words to the salespeople next time.

Well, even we little children had problems "hearing" and pronouncing proper American English. I remember one eventful time when I was in the "confessional" in my Catholic church. The confessional booth was a little wooden closet-sized room built into the wall of the church's entranceway. There were three doorways on the confessional booth one next to the other. Each doorway was covered by a heavy maroon-colored drape so you couldn't see who was inside. The priest sat inside the middle doorway while a penitent sinner would kneel on a padded kneeler inside one of the other completely dark cramped booths behind maroon drapes on either side of the priest. The person confessing their sins was veiled off by the ruddy-draped heavy velvet curtain from the line of other mournful parishioners. Furthermore, there was a wooden wall separating the repentant from the priest so he could not see the sinner as he confessed his sins. However, in order to clearly hear the list of deeds spoken by the parishioner, there was a little one-foot square sliding "window" which the priest could open to hear you better. The parishioner and the priest could still NOT SEE each other, because when the window was slid open by the priest, there was still a translucent piece of white cloth nailed permanently in place over the window to give, at least, some element of privacy.

In order that the confession was not interrupted by other people waiting in line to divulge their sins, there was an "IN USE" bright yellow lighted electric sign outside, above the transgressor's doorway, that was automatically illuminated when the trespasser dropped to the kneeler inside the confessional booth. The line of people waiting to "make their confession" allegedly began at a spot in the church's entranceway over twelve feet away . . . allegedly. Unfortunately for those of us wanting privacy and anonymity, we endured classmates queued up nearby the booth as close as three or four feet away . . . very embarrassing. This UN-private situation

Este le preguntó qué le gustaría comprar. "Beletza frría" respondió mi madre respondió con su fuerte acento (queriendo decir "Belleza fría"). El vendedor respondió: "Señora, no tenemos "Beletza frría", pero tenemos "Maybelline" (ya una popular marca de maquillaje de ojos en esa época). Pude sentir la mano de mi madre apretando con frustración mi pequeña mano de cinco años cuando le agradeció al hombre y salimos de la tienda. Más tarde, en casa, mi padre le sugirió que la próxima vez intentara escribir sus compras planeadas y mostrara las palabras a los vendedores del centro.

Pues incluso los pequeños teníamos problemas para "escuchar" y pronunciar un inglés americano correcto. Recuerdo una memorable ocasión en que estaba en el "confesionario" de mi iglesia católica. La cabina confesional era una pequeña estructura, del tamaño de un armario de madera, empotrada en la pared a la entrada de la iglesia. Había tres puertas en la cabina del confesionario, una al lado de la otra. Cada puerta estaba cubierta por una pesada cortina de color marrón para que no se pudiera ver quién estaba dentro. El sacerdote se sentaba en el espacio detrás de la puerta central mientras que un pecador contrito se arrodillaba tras las cortinas de color marrón en un reclinatorio acolchonado dentro de una de las estrechas y oscuras cabinas a cada lado del sacerdote. La persona que confesaba sus pecados se cubría de otros feligreses afligidos que hacían fila gracias a la pesada cortina de terciopelo rojizo. Además, había una pared de madera que separaba al penitente del sacerdote para que este no pudiera ver al pecador mientras confesaba sus culpas. Sin embargo, para escuchar con claridad la lista de hechos pronunciados por el feligrés, había una "ventana" corrediza de treinta centímetros cuadrados que el sacerdote podía abrir para oír mejor. El feligrés y el sacerdote TAMPOCO lograban verse porque cuando el sacerdote abría la ventana quedaba una pieza translúcida de tela blanca clavada permanentemente sobre el hueco de la ventana para dar, al menos, un poco de privacidad.

Para que la confesión no fuera interrumpida por otras personas que esperaban en la fila para revelar sus pecados, había un letrero eléctrico luminoso de color amarillo que decía "OCUPADO" arriba de la puerta del infractor, que se iluminaba automáticamente cuando el pecador se arrodillaba en el reclinatorio al interior del confesionario. Supuestamente la fila de personas que esperaban para "hacer su confesión" comenzaba en un lugar en la entrada de la iglesia

would have been bad enough if you knew that the line of penitents waiting outside of the confessional was just a bunch of strangers. Sadly, for we little Catholic school children, the good nuns brought our entire class of fellow students at the same time to confession EVERY WEEK!! So, while you were confessing your sins (as innocent and innocuous as they were for little children) you *knew* that all of your classmates, friends and neighbors were craning their necks just outside the confessional booth to hear every detail of your sinful ways.

Usually the priest and the penitent both spoke in hushed and whispered voices. However, we, at St. Paul the Apostle Catholic Church, had a very hard-of-hearing elderly priest . . . a much-revered monsignor. AAARGGHH! We kids hated it when we knew that Monsignor Hogan was "on duty" because not only did he give you your penance and your absolution in A VERY LOUD VOICE, but he had the annoying and horribly embarrassing habit of repeating in a very loud voice every single sin you revealed to him. "You did WHAT?" "You did that with WHOM?" At the time, it was utterly embarrassing and degrading, especially in front of all of your classmates. Looking back, our confessions couldn't have been too risqué since we were all very young, well-behaved, strictly raised little Catholic school children. But, let me tell you, NOBODY wants to publicly confess their sins in front of their school chums.

Once, as an eight-year-old boy, the priest yelled at me because I said the opening confessional prayer incorrectly: I said, "Lord, I am PARTLY sorry for having offended Thee" (instead of "Lord, I am HEARTILY sorry for having offended Thee"). The priest was practically apoplectic screaming at me that I shouldn't be "partly" sorry for my sins. I was deeply embarrassed, especially since there was a long line of fellow young student miscreants standing only three feet outside the booth and able to hear every word that the priest yelled at me. Oh well. What did the priest expect? What eight-year-old boy uses a word like "heartily" anyway? It was a good thing that going to weekly confession with our classmates was mandatory, because after THAT event, I certainly wouldn't have ever gone back

a más de cuatro metros de distancia... supuestamente. Por desgracia para aquellos que queríamos privacidad y anonimato, teníamos que soportar que los compañeros de clase hicieran fila cerca de la cabina a un metro de distancia... qué vergonzoso. Esta situación NADA privada habría sido lo suficientemente mala sabiendo que la fila de penitentes que esperaban fuera del confesionario eran personas extrañas. Lamentablemente para nosotros, los pequeños escolares católicos, las bondadosas monjas llevaban a confesión a ¡todo nuestro salón de clase al mismo tiempo TODAS LAS SEMANAS! Entonces, mientras confesabas tus pecados (tan inocentes e inofensivos como son cuando eres niño) *sabías* que todos tus compañeros de clase, amigos y vecinos estaban parando la oreja justo afuera de la cabina del confesionario para escuchar cada detalle de tus pecaminosas travesías.

Por lo general, el sacerdote y el penitente hablaban en voz baja y con susurros. Sin embargo, en la Iglesia Católica de San Pablo Apóstol teníamos un sacerdote anciano con problemas de audición... un monseñor muy venerado. ¡AAAASHHHHH! Los niños odiábamos saber que Monseñor Hogan estaba "en servicio" porque te daba tu penitencia y tu absolución en VOZ MUY ALTA y también tenía el hábito molesto y terriblemente vergonzoso de repetir en alto volumen cada pecado que le revelaras. "¿Hiciste QUÉ?" "¿Con QUIÉN lo hiciste?" En ese momento era absolutamente bochornoso y humillante, especialmente frente a todos tus compañeros de clase. Mirando al pasado, nuestras confesiones no podían haber sido demasiado atrevidas ya que todos éramos niños católicos muy pequeños, bien portados, criados estrictamente. Pero, déjenme decirles, NADIE quiere confesar sus pecados públicamente frente a sus compañeros de la escuela.

Una vez, siendo niño de ocho años, el sacerdote me gritó porque dije incorrectamente la oración inicial del confesionario: "Señor mío, Jesucristo, Dios y hombre verdadero, me pesa de CODO corazón haberte ofendido" (en lugar de "Señor mío, Jesucristo, Dios y hombre verdadero, me pesa de TODO corazón haberte ofendido"). El sacerdote estaba prácticamente apoplético gritándome que debía arrepentirme de todo corazón. Estaba profundamente avergonzado, especialmente porque había una larga fila de mis jóvenes compañeros malhechores parados a solo un metro de la cabina del confesionario y podían escuchar cada palabra que el sacerdote me gritaba. Pero bueno, ¿qué esperaba el sacerdote? ¿Qué niño de ocho años recuerda

again unless Sister Naomi and my other nun teachers brought me there as a part of our class activities every Friday morning.

Our "penance" (whether you told a lie or murdered someone) was inevitably three "OUR FATHERS" and three "HAIL MARYS." These prayers were said at the communion rail at the front of the church, far away from the confessional booth at the rear of the church. When we children had all "made our confessions," our nun teacher would herd us in reverent silence back to our Catholic school classroom (which was ever so conveniently connected to the church building proper by a small ramp and a heavy industrial door). We didn't even have to ever go outside to make the transition from church to school. This was a good thing since almost daily there was SOME pretense for the nuns to bring us from the school into the church: confession, stations of the cross, choir practice, rehearsals for church holiday events, etc. To me, in those days, school and church were interchangeable places with the same purpose . . . to be good and holy little Catholic children.

My mother and I weren't the only ones to have problems understanding American English. In those days, the New York winters were long and severe with many, many snowstorms. Because of these storms, many times the schools, even in the city, had to be closed. No students in those days were bused to school because most schools, both public and Catholic, were neighborhood schools. The teachers told us to listen to the listings of closed schools on the radio. Whenever it snowed considerably, my siblings and I were practically sitting on top of the radio listening to hear if our school was closed. We LOVED "snow days" where we unexpectedly didn't have to attend school that day.

One snowy morning, my little sister and I were anxiously listening by the radio for the list of school closures. During the litany of school names being announced, my sister turned to me and said, "Stefano, where IS the windshield factory?" I had no idea why she was asking such a bizarre question. I asked what difference it made to her where the windshield factory was located. In all candor she replied, "The radio announcer just said that all those schools would be closed

una oración complicada como el acto de contrición? Qué bueno que la confesión semanal con nuestro salón de clases era obligatoria, porque después de ESE evento, ciertamente no habría vuelto a confesarme a menos que la hermana Naomi y mis otras maestras monjas me llevaran como parte de nuestras actividades de clase los viernes por la mañana.

Nuestra "penitencia" (ya sea que se dijera una mentira o se asesinara a alguien) era inevitablemente tres "PADRES NUESTROS" y tres "AVES MARÍAS". Estas oraciones se decían en la barandilla del comulgatorio, al frente de la iglesia, lejos de la cabina del confesionario situado en la parte trasera de la iglesia. Cuando todos los niños nos habíamos "confesado", nuestra maestra monja nos guiaba en reverente silencio a nuestra aula de la escuela católica (que estaba tan convenientemente conectada al edificio de la iglesia mediante una pequeña rampa y una pesada puerta industrial). Nunca tuvimos siquiera que salir a la calle para hacer la transición de la iglesia a la escuela. Esto era bueno ya que casi a diario había ALGUNA excusa para que las monjas nos llevaran de la escuela a la iglesia: la confesión, el viacrucis, la práctica del coro, los ensayos para eventos festivos de la Iglesia, etc. En aquellos días, para mí la escuela y la iglesia eran lugares intercambiables con el mismo propósito: ser buenos y santos niños católicos.

Mi madre y yo no éramos los únicos que teníamos problemas para entender el inglés americano. En esa época, los inviernos de Nueva York eran largos y severos con muchas muchas tormentas de nieve. Debido a estas tormentas, con frecuencia las escuelas tenían que cerrarse, incluso en la ciudad. Ningún estudiante en esos días era trasladado en autobús a la escuela porque la mayoría de las escuelas, tanto públicas como católicas, eran escuelas del vecindario. Los maestros nos indicaban que escucháramos en la radio las listas de escuelas cerradas. Cada vez que nevaba de manera significativa, mis hermanos y yo estábamos prácticamente pegados a la radio esperando escuchar si nuestra escuela estaba cerrada. Nos ENCANTABAN los "días de nieve" en los que inesperadamente podíamos faltar a la escuela.

Una mañana, mi hermanita y yo escuchábamos ansiosamente junto al radio la lista de escuelas cerradas. Durante la letanía de los nombres de las escuelas que se anunciaron como cerradas, mi hermana se volvió hacia mí y me dijo: "Stefano, ¿qué es sedación nórdica?" No tenía idea de por qué estaba haciendo una pregunta tan extraña. Le

because of the very low temperature at the windshield factory." I was puzzled. Then, suddenly, I heard the announcer repeat his statement, "The schools have to be closed because the temperature is dangerously low because of THE WINDCHILL FACTOR." My parents and I laughed at this misinterpretation of the weather announcement by my baby sister. Yet like "heartily sorry," how could a little child even begin to know what "windchill factor" meant? Language for us at The Embassy was a land of mysterious meanings and fluid interpretations.

During Lent (the time of penitence before Easter) my poor father had to try to interpret another misunderstood American English expression. My father and his parents were NOT Roman Catholics. All of us Embassy children were sent to a Roman Catholic convent school in our neighborhood as part of a pre-marriage agreement that my parents dutifully made with my mother's Roman Catholic church in Italy. So, my father did not often understand the meaning of some of the curious things (to him at least) we did in our parochial school. My grandfather, as official owner of The Embassy, said that he paid "huge" school taxes for public school, and couldn't understand why we—poor as we were—paid tuition to go to a Catholic school when the public schools were already paid for with his tax money. In any event, at Lent, I presented myself in front of my hard-working father to (aarrgghh) . . . ask him for money. Since children in those days, allegedly didn't need money, and since we as a family didn't have much, it was very seldom that such an event would occur. Anything we truly needed, Mother and Dad and my loving Grandparents would be sure to purchase for us (if they determined it was urgent AND if there was any money to be had). This day I just felt I *had* to ask Dad for some money. My second-grade teacher, Sister Naomi, told everyone in our class that, since it was the holy time of Lent, we *had* to bring in money to buy "PIGS AND BABIES." If we didn't, God would be displeased with our selfishness. Fearfully NOT wanting to displease God, and practically in tears (since I knew we almost never had any money in The Embassy), I begged my father to please give me money to bring to school to buy pigs and babies during

pregunté qué interés tenía ella en saber el significado de esas palabras. Con toda inocencia, respondió: "El locutor de radio acaba de decir que todas esas escuelas estarán cerradas debido a la temperatura tan baja debido a la sedación nórdica". Estaba perplejo. Entonces, de repente escuché al locutor repetir su anuncio: "Las escuelas tienen que estar cerradas porque la temperatura es peligrosamente baja debido a la SENSACIÓN TÉRMICA". Mis padres y yo nos reímos de la interpretación errónea que mi hermanita hizo del anuncio meteorológico. Sin embargo, al igual que "me pesa de codo corazón", ¿cómo podría una niña pequeña saber el significado de "sensación térmica"? La lengua para nosotros en La Embajada era una tierra de significados misteriosos e interpretaciones fluidas.

Durante la Cuaresma (el tiempo de penitencia antes de Pascua) mi pobre padre tuvo que tratar de interpretar otra expresión mal entendida del inglés americano. Mi padre y sus padres NO eran católicos romanos. A todos los niños de La Embajada se nos mandaba a la escuela del convento católico romano en nuestro vecindario como parte del acuerdo prematrimonial que mis padres obedientemente hicieron con la Iglesia Católica Romana de mi madre en Italia. Por eso mi padre a menudo no entendía el significado de algunas de las cosas raras (para él) que hacíamos en nuestra escuela parroquial. Mi abuelo, como propietario oficial de La Embajada, decía que pagaba "elevados" impuestos educativos para la escuela pública, y no podía entender por qué, pobres como éramos, pagábamos cuotas de matriculación para ir a una escuela católica cuando las escuelas públicas ya estaban pagadas con el dinero de sus contribuciones fiscales. De cualquier forma, en Cuaresma me paraba frente a mi afanoso padre para (aayyy)... pedirle dinero. Como los niños en esos días, supuestamente, no necesitábamos dinero y como en nuestra familia no teníamos dinero, era muy raro que ocurriera tal evento. Cualquier cosa que necesitáramos, Mamá, Papá y mis amorosos Abuelos nos la comprarían (si determinaban que era urgente Y si había dinero para ello). Aquel día sentí que tenía que pedirle algo de dinero a Papá. Mi maestra de segundo grado, la hermana Naomi, nos dijo a todos en nuestra clase que, como era el tiempo sagrado de la Cuaresma, *teníamos* que traer dinero para comprar "BEBÉS Y PIANOS". Si no lo hacíamos, Dios estaría ofendido por nuestro egoísmo. Con temor, NO queriendo desagradar a Dios y prácticamente llorando (¡ya que sabía que casi nunca teníamos

Lent!! Needless to say, my puzzled agnostic father went immediately to my child-besieged Catholic mother and asked, "Lell," (short for her Christian name of Raffaella), "why on Earth does Stefano think he needs money to buy pigs and babies during Lent!? What does it mean?? And how much money do the nuns expect this poor boy to bring to school?? And why DOES the Catholic Church buy PIGS AND BABIES during Lent??" As Mother and Dad were discussing all this, I was terrified that the money would not be forthcoming and that I would go to school the next day without any contribution toward the pigs and babies thereby bringing the wrath of God down on myself because I had displeased HIM!! Oh, the mind of a little fearful Catholic school boy!! What a puzzling and terrifying world it was as interpreted by a little child in the awesome presence of his much-loved and honored nun teachers.

My parents didn't have long to wait to unravel the riddle. My much older, tougher, less devout, and more normal brother came into the kitchen at just the moment when this mystery of the pigs and babies reached its crescendo. In his matter-of-fact, big brother way, he laughed and simply turned to me and said, "You idiot, Stefano, your teacher probably wants you to bring in money to help PAGAN BABIES." There was a long pause, then turning to my parents he said, "Don't worry about it, Mom and Dad. They really don't expect poor kids to bring in money; just the richer kids." And, with that, he walked out of the room; the dilemma resolved and the subject was closed.

dinero en La Embajada), le rogué a mi padre que me diera dinero para llevar a la escuela y comprar ¡bebés y pianos durante la Cuaresma! No hace falta decir que mi desconcertado agnóstico padre se dirigió inmediatamente a mi madre católica, asediada por sus otros hijos, y le preguntó: "Lell," (abreviatura de su nombre cristiano Raffaella), "¿¡por qué Stefano cree que necesita dinero para comprar bebés y pianos durante la Cuaresma?! ¿¿Qué significa?? ¿¿Y cuánto dinero esperan las monjas que este pobre niño lleve a la escuela?? ¿¿Y por qué la Iglesia Católica compra BEBÉS Y PIANOS durante la Cuaresma??" ¡¡Mientras mamá y papá discutían todo esto, me aterrorizaba que el dinero no llegara y que yo iría a la escuela al día siguiente sin ninguna contribución para los bebés y pianos acarreándome así la ira de Dios porque lo había OFENDIDO!! ¡¡Oh, la mente de un temeroso niño de escuela católica!! Qué desconcertante y aterrador era el mundo interpretado por un niño pequeño ante la asombrosa presencia de sus muy queridas y honradas maestras monjas.

Mis padres no tuvieron que esperar mucho para desentrañar el enigma. Mi hermano mucho mayor, más fuerte, menos devoto y más normal entró a la cocina en el momento en que el misterio de los bebés y pianos alcanzó su punto más alto. En su forma desapasionada de hermano mayor se echó a reír y simplemente se volvió hacia mí y dijo: "Eres un idiota, Stefano, tu maestra probablemente quiere que lleves dinero para ayudar a los BEBÉS PAGANOS"[4]. Hubo una larga pausa y después, volviéndose hacia mis padres, dijo: "No se preocupen por eso, Mamá y Papá. De hecho, no esperan que los niños pobres lleven dinero; solo los niños más ricos". Y con eso salió de la habitación, se resolvió el dilema y el tema se cerró.

[4] N. de la T. Durante las décadas de 1950 y 1960 las escuelas católicas en los Estados Unidos hacían colectas de dinero para los niños paganos", es decir, todos aquellos niños que no habían sido bautizados ni eran educados en la fe católica. Generalmente eran niños de otros países. Aquí el autor señala una confusión en la pronunciación "Pagan babies" (niños paganos) cuando él escucha "Pig and Babies" (Cerdos y bebés).

Chapter 3

A Police Car Takes Stefano Away

H OW COULD A HUGE AND POOR FAMILY support, educate and entertain so many children in such times as the 1950s in Troy, New York? It might seem impossible, but it could be done with a little effort and with even less cash than you might think.

In those early post-World War II days in our busy city, absolutely anything and everything was in walking distance of The Embassy. You really didn't need a car. If you preferred not to walk, two different public bus companies, and two reliable taxicab companies were available. Also, in those days, almost anyone in our city, who happened to have a car, invariably slowed to a stop along the curb if he saw a friend or neighbor walking along the street to offer them a ride. Since almost everything was within the city limits (tucked between the Hudson River to the west and the broad expanse of countryside and farmlands at the top of the hill just east of the two-mile-wide city limits), no one seemed to be in a big hurry nor at a loss as to how to get where he needed to go.

Schools, banks, markets, hospitals, shoemakers, taverns, restaurants, car dealerships, theaters, dry-cleaners, laundromats, temples, churches (of every imaginable denomination), furniture stores, butchers, bakeries, newspaper publishers, breweries, five-and-dime stores, fashionable ladies' and men's clothing stores, diners, hotels, railroad stations, bowling alleys, gas stations, doctor and dentist offices, funeral parlors, opticians' offices, travel agencies, wine and liquor stores, golf courses, lakes for fishing and swimming, skating rinks, florists, specialty shops, post offices,

Capítulo 3

Una patrulla se lleva a Stefano

ÓMO PODRÍA UNA NUMEROSA FAMILIA pobre mantener, educar y divertir a tantos niños en tiempos como los años 50 en Troy, Nueva York? Parecería imposible, pero se podía hacer con un poco de esfuerzo e incluso con menos dinero en efectivo del que se podrían imaginar.

En aquellos primeros días posteriores a la Segunda Guerra Mundial, en nuestra bulliciosa ciudad absolutamente todo estaba a poca distancia de La Embajada. En realidad no se necesitaba un auto. Si se prefería no caminar, estaban a la disposición dos compañías de autobuses públicos y dos sitios de taxis seguros. Además, en esos días, casi cualquier persona en nuestra ciudad que tuviera un automóvil se detenía invariablemente en la acera si veía a un amigo o vecino caminando por la calle para ofrecerle un aventón. Dado que casi todo estaba dentro de los límites de la ciudad (metido entre el río Hudson hacia el oeste y la amplia extensión de campo y tierras de cultivo en la cima del cerro al este de los límites de la ciudad, de tres kilómetros de ancho), nadie parecía estar en un gran apuro ni extraviado por no saber cómo llegar a donde necesitaba ir.

Escuelas, bancos, mercados, hospitales, zapateros, bares, restaurantes, concesionarios de automóviles, teatros, tintorerías, lavanderías, templos, iglesias (de cualquier denominación imaginable), mueblerías, carnicerías, panaderías, editoriales de periódicos, cervecerías, tiendas de descuento, tiendas de ropa de moda para damas y caballeros, merenderos, hoteles, estaciones de ferrocarril, boliches, gasolineras, consultorios médicos y dentales, funerarias, ópticas, agencias de viajes, tiendas de vinos y licores, campos de golf, lagos para pescar y nadar, pistas de patinaje, florerías, tiendas especializadas, oficinas de correos, estaciones de policía, conventos, orfanatos, joyerías, depósitos de chatarra, tiendas

police stations, convents, homes for orphaned children, jewelry stores, junkyards, appliance stores, toy stores, drugstores, soda counters, record stores, magazine stores, sporting goods stores, and any type of store you could dream of were ALL available in our densely packed and comfortably populated city. The streets, in central downtown, especially, were always full of buses, cars, trucks and cabs. And the sidewalks flanking those streets were perpetually mobbed with hundreds of pedestrians going about their work or their shopping excursions.

The Embassy was located on the eastern hillside of our city and only about twelve blocks from the very heart of the central downtown shopping district. Fortunately for us, our beautiful urban world full of residences and businesses had not yet been decimated and scattered to the four corners of the suburban globe by shopping malls, super highways, and gentrification. Little did we realize at the time that our incredible collection of stores and services would almost completely disappear within the next fourteen or so short years. An entire charming way of life would simply disappear! By the time I had finished my first year away at college and came home to Troy to visit The Embassy, it was already evident that the beautiful city life of my childhood was fast disappearing in a flush of urban flight and decay. In cherished retrospect, our city in the 1950s and early 1960s was a bright, safe, convenient heaven with all that we could want or dream of having.

We at The Embassy did not have much money. However, since my mother had been a teacher in Europe before the War, any money that she could squeeze out of her tight budget was spent on things educational for us Embassy children. Piano lessons, dance lessons, French lessons, skating lessons, books on a variety of subjects, and any number of educational pursuits were somehow paid for out of the tiny amount of funds my parents had with which to feed and care for ten or so Embassy residents (often financially helped by my widowed Great-Aunt May). We certainly weren't dressed in the most up-to-date fashion, but we were always clean and presentable. At Catholic school, we children always had to wear rather formal

de electrodomésticos, jugueterías, farmacias, fuentes de sodas, tiendas de discos, tiendas de revistas, tiendas de artículos deportivos y cualquier tipo de tienda con la que pudieras soñar, TODAS estaban disponibles en nuestra ciudad, densamente abarrotada y confortablemente poblada. Las calles, especialmente en el centro de la ciudad, siempre estaban llenas de autobuses, automóviles, camiones y taxis. Y las aceras que flanqueaban esas calles estaban constantemente atestadas de cientos de peatones que se ocupaban de sus trabajos o sus compras.

La Embajada estaba ubicada en la ladera oriente de nuestra ciudad, a solo doce cuadras del corazón del distrito comercial del centro de la ciudad. Afortunadamente para nosotros, nuestro hermoso mundo urbano lleno de residencias y negocios aún no había sido diezmado ni dispersado a los cuatro rincones del mundo suburbano por los centros comerciales, las autopistas y la gentrificación. No nos dimos mucha cuenta en ese momento de que nuestra increíble colección de tiendas y servicios desaparecería casi por completo en los próximos catorce breves años. ¡Toda una fascinante forma de vida simplemente desaparecería! Cuando terminé mi primer año en la universidad y regresé a Troy para visitar La Embajada, ya era evidente que la hermosa vida de la ciudad de mi infancia estaba desapareciendo rápidamente en una oleada de mudanzas de personas a la periferia y decadencia urbana. En una preciada retrospectiva, nuestra ciudad en la década de 1950 y principios de los 60 era un paraíso resplandeciente, seguro y conveniente que tenía todo lo que podíamos desear o soñar.

Nosotros en La Embajada no teníamos mucho dinero. Sin embargo, como mi madre había sido maestra en Europa antes de la Guerra, cualquier dinero que podía exprimir de su apretado presupuesto lo gastaba en cosas educativas para nosotros, los niños de La Embajada. Lecciones de piano, clases de baile, lecciones de francés, clases de patinaje, libros sobre una variedad de temas y cualquier cantidad de actividades educativas se pagaron de alguna manera con la pequeña cantidad de dinero que mis padres tenían para alimentar y cuidar a aproximadamente diez residentes de La Embajada (a menudo ayudados económicamente por mi tía abuela viuda May). Claro está que no nos vestíamos muy a la moda, pero siempre estábamos limpios y presentables. En la escuela católica, los niños siempre teníamos que usar uniformes bastante formales. Cuando era niño, mi guardarropa (excepto los zapatos) era como el guardarropa de Superman: tenía UN conjunto

uniforms. As a child, my wardrobe (except for shoes) was just like Superman's wardrobe: I had ONE school uniform ensemble and ONE non-school playtime outfit. For church or other activities there might be ONE other outfit, but not always. And to be sure, almost all of my clothes were hand-me-downs from my older brother or from my godmother's nephew . . . clean, but ill-fitting and certainly NOT stylish.

In the 1950s and early 1960s, in order to go to church or shopping, people always "dressed up" a bit. Women wore hats and dresses, men wore shirts with ties and dress slacks, and even children wore dressier clothes and polished shoes outside of the house, and especially downtown—not the typical jeans and sneakers of today.

As amazing as it seems now (in the present-day world of cars and shopping malls), we hardly ever had to leave our immediate neighborhood in those days to meet our shopping or service needs. Our dentists, our doctors, our barbers, and our grocery stores were all a five-minute walk from our house. Neither we nor many or our neighbors had cars, and NOBODY had two or more cars per household like in today's world.

At The Embassy, we didn't really have a car. Sometimes we had access to a car, but it wasn't a "done deal" that was expected to always be there. For example, on weekends, we often had Great-Aunt May's old 1950 dark blue Ford sedan gracing the curb in front of our old city house. More rarely, there would be an old station wagon or coupe that my father had bought (at a very low price) and had gotten to run . . . temporarily. Or, depending on what part-time job he had, my father might have use of an old delivery panel truck with which to make deliveries of groceries, etc., as well as do errands for those of us in The Embassy. THAT vehicle he usually parked off the street in the old empty lot just to the north of The Embassy. (A "panel truck" was the 1950's name for what later would be called a van.)

For little Stefano, however, there was very often a CHAUFFEURED RIDE available in a NEW car!!! How was this possible? All The Embassy residents were pretty much isolated from our neighbors, and I was practically cloistered and hidden away in

de uniforme escolar y UN atuendo casual para jugar. Para la iglesia u otras actividades, podía haber UN atuendo extra, pero no siempre. Y sin duda casi toda mi ropa era ropa heredada de mi hermano mayor o del sobrino de mi madrina... limpia, pero mal entallada y NADA elegante.

En los años cincuenta y principios de los sesenta, para ir a la iglesia o ir de compras, la gente siempre se "arreglaba" un poco. Las mujeres usaban sombreros y vestidos, los hombres usaban camisas con corbatas y pantalones de vestir, e incluso los niños usaban ropa más elegante y zapatos pulidos para ir a la calle y especialmente al centro, nada de los típicos jeans ni tenis de hoy en día.

Por sorprendente que parezca hoy (en este mundo de automóviles y centros comerciales), en aquellos días casi nunca teníamos que salir de nuestro vecindario inmediato para satisfacer nuestras necesidades de compras o servicios. Nuestros dentistas, nuestros médicos, nuestros peluqueros y nuestras tiendas de comestibles estaban a cinco minutos a pie de nuestra casa. Ni nosotros ni muchos de nuestros vecinos teníamos automóviles, y NADIE tenía dos o más automóviles por familia, como en el mundo de hoy.

De hecho, en La Embajada no teníamos auto. Algunas veces tuvimos acceso a un automóvil, pero no era una "compra consumada" y no se esperaba que siempre estuviera allí. Por ejemplo, los fines de semana, a menudo teníamos el viejo sedán Ford azul oscuro modelo 1950 de la tía abuela May adornando la acera frente a nuestra antigua casa de la ciudad. Más ocasionalmente, había una vieja camioneta o un cupé que mi padre había comprado (a un precio muy bajo) y había hecho que funcionara... temporalmente. O, dependiendo de qué trabajo de medio tiempo tuviera, mi padre podía usar un viejo camión de reparto para hacer entregas de comestibles, etc., así como cumplir encargos para nosotros en La Embajada. ESE vehículo que solía estacionar en la calle, en el viejo lote vacío justo al norte de La Embajada. (Esos camiones de reparto de 1950 ahora son las camionetas llamadas vans).

Sin embargo, para el pequeño Stefano a menudo había ¡¡¡un PASEO CON CHOFER disponible en un automóvil NUEVO!!! ¿Cómo era posible? Todos los residentes de La Embajada estaban bastante aislados de nuestros vecinos, y yo mismo estaba prácticamente enclaustrado y escondido en las muchas habitaciones o en el espacioso terreno de La Embajada... y muy felizmente. Bueno, la respuesta se descubre fácilmente.

the many rooms or on the spacious grounds of The Embassy . . . and happily so. Well, the answer was easily discovered. On any given day (especially on the weekends), a shiny new POLICE CAR would whoosh up to the curb at the front door of The Embassy. A police officer in a neatly-ironed dark-blue uniform with a cap and bright badge would ring The Embassy doorbell. A crisply-dressed little Stefano would appear at the front door and be lead to the patrol car and put in the backseat of the police car!!! Amazing!! Was little Stefano under arrest? And why?

Don't worry. All this police car activity was sanctioned and encouraged by my parents and grandparents at The Embassy. It turns out that one of our neighbors and fellow church communicants, Captain Gavin, was a police captain in our city police department. Unlike at The Embassy—where there was a *tribe* of little children— our kind neighbor, the police captain's home was blessed with only one child. Lucky for me, the captain and his wife, while being older than my parents, wanted little Stefano to accompany their little boy of the same age of nine on a plethora of activities. Arriving at these events was quite a thrill as the captain chauffeured his son and me to a long list of fun amusements.

For example, almost every Saturday morning, one of our big local downtown theaters had "Children's Day," which included an entire morning of cartoons, movie shorts and one or two children's feature films (there were at least *four* big beautiful theaters in downtown Troy during my childhood . . . and all of them were well-attended). To partake of such an event for an Embassy resident would have been financially prohibitive. However, upon being chauffeured up to the main entrance of one of our biggest downtown movie houses (Proctor's Theater), we two boys would be escorted in by Jerry's dad, the police captain. Magically, we went right to the front of the long line where dozens of children were waiting to buy admission tickets. Bypassing the ticket booth, the captain simply showed his badge to the head usher and . . . VOILA!!! WE WERE IN!!!! FREE!!! Having waved us in, the police captain could then address duties elsewhere, entrusting Jerry and I to a whole morning of vivid color cartoons

Cualquier día (especialmente los fines de semana), una nueva y reluciente PATRULLA se acercaría rechinando llantas a la acera frente a la puerta principal de La Embajada. Un oficial de policía, con uniforme azul oscuro pulcramente planchado, una gorra y una insignia brillante, tocaría el timbre de La Embajada. ¡Un pequeño Stefano vestido pulcramente aparecería en la puerta de entrada y sería conducido al coche patrullero para ¡colocarlo en el asiento trasero de la vehículo policial! ¡¡Asombroso!! ¿Habían arrestado al pequeño Stefano? ¿Y por qué?

No hay de qué preocuparse. Toda esta actividad policial estaba autorizada y alentada por mis padres y abuelos en La Embajada. Resulta que uno de nuestros vecinos y compañeros comulgantes de la iglesia, el Capitán Gavin, era un capitán de policía en el departamento policial de nuestra ciudad. A diferencia de La Embajada —donde había una extensa *tribu* de niños pequeños— la casa de nuestro vecino, el capitán de policía, estaba bendecida con solo un niño pequeño. Por suerte para mí, el capitán de policía y su esposa eran mucho mayores que mis padres y querían que el pequeño Stefano acompañara a su hijo, quien tenía aproximadamente la misma edad, a una gran cantidad de actividades. Nuestra llegada a esos eventos era muy emocionante porque el Capitán la hacía de nuestro chofer y nos conducía a una larga lista de divertidos pasatiempos.

Por ejemplo, casi todos los sábados por la mañana uno de nuestros grandes cines locales del centro tenía el "Día de los Niños", que incluía una mañana entera de dibujos animados, cortometrajes y uno o dos largometrajes infantiles (había un mínimo de *cuatro* cines grandes y hermosos en el centro de Troy durante mi infancia... y todos tenían una gran audiencia). Para un residente de La Embajada la asistencia a tal evento habría sido financieramente inaccesible. Sin embargo, tras ser conducidos hasta la entrada principal de uno de nuestros cines más grandes del centro (Cine Proctors), dos niños como nosotros, mi amigo Jerry y yo, seríamos escoltados al cine por el padre de mi amigo Jerry, el capitán de policía. Mágicamente, nos saltábamos la fila de docenas de niños que esperaban en una larga línea para comprar boletos de entrada. Pasábamos al lado de la taquilla, el padre de Jerry simplemente mostraba su placa al guardia de la sala y... ¡¡¡VOILÁ!!! ¡¡¡¡YA ESTÁBAMOS DENTRO!!!! ¡¡¡GRATIS!!! Después de despedirse de nosotros, el capitán de policía podría irse a atender sus asuntos, encomendándonos a Jerry y a mí a una mañana completa de dibujos animados de colores

and bright action movies (Remember: COLOR anything was not available on TV in those days yet, so cartoons especially were a particularly colorful and cheerful event to be seen only on the big screen). When the morning orgy of film viewing was over, Jerry and I escorted each other the three city blocks over to the nearby police station where Jerry's dad had left word for one of his officers to "deliver" us back home to our old residential neighborhood, twelve or so blocks away up the steep hill east of downtown Troy! Amazing!!!! SAFE and coddled! What fun!!!

The old downtown movie theaters weren't our only chauffeured-by-the-police events. One of our other favorite destinations was the local college (RPI) indoor ice-skating rink. Again, Jerry and I would be driven right to the door of the enormous indoor rink, his dad would "flash his badge" and, once again . . . we were IN!!! FREE!!! What a treat! Since we had absolutely NO extra money at The Embassy, I NEVER would have been able to pay for the admission to the fancy indoor ice rink, never mind pay to rent the handsome new hockey or figure skates with which we were fitted by the young college employees under the grandstands at the fabulous RPI Hockey facility. Regularly attending such a year-round activity, both Jerry and I became quite good ice skaters . . . another skill which happily followed me through an amazingly active and accomplished fun-filled and busy life.

Highlighted by other occasional police-chauffeured affairs like admission to the circus (when it was in town), entrance to concerts, and even tickets to sporting events, my life in those wonderful early days was truly eventful. Although, I preferred spending most of my time at The Embassy, those joyful adventures of presumed privilege were certainly worth leaving The Embassy to attend.

vivos y películas de acción deslumbrantes (recordemos que el COLOR no estaba disponible en la televisión en esos días, por lo que los dibujos animados en especial eran un evento particularmente colorido y alegre que solo se veía en la pantalla grande de los cines). Cuando terminaba la orgía matutina de ver películas, Jerry y yo nos escoltábamos mutuamente las tres cuadras hasta la estación de policía más cercana donde el padre de Jerry había dejado instrucciones para que uno de sus oficiales nos "entregara" de vuelta a nuestro antiguo vecindario residencial, ¡a unas doce cuadras de la empinada colina al este del centro de Troy! ¡¡¡¡Asombroso!!!! ¡SEGUROS y mimados! ¡¡¡Qué divertido!!!

Los viejos cines del centro no eran nuestros únicos eventos a los que llegábamos conducidos por un chófer de la policía. Otro de nuestros destinos favoritos era la pista cubierta de patinaje sobre hielo de la universidad local RPI. Una vez más, Jerry y yo seríamos conducidos directamente a la puerta de la enorme pista, su padre "presumiría su insignia" y, una vez más... ¡¡¡ya estábamos DENTRO!!! ¡¡¡GRATIS!!! ¡Qué lujo! Como no teníamos absolutamente nada de dinero extra en La Embajada, yo NUNCA hubiera podido pagar la entrada a la elegante pista de hielo, y ni hablar de pagar la renta de los hermosos patines nuevos de hockey o los patines de figura que nos probaban los jóvenes empleados de la universidad debajo de las tribunas de las fabulosas instalaciones para hockey de la RPI. Como asistíamos regularmente a esa actividad disponible todo el año, Jerry y yo nos convertimos en buenos patinadores sobre hielo... otra habilidad que felizmente me siguió a lo largo de una atareada vida increíblemente activa, realizada y llena de diversión.

Aquellos maravillosos primeros días, mi vida estuvo llena de acontecimientos entre los que destacan otros eventos ocasionales a los que asistíamos conducidos por la policía como el circo (cuando estaba en la ciudad), la entrada a conciertos e incluso entradas gratuitas para eventos deportivos. Aunque yo prefería pasar la mayor parte de mi tiempo en casa, tener el privilegio de asistir a esas divertidas aventuras por supuesto que hacía que valiera la pena salir de La Embajada.

Chapter 4

Stefano Encounters the Gypsies, the Communists, and the Bone-and-Rag Man

A S A LITTLE BOY LIVING AT THE EMBASSY, attending a small neighborhood Catholic convent school and almost never leaving our neighborhood or compact city, I felt completely safe and well-cared for. I just assumed all the people around me and their children had identical lives like mine. I assumed EVERYONE nearby was a basically good, church-going, well-educated and law-abiding citizen . . . especially children.

The harshness and truth of the reality of the human condition very gradually dawned on me in my naïve and childish innocence. So unexpected and unbelievable to me were any people or events which didn't echo my own simple, poor goodness of intention. For years, I just "couldn't believe my eyes or ears" when some untoward or wicked event passed by or overshadowed my simple little life of very limited varied experience.

NO life is immune from trial and evil. NO life is completely free of unpleasant and unwanted experiences. And so it was for us at The Embassy even in those halcyon days of the 50s and 60s. At The Embassy and at the thirty-five or so other houses on our crowded urban block, we did *have* locks for both our front and our back doors. However, NOBODY in those days ever bothered to actually lock their doors. During practically the dozen or more years I lived on that old city block chock full of one- and two-family houses, nobody ever moved OUT and nobody new moved INTO any of the houses in the neighborhood. Even people with "two-family" houses usually "rented" the other flat of rooms to some relative or some well-known close

Capítulo 4

Stefano se enfrenta a los gitanos, a los comunistas y al chatarrero

C UANDO ERA NIÑO Y VIVÍA EN LA EMBAJADA asistía a la pequeña escuela católica del convento del vecindario y casi nunca salía de ahí ni de la compacta ciudad, por lo que me sentía completamente seguro y bien cuidado. Sin más asumía que todas las personas a mi alrededor y sus hijos tenían vidas idénticas a la mía. Daba por hecho que TODOS a mi alrededor eran ciudadanos esencialmente buenos, asistentes a la iglesia, bien educados y respetuosos de la ley... especialmente los niños.

La hostilidad y la verdad de la condición humana de manera gradual se me hizo evidente a pesar de mi inocencia cándida e infantil. Eran inesperadas e increíbles para mí las personas o los eventos que no hacían eco de mi pobre y simple bondad de intención y durante años "no podía creer lo que veía u oía" cuando un evento adverso o malvado pasaba o ensombrecía mi pequeña vida simple, muy limitada en variedad de experiencias.

NINGUNA vida es inmune a la prueba y al mal. NINGUNA vida está completamente libre de experiencias desagradables e indeseables. Y así fue para nosotros en La Embajada incluso en esos días felices de los años 50 y 60. En La Embajada y en las otras treinta y cinco o más casas de nuestra hacinada cuadra urbana, *teníamos* cerraduras para nuestras puertas principales y traseras. Sin embargo, NADIE en esa época alguna vez se molestó en cerrar sus puertas con llave. Prácticamente durante los doce o más años que viví en esa vieja cuadra de la ciudad repleta de casas de una y dos familias, nadie se MUDÓ y nadie nuevo LLEGÓ a vivir a ninguna de las casas del vecindario. Incluso las personas con casas para "dos familias" generalmente "rentaban" el otro piso de habitaciones a algún pariente

friend. Everyone knew each other and everyone trusted his neighbor not to ever trespass or "barge in" unannounced. Furthermore, since almost everyone in our entire neighborhood was of a very "limited income," no one really felt that there was much that could be stolen or that would entice anyone who knew them to steal from them. I lived in this tranquil belief and experience for many, many years.

Then, one morning, I remember my grandfather (as he was leaving the house to walk to the bus stop a half-block away to go to work) counseling my old gray-haired grandmother to "BE SURE TO LOCK ALL THE DOORS AND WINDOWS THROUGHOUT THE HOUSE TODAY!!" (Actually, I called her my gray-haired grandmother, but the truth was that her thinning, old hair was either a tired-looking yellowed-white color OR, for a few days after she returned from the corner beauty parlor, an amazing metallic color BLUE!!! It was never really gray). In any event, my little eight-year-old self was a little unnerved by this scary order from my charming old grandfather to LOCK UP THE HOUSE. My grandfather was dashing for the front door, to go down the stairs to the street to catch the bus, so I didn't dare hold him back by asking him WHY. I knew in my timid, fearful way, that ANY information I needed would be readily forthcoming from my sweet and equally timid grandmother when both my dad and my grandfather had gone off to work for the day. My hard-working mother would immediately be doing dishes in our old laundry sink in the corner of the kitchen and then washing and boiling baby clothes and dozens of white cloth diapers that had to be hung to dry on racks all over the kitchen—so SHE was NOT available to be questioned by a little inquisitive Stefano.

As soon as she kissed Grandpa goodbye and saw him walk down the front hall staircase to the front porch below, Grandma quickly hobbled as fast as she could to her accustomed seat on the big sarcophagus-sized wooden "hope chest" strategically located in our second-floor bay window at the front of the house overlooking our pot-hole ridden city street. From there Grandma could watch my dapperly-dressed grandfather walk down the sidewalk toward the bus stop. He walked in his military-like erect manner all the way past

o amigo cercano bien conocido. Todos se conocían y todos confiaban en que su vecino nunca entraría sin permiso o "irrumpiría" sin previo aviso. Además, dado que casi todos en nuestro vecindario tenían un "ingreso muy limitado", nadie sentía que había mucho qué robar o que tentara a algún conocido para robarles. Viví con esta sosegada creencia y experiencia durante muchos muchos años.

Pero entonces, recuerdo una mañana a mi abuelo (cuando salía de la casa para caminar a la parada del autobús, a media cuadra de distancia, para ir al trabajo) aconsejándole a mi anciana abuela de cabello gris "¡¡ASEGÚRATE DE CERRAR CON LLAVE HOY TODAS LAS PUERTAS Y VENTANAS DE TODA LA CASA!!" (Dije que mi abuela tenía el cabello gris, pero la verdad era que su vieja y y adelgazada cabellera era de un color blanco amarillento de aspecto cansado O, por unos días tras regresar del salón de belleza de la esquina, ¡¡de un increíble color AZUL metálico!! Nunca fue realmente gris). De cualquier modo, mi pequeño yo de ocho años estaba un poco desconcertado por esta aterradora orden de mi encantador y viejo abuelo de CERRAR LA CASA BAJO LLAVE. Mi abuelo iba apresurado hacia la puerta principal para bajar las escaleras hacia la calle y tomar el autobús, así que no me atreví a detenerlo para preguntarle POR QUÉ. Sabía, a mi tímida y asustadiza manera, que CUALQUIER información que necesitara estaría fácilmente disponible de mi dulce e igualmente tímida abuela después de que mi padre y mi abuelo se hubieran ido a trabajar ese día. Mi madre afanosa inmediatamente lavaría los platos en nuestro viejo fregadero en la esquina de la cocina y después lavaría y herviría ropa de bebé y docenas de pañales de tela blanca que tenían que secarse colgados en tendederos a lo largo de toda la cocina, así que ELLA NO estaba disponible para ser interrogada por un Stefano un poco preguntón.

Tan pronto como se despedía del Abuelo con un beso y lo veía bajar por la escalera del vestíbulo hacia el porche de abajo, la abuela cojeaba tan rápido como podía hacia su asiento acostumbrado en el gran "baúl de esperanza" hecho de madera, del tamaño de un sarcófago, ubicado estratégicamente en la ventana mirador del segundo piso al frente de la casa con vista a nuestra calle urbana surcada de baches. Desde allí, la Abuela podía ver a mi elegante abuelo caminar por la banqueta hacia la parada de autobús. Caminaba erguido con su actitud militar todo el trayecto pasando por una docena de casas cercanas de

a dozen or so nearby neighbors' houses to catch the bus on the other side of the busy main street which ran past the bottom of our quiet residential city street. He was on his way to his furniture salesman job downtown. Part of Grandma's daily routine, additionally, was to pull aside the heavily starched white curtains of the bay window to wave goodbye to my grandfather when he reached the corner and turned around to wave goodbye to her when he would look up and see her sitting in the bay window. This whole process took less than five minutes, and my grandmother would stay at her sentry post in the bay window to watch my grandfather board the bus which usually came in a very short few minutes. She knew, though, that if my grandfather didn't see the bus approaching down the hill within four or five blocks of his bus stop corner, he would then walk a block or two to the newspaper stand on the next corner to buy his favorite newspaper, *The Daily News* from New York City (where he had lived as a single young man decades earlier). Once Grandpa was out of sight, our day at The Embassy could begin in earnest.

With my grandfather properly "seen off" to work, I knew my grandmother was free to give her undivided attention to a little seven-year-old . . . ME!!!! The first thing she would do was to cross the tiny room to the huge upright grand piano against the wall 7 feet away opposite the hope chest, take a seat on the piano bench and begin to play one or more of her (and my) favorite pieces of old piano music from HER mother's piano-playing days. "The Teddy Bear's Picnic" and "Glow Worm" were two of our perpetual favorites. I couldn't play the piano yet, and we were too poor for me to ask for lessons, but within a very few short years I taught myself to play piano using lesson books that I found in the music cabinet next to our old piano (which had belonged to my father's grandmother ages ago). My grandmother, my uncle, my great-aunt and various other relatives inspired me by their love of playing the piano and encouraged me to keep practicing and learning to play our old upright piano. I got so good that years later I earned quite a bit of money performing and teaching adults to play piano while I was living in Manhattan.

When our "musicale" was over a few minutes later, I knew

los vecinos para tomar el autobús al otro lado de la concurrida calle principal que corría al fondo de nuestra tranquila calle residencial. Se dirigía a su trabajo como vendedor de muebles en el centro. Parte de la tradición diaria de la Abuela, además, era apartar las cortinas blancas muy almidonadas de la ventana mirador para despedirse de mi abuelo cuando llegaba a la esquina, él se volvía para decirle adiós cuando alzaba la miraba y la veía sentada en el ventanal. Todo este proceso tomaba menos de cinco minutos, y mi abuela se quedaba en su puesto de vigilancia en la ventana mirador para ver a mi abuelo abordar el autobús, que generalmente llegaba en pocos minutos. Aunque sabía que si mi abuelo no veía el autobús bajar por la colina a cuatro o cinco cuadras de la esquina de su parada de autobús entonces caminaría una o dos cuadras hasta el puesto de periódicos en la esquina siguiente para comprar su periódico favorito, *The Daily News* de la ciudad de Nueva York (donde había vivido en su juventud, cuando era soltero, décadas antes). Una vez que el abuelo se perdía de vista, nuestro día en La Embajada podría comenzar de veras.

Tras "despachar" a mi abuelo correctamente para trabajar, ¡¡sabía que mi abuela era libre de prestar toda su atención a un pequeño de siete años… Yo!! Lo primero que ella haría sería cruzar la pequeña habitación hacia el enorme piano vertical pegado a la pared a dos metros de distancia frente al baúl de la esperanza, se sentaría en el banco del piano y comenzaría a tocar una o más de sus piezas favoritas (y mías también) de antigua música para piano de los días en que SU madre tocaba el piano. "El pícnic del oso de peluche" y "Gusano luminoso" eran dos de nuestras favoritas de siempre. Yo no sabía tocar el piano todavía y éramos demasiado pobres como para que yo pidiera clases, pero en pocos años me enseñé a mí mismo a tocar el piano usando libros de lecciones de piano que encontré en el gabinete de música al lado de nuestro viejo piano (que había pertenecido a la abuela de mi padre hacía siglos). Mi abuela, mi tío, mi tía abuela y otros familiares me inspiraron con su amor por el piano y me animaron a seguir practicando y aprendiendo a tocar nuestro viejo piano vertical. Me volví tan bueno que años después gané bastante dinero tocando y enseñando a adultos a tocar el piano mientras vivía en Manhattan.

Cuando nuestra "función musical" había terminado, minutos más tarde, supe que era el momento adecuado para abordar con

it was the right time to broach the subject of the locked doors with my grandmother, hoping that any explanation she gave me would mollify my childish fears. I was wrong; her forthcoming explanation scared my little self even more than my imaginings: A HORDE OF GYPSIES HAVE DESCENDED ON US!!! GYPSIES WILL STEAL ANYTHING THAT'S NOT NAILED DOWN OR LOCKED UP! THEY WERE EVEN KNOWN TO STEAL CHILDREN!! This was the gist of my grandmother's terrifying answer to my question about my Grandpa's instructions. My grandmother was NOT trying to frighten me. My grandmother was NOT exaggerating the extent of the gypsies' expertise in thievery and trickery nor in kidnapping. The gypsies of earlier generations really WERE known to be like a rampaging, thieving band of locusts whenever they came through town. And now that it was springtime, the gypsies were annually known to come in their caravans of strange-looking vehicles wending their way right down the main street of our neighborhood from their winter "hideout" in the mountains surrounding Bennington, Vermont, just a few miles over the border from our upstate New York neighborhood. One spring day, my grandfather and I actually SAW the entire bizarre caravan of old jalopies, pick-up trucks with house-like structures perched upon the truck beds, and ancient old hearses and decrepit limousines. Those dusty, dirty, decades-old vehicles were full-to-bursting with dark-skinned, strangely-dressed, foreign-looking people and all sorts of ragtag belongings tied on the roofs, running boards, and trunks of all of their bizarre vehicles— fascinating and scary to a little sheltered kid like me.

Just where they were headed to and why was a mystery to us, but my grandfather prophesied that wherever they chose to stop for the night during their travels, the occupants of that town would surely wake up the next day poorer and/or missing some valuable belongings or little children. My grandfather was a taciturn man and was not given to verbose theatrical displays, so I knew he was telling the truth. Unfortunately for me, what I didn't realize at the time, was that my grandparents' beliefs and experiences were based on true facts that happened during *their* childhood back in the 1890s. They

mi abuela el tema de las puertas cerradas con llave, esperando que cualquier explicación que me diera mitigara mis miedos infantiles. Estaba equivocado; su siguiente explicación asustó a mi pequeño yo aún más que mis figuraciones: ¡¡¡UNA HORDA DE GITANOS NOS HA CAÍDO!!! ¡LOS GITANOS ROBARÁN TODO LO QUE NO ESTÉ CLAVADO O ASEGURADO! ¡¡INCLUSO SE SABE QUE ROBAN NIÑOS!! Esta es la esencia de la aterradora respuesta de mi abuela a mi pregunta respecto a las instrucciones de mi Abuelo. Mi abuela NO estaba tratando de asustarme. Mi abuela NO estaba exagerando el alcance de la pericia de los gitanos para el robo, el engaño y el secuestro. Se conocía que los gitanos de generaciones anteriores eran como una banda de langostas salvajes y ladronas cada vez que atravesaban la ciudad. Y ahora que era primavera, se sabía que los gitanos bajarían anualmente en sus caravanas de vehículos de aspecto extraño abriéndose paso en la calle principal de nuestro vecindario desde su "escondite" de invierno en las montañas que rodean Bennington, Vermont, a solo unos pocos kilómetros sobre la frontera de nuestro vecindario al norte del estado de Nueva York. Un día de primavera, mi abuelo y yo de hecho VIMOS toda la peculiar caravana de carcachas, camionetas con estructuras parecidas a casas colocadas en las bateas, y antiguas carrozas y limusinas decrépitas. Esos vehículos polvorientos, sucios, de décadas de antigüedad estaban repletos de personas de piel oscura, extravagantemente vestidas, de aspecto extranjero y todo tipo de pertenencias andrajosas atadas a los techos, estribos y cajuelas de todos sus extraños vehículos —fascinante y aterrador para un pequeño niño protegido como yo—.

A dónde se dirigían y por qué era un misterio para nosotros, pero mi abuelo profetizó que donde sea que eligieran detenerse para pasar la noche durante sus viajes, los ocupantes de esa ciudad seguramente se despertarían al día siguiente más pobres o faltándoles algunas pertenencias valiosas o niños pequeños. Mi abuelo era un hombre taciturno y no se le daban las exhibiciones teatrales verbosas por lo que sabía que estaba diciendo la verdad. Desafortunadamente para mí, NO me di cuenta en ese momento de que las creencias y experiencias de mis abuelos se basaban en hechos reales que sucedieron durante su infancia en la década de 1890. No intentaban asustarme indebidamente, sino que sus referencias y juicios estaban terriblemente desactualizados.

weren't trying to unduly scare me; it was just that their facts and beliefs were terribly outdated.

This was my first experience with en masse criminal attacks and, as an inexperienced innocent boy, I was abhorred at the potential for thievery and kidnapping right in my heretofore safe little world of our Embassy neighborhood. So, for several days that spring, I double-checked the door locks whenever I passed any of our doors. Had I spoken to my parents, I'm sure they would have allayed my fears, but my parents didn't have the time nor the inclination to spend tons of time discussing "world problems" with me like my grandparents did. My parents' time was spent feeding and controlling the crowds of other (more typical) little children in The Embassy. They felt they didn't need to spend precious time with me since I, as a dreamy, smart, little, good-natured boy, didn't need the extensive "corrections" or "instructions" that my many siblings needed at the time. My parents wisely left me to my own devices and to the loving care of my grandparents who loved to spend time with and dote on me.

Bands of gypsies were not the only "evil" and "feared" people I had to confront during my childhood years living at The Embassy. The Cold War, Communists, and "Duck-and-Cover" air raid drills all haunted my waking hours while I was in my early grades at our small neighborhood Catholic elementary school. At night, when I was getting ready for bed in the room that I shared with my brothers, I often thought about those menacing communists and the specter of attack. I was glad to have the company of my two brothers with whom I shared our "boys' bedroom." It was only years later that I realized that every family didn't have scores of children living in one house and that it was even possible that SOME children each had their OWN room. During my early years at The Embassy, private single bedrooms for mere children was some kind of fictitious silliness; it certainly wasn't possible or desirable. To me, I couldn't imagine sleeping in the dark, in a big room, all by yourself when communists and gypsies and the like were probably milling about just outside your bedroom window waiting for their chance to swoop down and scoop you up and take you away from your loving

Esta fue mi primera experiencia con ataques criminales masivos y como era un niño inocente e inexperto aborrecía la posibilidad de robo y secuestro justo en mi pequeño mundo, hasta ahora seguro, en nuestro vecindario de La Embajada. Así que durante varios días esa primavera verifiqué dos veces las cerraduras cada vez que pasaba por alguna de nuestras puertas. Si hubiera hablado con mis padres estoy seguro de que habrían aliviado mis miedos, pero mis padres no tenían el tiempo ni la inclinación para pasar mucho tiempo discutiendo conmigo "problemas de talla mundial" como lo hacían mis abuelos. Mis padres pasaban su tiempo alimentando y controlando multitudes de niños (más típicos) en La Embajada. Sentían que no necesitaban pasar precioso tiempo conmigo ya que yo, como niño soñador, inteligente, pequeño y afable, no necesitaba las prolongadas "reprimendas" o "enseñanzas" que mis muchos hermanos necesitaban en ese momento. Mis padres me confiaron sabiamente a mis propios recursos y al cuidado amoroso de mis abuelos, a quienes les encantaba pasar tiempo conmigo y me adoraban.

Las bandas de gitanos no fueron las únicas personas "malvadas" y "temidas" que tuve que enfrentar durante los años de infancia que viví en La Embajada. La Guerra Fría, los Comunistas y los simulacros de ataque aéreo "Agacharse-y-Cubrirse" persiguieron mis horas de vigilia mientras estaba en los primeros años de la pequeña escuela primaria católica del vecindario. Por la noche, cuando me preparaba para dormir en la habitación que compartía con mis hermanos, a menudo pensaba en esos amenazantes comunistas y en el espectro de los ataques. Me alegraba tener la compañía de mis dos hermanos con quienes compartía nuestra "habitación de chicos". Solo años después me di cuenta de que no todas las familias tenían veintenas de niños viviendo en una casa y que incluso era posible que ALGUNOS niños tuvieran su PROPIA habitación. Durante mis primeros años en La Embajada, las habitaciones individuales privadas para niños eran una especie de tontería fantasiosa; ciertamente no era posible ni deseable. Yo no podía imaginarme a mí solo durmiendo en la oscuridad, en una habitación grande cuando los comunistas y los gitanos y similares probablemente estaban merodeando afuera de la ventana de la habitación esperando la oportunidad de abalanzarse y levantarnos y alejarnos de la amorosa familia. Me alegraba tener a mi hermano mayor y a mi hermano menor con quienes compartir

family. I was very glad that I had both my older and younger brother to share a room with and to protect me from undesirable people who were just waiting their chance to kidnap and brainwash little boys like myself. As crowded as we were in our tiny bedroom at The Embassy, I was glad to have my brothers with me for "protection." Thanks to the presence of my two brothers, I wasn't the least afraid of Gypsies and Communists. At least not too much.

Little did I know that THE COMMUNISTS had already encamped themselves in our old Embassy neighborhood. Just across the street and three doors up the hill farther away from us, the COMMUNISTS were allegedly planning their overthrow of our little world. At least, that's what I thought upon coming home early from Catholic grade school one afternoon. It was a Wednesday; and on Wednesdays our nuns dismissed us an hour or so earlier than usual so that the "unfortunate" Catholic children, who had to attend public school, could use OUR desks and OUR classrooms to receive "religious instruction." (The nuns probably would have had a "fit" if they knew that little Stefano not only went to Mass every Sunday at St. Paul's Catholic Church, but that he often also went to the Baptist church services with his two Protestant American cousins so he could spend more time with his cousins and his uncle and aunt all of whom he loved tremendously). Anyway, upon quietly and unexpectedly entering The Embassy front entry hall of our old city house, I could hear the loud, clear voices of strange men coming from our downstairs living room and the quieter and much more unsteady voices of my mother and grandmother as they talked with these unknown men. My grandmother starts, "Are you sure we shouldn't be worried?"; my mother continues, "Are my children safe with them in the neighborhood?" I felt like a detective; I felt like a spy. Here was real international intrigue right here in our Embassy neighborhood and my seven-year-old self was going to help break up an evil nest of Communists.

The unknown men questioning my mother and grandmother were Federal agents who were investigating the lives of two of our middle-aged neighbors, the Lockharts, who lived in a tiny cottage

una habitación y protegerme de personas indeseables que solo esperaban la oportunidad de secuestrar y lavar el cerebro a niños pequeños como yo. Aunque estuviéramos amontonados en nuestra pequeña habitación en La Embajada, me complacía tener a mis hermanos conmigo como "protección". Gracias a la presencia de mis dos hermanos no tenía el menor de los miedos a los gitanos ni a los comunistas. Al menos no demasiado.

Poca idea tenía de que LOS COMUNISTAS ya habían acampado en nuestro antiguo barrio de La Embajada. Justo al otro lado de la calle y colina arriba, a tres puertas de nuestra casa, los COMUNISTAS aparentemente estaban planeando el derrocamiento de nuestro pequeño mundo. Al menos eso es lo que pensé al llegar temprano a casa una tarde después de salir de la primaria católica. Era un miércoles y los miércoles nuestras monjas nos dejaban salir más o menos una hora antes de lo habitual para que los "desventurados" niños católicos que tenían que asistir a la escuela pública pudieran usar NUESTROS escritorios y NUESTRAS aulas para recibir "instrucción religiosa". (A las monjas probablemente les hubiera dado un "ataque" si hubieran sabido que el pequeño Stefano no solo iba a misa todos los domingos en la iglesia católica de San Pablo sino que con frecuencia también iba a los servicios de la iglesia bautista con sus dos primos estadounidenses protestantes para poder pasar más tiempo con ellos, con sus tíos y su tía a quienes amaba muchísimo). Así que, al entrar silenciosa e inesperadamente al vestíbulo de la entrada principal a nuestra antigua casa de la ciudad, pude escuchar, provenientes de nuestra sala de abajo, las voces fuertes y claras de hombres extraños y las voces más tranquilas y mucho más inseguras de mi madre y mi abuela mientras hablaban con estos hombres desconocidos. Mi abuela inicia, "¿Están seguros de que no debemos preocuparnos?"; mi madre continúa, "¿Están a salvo mis hijos con ellos en el vecindario?" Me sentía como un detective; Me sentía como un espía. Aquí había una verdadera intriga internacional, justo en nuestro vecindario de La Embajada, y mi yo de siete años iba a ayudar a disolver un nido malvado de comunistas.

Los hombres desconocidos que interrogaban a mi madre y a mi abuela eran agentes federales que investigaban la vida de dos de nuestros vecinos de mediana edad, Los Lockharts, que vivían en una cabañita al otro lado de nuestra calle. Los Lockharts, aparentemente

65

across the street from us. The Lockharts apparently worked in the science labs at the Gurley factory in downtown Troy. And, in those days of hyper-Communist fear, the Lockharts were being investigated because they came from another country and because they allegedly did "sensitive" lab work which apparently was considered important to the security of the USA. Apparently. The Federal agents might have saved their breath. Neither my mother nor my grandmother knew about ANYTHING nor ANYONE outside of The Embassy. They spent all their time and energy cooking, cleaning, keeping the house nice for their husbands, and teaching and caring for their flock of children and grandchildren. They did NOT spend time on the street gossiping and visiting with their neighbors. My mother, particularly, didn't even KNOW who the neighbors were . . . and couldn't have cared less who they were (unless some incident with them affected one of her children).

Before leaving The Embassy (learning nothing more from my mother and grandmother about the Lockharts than before), the two Federal agents decided to question ME when they saw me in the entrance hall (and obviously eavesdropping on their conversation). I, too, was quite isolated in The Embassy, but I DID have my father's friendly and outgoing personality. So I DID know something about our neighbors, including the Lockharts. As it turned out, in those days, I used to help one of the older neighborhood boys deliver his newspapers on our street in The Embassy neighborhood (in a few short years, that huge newspaper route became my own personal enterprise). As these Federal agents were soon to discover, little paperboys go places adults do not go; and they see things that adults do not see.

Yes, I told the Feds that the Lockharts were my newspaper customers. They walked home from the bus stop at the corner every evening around 5 P.M. By the time I reached their little cottage up the street, they were already inside and I could collect their newspaper payment. Yes, they were friendly enough. They always smiled at me. They always gave me two quarters and never asked for change (so I always received a generous 8¢ tip every week), and they always offered me one of the flowers which grew in their side yard and

trabajaban en los laboratorios científicos de la fábrica *Gurley* en el centro de Troy. Y, en esos días de miedo hipercomunista, Los Lockharts estaban siendo investigados porque venían de otro país y porque presuntamente hacían un trabajo "delicado" de laboratorio que al parecer se consideraba importante para la seguridad de los Estados Unidos de América. Aparentemente. Los agentes federales podrían haberse ahorrado saliva. Ni mi madre ni mi abuela sabían NADA ni conocían a NADIE fuera de La Embajada. Dedicaban todo su tiempo y energía a cocinar, limpiar, mantener la casa agradable para sus maridos, y a enseñar y cuidar a su parvada de hijos y nietos. NO pasaban tiempo en la calle cotilleando ni visitando a sus vecinos. Mi madre, en particular, ni siquiera SABÍA quiénes eran los vecinos... y tampoco le importaba quiénes eran (a menos que algún incidente con ellos afectara a uno de sus hijos).

Antes de salir de La Embajada (sin enterarse de nada nuevo sobre Los Lockharts por boca de mi madre ni de mi abuela), los dos agentes federales decidieron INTERROGARME cuando me vieron en el vestíbulo de entrada (y obviamente espiando su conversación). Yo también estaba bastante aislado en La Embajada, pero TENÍA la personalidad amigable y extrovertida de mi padre. Así que SÍ sabía algo sobre nuestros vecinos, incluidos Los Lockharts. Como se supo después, en esos días solía ayudar a uno de los muchachos mayores del vecindario a entregar sus periódicos en nuestra calle en el barrio de La Embajada (en pocos años esa gran ruta de periódicos se convirtió en mi propia empresa personal). Estos agentes federales pronto descubrirían que los pequeños repartidores de periódico van a lugares donde los adultos no van, y ven cosas que los adultos no ven.

Sí, dije a los federales que Los Lockharts eran mis clientes de periódico. Ellos caminaban a casa desde la parada de autobús en la esquina todas las tardes alrededor de las 5 p.m. Cuando yo llegaba a su cabañita calle arriba, ya estaban adentro y podía cobrar el pago del periódico. Sí, eran bastante amistosos. Siempre me sonreían. Siempre me daban dos monedas de veinticinco centavos y nunca pedían el cambio (por lo que siempre recibí una generosa propina de 8 céntimos cada semana), y siempre me ofrecían una de las flores que crecían en su patio lateral y trepaban en su alta cerca de malla ciclónica alrededor de la cabañita de dos pisos que ocupaba dos bonitos lotes de la ciudad. No, nunca me invitaron a entrar y nunca vi que convivieran

climbed upon their high chain link fence that surrounded their tiny two-story cottage which occupied two nice city lots. No, they never invited me inside and I never saw them entertain or even talk to any of our other neighbors. Once home, they seemed to stay in their house. Yes, they did have a strange accent when they spoke, but I understood them perfectly well. (I should have added that I was used to strange accents in The Embassy, but I knew the Feds had just experienced the incredibly heavy accent of my mother and the archaic vocabulary of my paternal grandmother whom they had just interviewed). The Federal agents thanked me for my help and said goodbye to my mother, grandmother, and me. I never heard more about "the investigation," and the Lockharts continued to live quietly in their tiny private cottage among the rest of us in our old city neighborhood—the end of our big Communist scare.

Other "shady" and "suspicious" characters blew into our lives from time to time, but, as a family, we were able to handle the fallout from contact with such people. The "bone-and-rag man" who ran the "recycling" center (although we didn't call it a recycling center in those bygone days; we called it the junkyard) was one of those dubious and scary persons in the world of my little-boy egocentric world.

Once every two or three months, my dad would borrow the 1955 panel truck (from his nighttime grocery-delivery second job) and he and my older brother and I would load it up to bring junk to the chilling old bone-and-rag man. The drawbacks of our borrowed panel truck were (a) it was painted a sickly color tan and pink, and (b) since it was a delivery truck, it only had ONE individual seat that looked like a bar stool on a metal post which was designed only to seat the driver. My big brother and I had to sit on the cold, dirty metal floor of the vehicle if we wanted to accompany my father on his excursion to drop off our "junk" at the horrible and unwelcoming-looking filthy property down by the dark and smelly river where the bone-and-rag man was to be found.

In those days, riverfront property was NOT desirable since the river itself was a dark, garbage-ridden, smelly mess only slightly more attractive and very slightly cleaner than an open sewer!!! To me,

ni hablaran con alguno de nuestros vecinos. Una vez en casa, parecían quedarse ahí. Sí, tenían un acento extraño cuando hablaban, pero yo los entendía perfectamente bien. (Debí haber agregado que estaba acostumbrado a acentos extraños en La Embajada, pero sabía que los federales acababan de experimentar el acento increíblemente fuerte de mi madre y el vocabulario arcaico de mi abuela paterna a las que acababan de entrevistar). Los agentes federales me agradecieron la ayuda y se despidieron de mi madre, de mi abuela y de mí. Nunca supe más de "la investigación", y Los Lockharts continuaron viviendo tranquilamente en su cabañita privada entre el resto de nosotros en el vecindario de nuestra vieja ciudad, —fin del gran susto comunista—.

Otros personajes "turbios" y "sospechosos" llegaban inesperadamente a nuestras vidas de vez en cuando, pero, como familia, pudimos manejar las consecuencias del contacto con esas personas. El "chatarrero" que dirigía el centro de "reciclaje" (aunque no lo llamábamos un centro de reciclaje en aquellos días pasados; lo llamábamos depósito de chatarra) era una de esas personas dudosas y aterradoras en el mundo de mi mundo egocéntrico de niño pequeño.

Una vez cada dos o tres meses, mi padre tomaba prestado el camión de reparto modelo 1955 (de su segundo empleo nocturno de entrega de comestibles) y él y mi hermano mayor y yo lo cargábamos para llevar basura al espeluznante viejo chatarrero. Los inconvenientes de nuestro camión de reparto prestado eran que a) estaba pintado de pálidos colores bronce y rosa, y b) como era un camión de reparto, solo tenía UN asiento individual que parecía un taburete sobre un poste de metal, diseñado únicamente para el conductor. Mi hermano mayor y yo teníamos que sentarnos en el piso metálico frío y sucio del vehículo si queríamos acompañar a mi padre en su excursión para dejar nuestra "basura" en la propiedad sucia, horrible y poco acogedora, junto al oscuro y maloliente río, donde se encontraba al hombre de chatarra.

En aquellos días, una propiedad frente al río NO era deseable ya que el río en sí era un calamidad oscura, llena de basura, maloliente, ¡solo un poco más atractivo y muy ligeramente más limpio que una alcantarilla abierta! Para mí, todo el proceso era frío y aterrador. Los periódicos viejos olían mal, las viejas cajas de cartón estaban manchadas de suciedad, y los "trapos" y desechos que llenaban docenas de grandes bolsas de papel café (provenientes de la tienda de comestibles... no había bolsas de plástico en esos días) despedían otro olor desagradable.

the whole process was cold and scary. The old newspapers smelled bad, the old cardboard boxes were stained with dirt, and the "rags" and castoffs which filled dozens of large brown paper bags (they came from the grocery store . . . there were no plastic market bags in those days) gave off yet another unpleasant odor. NO matter! Dad and Grandpa had a system. All this "merchandise" was piled high in our old shed in the backyard, and Dad and Grandpa directed my older brother, Fred, and me to carry each container out to the panel truck awaiting us where my dad had backed it into the vacant lot next to The Embassy. It was a "manly," "adult" task, and another opportunity to spend time with my father and grandfather, so my brother and I were proud to help. We were also proud knowing that by "selling" this junk (by the pound) to the rag-and-bone man, we were helping to bring some money into our household. A nice feeling. Once the truck was loaded, my grandfather offered that I stay home with him and let Fred and Dad do the actual delivery, but I just couldn't pass up the adventure of seeing the job finished. I further wanted to have the adventure of going with my big brother and my dad to the mysterious junkyard and decrepit warehouse down by the old piers on the river. It wasn't that I had a bit of bravery in me; it was just that I always found this excursion fascinating. Plus, I felt completely safe with my big brother and my strong worldly-wise father . . . almost completely safe.

Upon our dark evening arrival at the junkyard, I began to have second thoughts about just how wise it was for me to accompany my dad and big brother to such a creepy place. We pulled up to the opening in the high wall of the aging, rotten wooden fencing and gigantic crumbling billboards which were haphazardly nailed together to form part of the fence which separated the junkyard from the old alleyway down which we had to drive. I questioned my own sanity in choosing to go there. Knowing, too, that there would be giant barking curs—unruly dogs-at-the-ready to attack us and often huge black rats darting among the piles of junk or among the sagging old fencing near the water's edge—all further gave me the creeps. I had to be brave, so I said nothing to my dad and my big

¡No era problema! Papá y el Abuelo tenían un sistema. Toda esta "mercancía" se amontonaba en nuestro viejo cobertizo en el patio trasero, y Papá y el Abuelo nos dirigían a mi hermano mayor, Fred, y a mí para que lleváramos cada contenedor al camión de reparto que nos esperaba en el lote vacío al lado de la embajada, donde mi papá lo había estacionado. Era una tarea "masculina" para "adultos", y otra oportunidad para pasar tiempo con mi padre y mi abuelo, por lo que mi hermano y yo estábamos orgullosos de ayudar. También estábamos orgullosos de saber que al "vender" esta basura (por kilo) al chatarrero, estábamos ayudando a llevar algo de dinero a nuestro hogar. Una sensación agradable. Una vez que el camión estaba cargado, mi abuelo me ofreció que me quedara en casa con él y dejara que Fred y papá hicieran la entrega, pero no pude dejar pasar la aventura de ver el trabajo terminado. Además, quería vivir la aventura de ir con mi hermano mayor y con mi padre al misterioso depósito de chatarra y al derruido almacén junto a los viejos muelles del río. No era que tuviera un poquito de valentía en mí; era solo que esta excursión siempre me parecía fascinante. También me sentía completamente seguro con mi hermano mayor y mi padre fuerte y sabio en cosas del mundo... casi completamente seguro.

Cuando llegamos al depósito de chatarra, ya oscura la noche, comencé a dudar si había sido sabio acompañar a mi padre y a mi hermano mayor a un lugar tan espeluznante. Nos detuvimos en la abertura de la gran pared alta hecha de cercados de madera podrida y de viejas vallas publicitarias gigantes ya desvencijadas que fueron clavadas al azar para formar parte de la barda que separaba el depósito de chatarra del viejo callejón por el que teníamos que conducir. Puse en duda mi propia cordura por elegir ir a ese lugar. Sabía también que habría enormes perros sin raza —que ladraban indomables y listos para atacarnos— y, a menudo, enormes ratas negras —que se lanzaban entre los montones de basura y entre la valla vieja y hundida cerca del borde del agua—; todo me provocaba pavor. Tenía que ser valiente, así que no le dije nada a mi padre ni a mi hermano mayor de doce años, pero podía sentir los escalofríos subiendo por mi espalda... escalofríos que solo me recordaron que esas sensaciones en mi piel podrían en realidad ser insectos o roedores (mi colorida imaginación era fácilmente alimentada por la horrible atmósfera de ese nocturno depósito de chatarra).

71

twelve-year-old brother, but I could still feel the cold goosebumps climbing up my back . . . goosebumps which only further reminded me that the sensations on my skin might really be insects or rodents (my colorful imagination was easily fed by the hideous atmosphere of that nighttime junkyard).

As my dad and brother and I hopped out of the truck (to the raucous medley of the barking junkyard canine chorus chained up a few feet away) a strange, gloomy form approached us. I knew this must be the figure of the rag-and-bone man, but as he approached us, he didn't seem human!!! Even his dark silhouette looked more like the movement of some animalistic blob of a creature rather than of a regular man. And what was he wearing?? The rag-and-bone man looked just like one of the piles of junk which surrounded him . . . there seemed to be a pile of clothing on him; all just an indiscernible collection of boots, pants, shirt, and coat—none of which had an identifiable color, nor which seemed to begin or end . . . just a mass of some kind of garb made of dark (and smelly) old cloth. He had Caucasian features, but his hands, arms, and face were all blackened by seeming years of dirt and grime which had impregnated his skin. I had never seen such a creature. I would have run away in screaming terror except for the fact that my always-friendly and charming father greeted this creature in such a glad-to-see-you manner of old friends that I felt safe and reassured that all was OK . . . at least temporarily.

Unfortunately for me, being the smallest and most readily approachable, the rag-and-bone man came straight up to me as I stood next to our panel truck, and grasped me by both shoulders, stuck his grimy dark face in mine—displaying a dark gaping hole where a mouth full of teeth should have been—and emphasizing every word with a small shower of alcohol-perfumed spittle. He welcomed me saying, "So, what have we brought with us today for Old Sam?" (Apparently Sam was his name. I had forgotten that that was his name since Dad and Grandpa always referred to him by his title, "The Rag-and-Bone Man"). If nothing else, Catholic school had always taught me to be nice and to be polite to everyone; so, with a big (nervous) smile, and a stab at being as manly as I could

Mientras mi padre, mi hermano y yo saltábamos del camión (al estruendoso popurrí de ladridos del coro canino del depósito de chatarra, encadenados a unos metros de distancia) una oscura, extraña silueta se aproximó. Sabía que esta debía ser la figura del chatarrero, pero cuando se acercó a nosotros, ¡¡ni parecía humano!! Incluso su oscura silueta al acercarse a nosotros se parecía más al movimiento de un bulto animalesco propio de una criatura que al movimiento de un hombre normal. ¿Y qué llevaba puesto? El chatarrero se veía como uno de los montones de basura que lo rodeaban... parecía que traía una pila de ropa sobre él; una colección imperceptible de botas, pantalones, camisas y abrigos —sin color identificable, sin principio ni fin—... solo una "masa" de algún tipo de ropaje hecho de tela vieja, oscura (y maloliente).

Tenía rasgos caucásicos, pero sus manos, brazos y cara estaban ennegrecidos por años de suciedad y mugre que se habían impregnado en su piel. Nunca había visto una criatura así. Yo habría escapado gritando aterrorizado, pero el hecho de que mi padre, siempre amable y encantador, saludó a esta criatura de una manera tan alegre de viejos amigos hizo que me sintiera tranquilizado y seguro de que todo estaba bien... al menos temporalmente.

Desafortunadamente para mí, al ser el más pequeño y más accesible, el chatarrero se dirigió hacia mí mientras estaba de pie al lado de nuestro camión repartidor, me tomó de los hombros, pegó su rostro ennegrecido de mugre en el mío —mostrando un agujero oscuro donde debería haber estado una boca llena de dientes— y enfatizando cada palabra con una lloviznita de saliva perfumada con alcohol. Me dio la bienvenida y me dijo: "Entonces, ¿qué hemos traído hoy para el Viejo Sam?" (Al parecer, Sam era su nombre. Había olvidado que ese era su nombre ya que Papá y el Abuelo siempre se referían a él por su *título*, "El Chatarrero"). Si algo me había enseñado la escuela católica, había sido a ser amable y educado con todos; por eso, con una gran sonrisa (nerviosa) y un esfuerzo por ser tan valeroso como podía, dije: "Señor, hemos comprado muchos kilos de buenos periódicos, cajas y trapos. Guardamos bastante esta vez". Liberándome de su apretón fuerte y oloroso, y gritando a los perros que todavía ladraban: "¡¡¡Cállense (se eliminan los improperios)!!!", se apresuró a la parte trasera del camión e inmediatamente comenzó a inspeccionar "el botín" en nuestro camión repartidor. (Por cierto, yo sabía que los improperios que gritó

be, I said, "Sir, we have bought many pounds of good newspapers, boxes and rags. We saved up a lot this time." Releasing me from his strong and odoriferous grasp, and yelling at the still-barking dogs to "Shut (*expletives deleted*) up!!!" he hurried to the back of the truck and immediately began to survey "the loot" in our panel truck. (By the way, I knew the expletives that he screamed were bad words that we kids shouldn't say, but I only vaguely knew they were bad because I had never heard them before and I had no earthly idea what the words meant!! Absolutely NO ONE ever swore at The Embassy).

From the delighted expression on Sam's face, you'd think that, rather than bringing old newspapers, cartons, and rags to Sam's establishment, my father, brother and I had acted like the Three Magi at Christmas time and had brought Sam gold, frankincense, and myrrh to be offloaded. Sam was delighted with our offerings. He thanked my dad for being such a good customer, and, as my father, brother and I flung the heaps of our junk into the nasty-looking piles of various types of junk indicated by Sam, I could see he was calculating just how much he would have to pay us for such a glorious "haul."

I remember my grandfather telling me that the junk we saved in our backyard shed was paid for by the pound by the rag-and-bone man, but somehow Sam estimated the worth of our load without actually weighing it, and he gave my dad a few well-worn looking dirty dollars. By now I was freezing cold and thoroughly uncomfortable, so I was ecstatic when my dad ushered my brother and me onto the floor of the now-empty panel truck for a quick escape from "Sam's" and a rapid ride home to The Embassy where I knew Dad would reward Fred and me with cups of hot cocoa (served in big white ceramic mugs from our now-defunct family doughnut shop which many years ago used to be near the old Post Office in downtown Troy).

On gaining the clean sanctity of our humble city home, I felt relieved and proud. Relieved that I had survived the smelly and dirty encounter of the ominous rag-and-bone man, but also proud that I had accompanied my dad and brother on such a profitable excursion.

eran malas palabras que los niños no debíamos decir, pero solo sabía vagamente que eran malas porque nunca las había escuchado antes y ¡no tenía ni idea de lo que significaban! Absolutamente NADIE en la Embajada decía groserías).

A juzgar por la expresión encantada en el rostro de Sam, se pensaría que en lugar de traer periódicos viejos, cartones y trapos al establecimiento de Sam, mi padre, mi hermano y yo habíamos actuado como los Tres Reyes Magos en Navidad y habíamos traído a Sam oro, incienso y mirra que había que descargar de nuestro camión. Sam estaba fascinado con nuestras ofrendas. Agradeció a mi padre por ser tan buen cliente y, mientras mi padre, mi hermano y yo arrojábamos los montones de nuestra chatarra a las repugnantes pilas de varios tipos de basura que Sam indicó, pude ver que estaba calculando cuánto tendría que pagarnos por tan glorioso "cargamento".

Recuerdo que mi abuelo me dijo que el chatarrero pagaba por kilo la basura que guardábamos en el cobertizo de nuestro patio trasero, pero de alguna manera Sam calculó el valor de nuestra carga sin pesarla, y dio a mi papá unos dólares sucios y de aspecto muy gastado. A esas alturas me estaba congelando y me sentía completamente incómodo, así que me sentí extasiado cuando mi padre nos hizo pasar a mi hermano y a mí al piso del camión ahora vacío para escapar velozmente del "Depósito de Sam", y hacer un viaje rápido de regreso a La Embajada donde sabía que Papá nos recompensaría a Fred y a mí con tazas de chocolate caliente (servido en grandes tarros de cerámica blanca de nuestra ahora desaparecida tienda familiar de donas, que hace muchos años solía estar cerca de la antigua oficina de correos en el centro de Troy).

Al alcanzar la limpia santidad de nuestra humilde casa citadina, me sentí aliviado y orgulloso. Aliviado de haber sobrevivido al encuentro maloliente y sucio con el siniestro chatarrero, pero también orgulloso de haber acompañado a mi padre y hermano en una excursión tan provechosa. Mi pequeño cerebro había registrado cada centímetro del depósito de chatarra y había memorizado (aunque de manera involuntaria) el propio ser del extraño y aberrante hombre de chatarra. ¡Tendría historias que contar al día siguiente a mi madre y a mi abuela! Sam, nuestro chatarrero, fue sin duda una de las personas más ásperas, sucias y aterradoras para mí en los primeros años de la década de 1950, pero hubo muchos más

My little brain had registered every inch of the junkyard and had memorized (however unwittingly) the very being of the strange, aberrant rag-and-bone man. Would I have stories to tell my mother and grandmother tomorrow! Sam was certainly one of the crustiest, dirtiest, and scariest people for me in my early years during the 1950s, but there were many more who made their periodic appearance in my sheltered life in our old city home.

Since most married women in those days did NOT work outside the home, our city was ripe for the picking by an endless parade of hawkers and legitimate salesmen of the day. Sales-MEN was the word, for in those days, sales-WOMEN were hardly ever seen. (The big exception to that in our neighborhood was THE EGG WOMAN, who was a sunburnt-brown, crippled old woman who walked all the way from her farm east of town to sell our local housewives fresh eggs. She carried all those eggs in a huge rattan basket in the crook of her left arm; her right arm was used to carry a soiled-looking, worn wooden cane as she hobbled from neighborhood to neighborhood all over our east end of town).

Another occasional visitor-salesman was the little knife-grinder man. The little knife-grinder man was fascinating to me. When the long and snowy, frigid winter had ended in our city in upstate New York, the old trees which lined our neighborhood streets began to bud and the streets began to positively *bloom* with door-to-door salesmen. Being confined as we were to The Embassy, we little Embassy children and some of our neighborhood friends, used springtime to "hold court" on our Embassy front porch. From that porch, we were entertained with simply a PARADE of interesting characters and tradesmen. Seeing our little knife-grinder man walking down the middle of our devoid-of-motor-traffic poorly paved street, was like the heralding of spring by the first red-breasted robin.

The little knife-grinder man was tiny, or so it seemed, since he pushed a huge, gray, three-wheeled cart in front of him as he tried to avoid "falling into" one of the crater-like potholes of our worn, vintage city street. What was in this big cart? We kids knew. We knew everything about the world in front of The Embassy. NO

que hicieron su aparición periódica en mi vida resguardada dentro de nuestra antigua casa en la ciudad.

Como la mayoría de las mujeres casadas en esos días NO trabajaban fuera del hogar, nuestro vecindario citadino estaba listo para ser aprovechado por un desfile interminable de vendedores ambulantes y vendedores legítimos de la época. Vendedor-ES era la palabra, porque en aquellos días, las vendedor-AS casi nunca se veían. (La gran excepción en nuestro vecindario era LA MUJER DE LOS HUEVOS, una anciana tullida y quemada por el sol que caminaba desde su granja al este de la ciudad para vender huevos frescos a las amas de casa locales. Llevaba todos esos huevos en una enorme cesta de ratán en el hueco de su brazo izquierdo; el brazo derecho lo usaba para llevar un bastón de madera desgastado y de aspecto sucio mientras cojeaba de vecindario en vecindario por todo el extremo este de la ciudad).

Otro vendedor ocasional que nos visitaba era el hombrecito que afilaba cuchillos. El pequeño afilador de cuchillos me fascinaba. Cuando el helado invierno largo y nevado había terminado en nuestra ciudad al norte del estado de Nueva York, los viejos árboles que surcaban las calles de nuestro vecindario comenzaban a brotar, y las calles mismas empezaban a florecer de vendedores de puerta en puerta. Al estar confinados como estábamos en La Embajada, nosotros, los pequeños inquilinos y algunos de nuestros amigos del vecindario, empleábamos la época primavera para "recibir honores" en el porche de La Embajada. Desde ese porche nos entreteníamos con el solo DESFILE de interesantes personajes y comerciantes. La vista de nuestro hombrecito afilador de cuchillos caminando en medio de nuestra calle pobremente pavimentada, sin tránsito de vehículos, era como el anuncio de la primavera hecho por el primer petirrojo de pecho escarlata.

El hombrecito afilador de cuchillos era pequeño, o eso parecía, ya que empujaba una enorme carreta gris de tres ruedas frente a él mientras trataba de evitar "caer" en uno de los baches tipo cráter de nuestra vieja y gastada calle urbana. ¿Qué había en esa gran carreta? Nosotros los niños lo sabíamos. Sabíamos todo acerca del mundo frente a La Embajada. NINGÚN comerciante escapaba de nuestra exhaustiva inspección que abarcaba a TODOS y sus ofertas mientras iban de puerta en puerta tocando los timbres o gritando saludos

salesperson escaped from our all-encompassing thorough inspection of ANYONE and their offerings as they went door-to-door ringing doorbells or shouting greetings of advertisement from the center of our tired, macadam-covered lane.

Often these hawkers and salesman were like old friends since they often gave us kids little treats and gifts (probably as an incentive to get us to pull the adults from our homes out onto the street to buy something). We kids were generously tempted by apples from the fruit-and-vegetable man's big truck, small slabs of ice for licking from the milkman's outdated ice-cooled delivery van, pieces of cookies to eat from boxes of damaged baked goods from the Freihofer horse-drawn red-and-black carriage, as well as assorted badges or stickers or specially chosen articles from any of a dozen other vendors. There was also the encyclopedia salesman, or the salesman of the portable "hi-fi"/stereo record players, or the "Jewel Tea" salesman in his big brown delivery truck full of hundreds of alluring items. All of their free gift incentives were greedily and gratefully gathered up by all of us neighborhood kids when we were on sentry duty watching out for the approach of all of these special salesmen as they paraded down our quiet roadway.

Being the first of our annual springtime hawkers and delivery men, the little knife-grinder man got the full attention of us Embassy kids. Upon closer inspection, he turned out not to be so little; it was only that his cart was so BIG that he looked tiny next to it. My grandmother and I, however, persisted in calling him the little knife-grinder man for the duration of his Embassy visits for years to come. Once the cart was stopped, we could see it was filled with dozens of types of tools for sale. His stone wheel grinder/sharpener took center stage on his cart. He magically made the big stone grinder wheel rotate by use of a strong battery housed inside his cart. His main attraction was to sharpen knives and scissors for his regular customers like my grandmother. It seems unbelievable now, but in The Embassy, we had only *two* pair of big metal scissors for the house, and one huge pair for the garden. They were used by all of us at The Embassy and they had to last. As children, we would run

publicitarios desde el centro de nuestra fatigada calle empedrada.

A menudo estos vendedores ambulantes eran como viejos amigos ya que con frecuencia nos daban a los niños regalitos y obsequios (probablemente como un incentivo para que sacáramos a los adultos de nuestras casas a la calle a comprar algo). Los niños éramos tentados generosamente con manzanas de la gran camioneta del hombre de frutas y verduras, pequeños trozos de hielo para chupar sacados de la anticuada camioneta de reparto enfriada con hielo que traía el lechero, trozos de galletas sacadas de cajas de productos horneados ya dañados que traía el carruaje Freihoffer rojo con negro tirado por un caballo, así como insignias o calcomanías variadas o artículos especialmente elegidos de una docena cualquiera de otros vendedores. Estaba el vendedor de enciclopedias o el vendedor de los reproductores portátiles de discos "Hi-Fi"/Stereo, o el vendedor de "Jewel Tea" en su gran camión marrón de reparto lleno de cientos de artículos atractivos). Todos los incentivos gratuitos eran reunidos con avidez y agradecimiento por todos nosotros, los niños del vecindario, cuando estábamos "de guardia" vigilando el acercamiento de todos estos vendedores especiales mientras desfilaban por nuestra tranquila calzada.

Como cada año era el primero de nuestros vendedores ambulantes y repartidores en la primavera, el pequeño afilador de cuchillos atraía toda la atención de los niños de La Embajada. Tras una inspección más rigurosa, el pequeño afilador de cuchillos resultó no ser tan pequeño; era solo que su carreta era tan GRANDE que él mismo parecía diminuto junto a ella. Pero mi abuela y yo insistimos en llamarlo el pequeño afilador de cuchillos por el resto de sus visitas a La Embajada en los años venideros. Una vez que la carreta se detenía, podíamos ver que estaba llena de docenas de tipos de herramientas en venta. Su molinillo-afilador hecho de ruedas de piedra ocupaba el centro del escenario en su carreta. Mágicamente hacía girar la gran rueda del molino de piedra mediante el uso de una batería sólida alojada dentro de la carreta. Su principal atracción era afilar cuchillos y tijeras para sus clientes habituales como mi abuela. Parece increíble ahora, pero en La Embajada solo teníamos *dos* pares de tijeras grandes de metal para la casa y un par enorme para el jardín. Todos en La Embajada las usábamos y tenían que durar. De niños, corríamos escaleras arriba al piso de mi abuela y recogíamos estas tijeras (y a

upstairs to my grandmother's flat and gather up these scissors (and sometimes a few special carving knives) to bring downstairs and out onto the street to have the little knife-grinder man sharpen them all. It couldn't have cost much since we didn't have much money at The Embassy and because I remember paying the man with only a handful of coins that my grandmother had entrusted me with. Then, off he went down the road looking for other customers. We only saw him two or three times per year, but he was as real a part of our city landscape as were the huge old maple trees that lined most of our street. Incidentally, years later, people readily cut down those giant maple trees to protect their newly-acquired automobiles from damage from falling leaves and tree branches when their cars were parked alongside the curb under their giant spreading branches.

No one looked more dirty and tired than the men who delivered the coal to our house. Having been built in the 19th Century (at a very modest cost), the uninsulated Embassy was designed to be heated by two massive coal-fired furnaces in the cellar of our well-worn, outmoded house. Unfortunately, the coal bins which were on the north side of the cellar, were accessible only from a tiny cellar window on the south side of the property. The coal men (who always reminded me of soot-encrusted dwarfs from "Snow White and the Seven Dwarfs" bent over with their heavy sacks) would come with a truckload of coal (tons and tons of coal), that was off-loaded by three or four men BY THE SACKLOAD!!! Each man had to shoulder a huge gray cloth bag of coal, carry it from their curbside truck, walk through the gate to our side yard and dump each bag-load into the tiny cellar window. There they had erected a large, temporary metal coal slide to whisk the coal into the coal bin on the north side of the cellar. It was fun for us kids to watch the men dump the coal onto the slide and listened as it "whooshed" its way quickly into our huge, dark, windowless coal bin far below the main floor of The Embassy. Many years later we (like most of our urban neighbors) finally converted our coal furnaces to gas. Like so many things at The Embassy, OLD was good enough (and cheap enough) for my grandfather's home with years and years of entertainment provided

veces algunos cuchillos especiales para trinchar), las llevábamos abajo y salíamos a la calle para que el pequeño afilador les sacara filo. No podría haber costado mucho dinero ya que no teníamos mucho en La Embajada y porque recuerdo haber pagado al hombrecito afilador con un puñado de monedas que mi abuela me había encomendado para pagarle. Luego se iba calle abajo buscando otros clientes. Solo lo veíamos dos o tres veces al año, pero era una parte tan real del paisaje de nuestra ciudad como lo eran los enormes y viejos arces a lo largo de casi toda nuestra calle. Años más tarde, la gente cortó sin titubear esos gigantes árboles de arce para proteger sus automóviles recién adquiridos del daño causado por la caída de las hojas y las ramas de los árboles al estacionar sus automóviles junto a la acera debajo de las gigantes ramas extendidas.

Nadie se veía más sucio ni más cansado que los hombres que entregaban el carbón a nuestra casa. Dado que se construyó en el siglo XIX (a un costo muy modesto), La Embajada no tenía aislante pues fue diseñada para ser calentada por dos enormes hornos de carbón ubicados en el sótano de nuestra anticuada y desgastada casa. Desafortunadamente, los contenedores de carbón que estaban en el lado norte del sótano solo eran accesibles desde la pequeña ventana del sótano en el lado sur de La Embajada. Los carboneros (que siempre me recordaron a los enanos sucios de hollín encorvados por sus pesados sacos de la historia de "Blancanieves y los siete enanitos") llegaban con un gran camión cargado de carbón (toneladas y toneladas de carbón), que tenía que ser descargado por tres o cuatro hombres ¡¡¡POR CADA SACO!!! Cada hombre tenía que llevar al hombro una enorme bolsa de tela gris de carbón, cargarla desde su gran camión en la acera, atravesar la puerta de nuestro patio lateral y aventar el carbón contenido en la bolsa a través de la pequeña ventana del sótano. Allí habían colocado provisionalmente un gran tobogán metálico para carbón y así mover rápidamente el carbón al depósito en el lado norte del sótano. Era divertido para nosotros, los niños, ver a los hombres tirar el carbón en el tobogán y escucharlo mientras se "deslizaba" rápidamente hacia nuestro enorme y oscuro depósito de carbón sin ventanas, muy por debajo del piso principal de La Embajada. Muchos años después (como la mayoría de nuestros vecinos citadinos) finalmente convertimos nuestros hornos de carbón en hornos de gas. Como

by the coal delivery men.

I don't know how it was possible (given the strict and formal way my parents raised us) but even at eight or nine years old, I was somehow able to "roam" about with impunity in our busy city neighborhood within one or two blocks of our house. This was probably because I was known in The Embassy to be such a well-behaved and dependable little boy and (more likely) because the adults at home were so overwhelmed with the care of so many other little more-troublesome children, that I went unnoticed and was allowed to walkabout by myself down the street, to "drift" into the neighborhood shops, gardens, and stores where our neighbors were the friendly and trusted proprietors. In any event, I knew *everyone* in that neighborhood and they knew me. Those 1950's shopkeeper neighbors knew and loved my parents and grandparents and they knew EXACTLY who I was. Our family reputation was like a "carte blanche" for me to enter unquestioned into all kinds of places. For instance; Tony's corner luncheonette counter (our new Greek neighbor); the notions-and-dry goods store of our elderly white-haired neighbor, Miss Tyler; the newsstand of Mr. Armat (whose kids went to Catholic school with us); and even the neighborhood firehouse just across from Beman Park (where the firemen would let me drink from their white porcelain drinking fountain on hot days), were all part of my special "tour" of the neighborhood as I dreamily wandered off by myself for a morning's adventure and visits. Other than dozens of city buses and store patrons, there was not a lot of dangerous nor heavy motor traffic in those days even though a major state highway (Route NY7) wended its way through the middle of our neighborhood. And, since all the shopkeepers knew me, thanks to the good reputation of my family (especially my father and grandfather because they worked right downtown and had lived in Troy for years and years), my wanderings as a youngster were all perfectly safe. So, when I strolled back home for lunch, my mother and grandmother knew all was well—if they had even noticed among the brouhaha of all the other little children that I had been gone at all.

la mayoría de las cosas en La Embajada, lo VIEJO era bueno (y era barato) para la casa de mi abuelo, así que durante años y años fuimos "entretenidos" por los repartidores de carbón.

No sé cómo fue posible (dada la manera estricta y formal en que nos criaron mis padres), pero incluso a los ocho o nueve años, de alguna manera pude "vagar" impunemente en nuestro bullicioso vecindario de la ciudad en un radio de una o dos cuadras desde nuestra casa. Esto se debió probablemente a que en La Embajada se sabía que era un niño bien portado y confiable y (más probablemente) porque los adultos en casa estaban tan abrumados por el cuidado de tantos otros niños más problemáticos que yo, por lo que yo pasaba inadvertido y se me permitió deambular por la calle y simplemente a "la deriva" ir a las tiendas, jardines y almacenes del vecindario donde nuestros vecinos eran los propietarios amistosos y confiables. En todo caso, conocía a *todos* en ese vecindario y ellos *me* conocían. Esos vecinos comerciantes de la década de 1950 conocían y apreciaban a mis padres y abuelos y sabían EXACTAMENTE quién era yo. Nuestra reputación familiar era como una "carta blanca" para que yo entrara a todo tipo de edificios sin que me hicieran preguntas. Por ejemplo, la barra de almuerzos de la esquina, propiedad de Tony (nuestro nuevo vecino griego); la mercería y bonetería de nuestra anciana y canosa vecina Miss Tyler; el puesto de periódicos del Señor Armat (cuyos hijos iban a la escuela católica con nosotros); e incluso la estación de bomberos del vecindario justo enfrente del parque Beman (donde los bomberos me dejaban beber de su fuente de porcelana blanca en los días calurosos), todos formaban parte de mi "tour" especial por el vecindario, mientras yo solía pasear ensoñadoramente y sin compañía hacia una mañana de "aventuras" y visitas. Además de las docenas de autobuses y clientes de tiendas, no había mucho tránsito peligroso de automóviles ni tráfico pesado en aquellos días, aunque una importante autopista estatal (la ruta NY7) se abría paso por en medio de nuestro vecindario. Y ya que todos los comerciantes me conocían, gracias a la buena reputación de mi familia (especialmente de mi padre y mi abuelo porque trabajaban justo en el centro y habían vivido en Troy durante muchos años), mis andanzas de jovencito eran perfectamente seguras. Así que cuando paseaba de regreso a casa para la hora del almuerzo, mi madre y mi abuela sabían que todo estaba bien —si es que acaso se daban cuenta, entre todo el alboroto de los demás niños, que yo me había ausentado—.

Chapter 5

A World of Unforgettable Color

W HEN I LEFT THE EMBASSY to go away to college and
then on to graduate school (thanks to scholarships and
readily available student loans), I was soon fortunate enough to live
a quite comfortable, middle-class life. The simplicity and the poverty
of those Embassy years was soon just a memory.

Working as a college professor, a teacher, an administrator,
a translator, and a writer, I was able to live and work all over the
world: in Montreal, Quebec, in Manhattan, in Seoul, Korea, in
Paris, France, in Boston, and in Oaxaca, Mexico. In all those places
I had beautifully appointed homes or apartments with gold or
white drapes, oriental rugs or forest-green carpeting, eggshell white
walls or rich wood paneling, French provincial or mahogany wood
furniture, and classic art works furnished all the wonderful places
I lived in for decades. Sometimes, like in South Korea and Oaxaca, I
even had a *staff* of housekeepers (who "came with" the apartments
I rented and were a required part of the rental agreements). The
serene cohesiveness of my well-decorated living spaces helped me
work well, rest well, and enjoy my busy work and social schedule.
Refinement and style in a monochromatically decorated world were
the realities of my urbane adult life.

At one point, I had even built a small chalet-style cottage deep
in the woods of upstate New York, off a one-lane dirt road in the
mountains near the Vermont border. It, too, was as sophisticatedly
appointed as my tenth floor alcove studio apartment on West 19th
Street in Manhattan! I have had an exciting, fun, romantic, and

Capítulo 5

Un mundo de indeleble color

CUANDO ME MUDÉ DE LA EMBAJADA para ir a la universidad y después al posgrado (gracias a becas y préstamos estudiantiles de fácil acceso), tuve en poco tiempo la suerte de vivir una vida de clase media bastante cómoda. La simplicidad y la pobreza de aquellos años en La Embajada pronto fueron solo un recuerdo.

Mis trabajos como profesor universitario, maestro de educación básica, administrador, traductor y escritor me permitieron vivir y trabajar en todo el mundo: en Montreal, Quebec; en Manhattan; en Seúl, Corea; en París, Francia; en Boston; y en Oaxaca, México. En todos esos lugares tuve casas y apartamentos bellamente decorados. Cortinas doradas o blancas, alfombras orientales o de color verde bosque, paredes blancas de estuco o paneles de madera, muebles estilo provenzal francés o de caoba y obras clásicas de arte adornaron todos los lugares maravillosos en los que viví durante décadas. A veces, como en Corea y en Oaxaca, incluso tuve *personal* doméstico, amas de casa, ("incluidas" en los departamentos que arrendé pues eran una condición de los contratos de alquiler). La fusión apacible de espacios vitales bien decorados me ayudó a trabajar bien, tener un descanso apacible y disfrutar de mi atareado trabajo y mi agenda social. El refinamiento y el estilo en un mundo decorado monocromáticamente fueron los escenarios de mi vida adulta citadina.

Hubo un momento en que incluso había construido una pequeña cabaña estilo chalet en las profundidades del bosque al norte del estado de Nueva York, sobre un camino de un solo carril de terracería en las montañas cerca de la frontera de Vermont. ¡También estaba decorada de manera tan sofisticada como mi departamento

adventurous international life in many beautiful settings . . . yet I always continued to dream of and fondly remember my fun, loving, and *colorful* days at The Embassy . . . ALWAYS! There was nothing sophisticated about the furnishings or decorative details in The Embassy; but NOWHERE had the charm, warmth, and love of those early years there!

Refinement, sophistication, and monochromatic artistic finery were NOT part of home-decorating in a poor post-war home with ten to twenty Embassy residents, most of whom were children under the age of ten. However, COLOR, COLOR, COLOR was all around us—and I distinctly remember every vivid detail.

When my parents took up residency in The Embassy, the first thing they did (like most young married couples in their first home) was to paint or wallpaper every room in their domain. The bedroom of my three sisters was one of the first rooms to be painted. My eyes practically still burn remembering the hot glare of the DEEP ROSE PINK brightness that my parents chose for the bedroom of my three sisters!! There was no doubt as to which bedroom in The Embassy was The Girls' Room since "PINK is for girls." As if the intensity of the hot rose-pink walls wasn't enough. EVERYTHING in that room was also pink!! The drapes, the bedspreads, the pillow shams, the runners on the dressers . . . all PINK! It was suffocating to me. Thankfully, my three sisters vigorously guarded their room from invasion by us boys, so we seldom had to bear the visual pain of going in there.

Of course, The Boys' Room wasn't spared the drama of several coats of bright paint either. If you walked into The Embassy on the darkest, rainiest day of the year, you could still look down the hallway toward the open doorway of our room and see a yellow brilliance so astonishing, you would think that the second coming of God on a giant yellow lightning bolt was actually taking place at that very moment. YELLOW!! BRIGHT, BRIGHT YELLOW was the color of the room I shared with my two brothers. Fortunately, we were too poor to own nice big lamps, or the brightness would have burned the retinas out of our little boys' eyes. Instead of lots of lamps,

tipo estudio en el décimo piso de la calle 19 Oeste en Manhattan! He tenido una vida internacional emocionante, divertida, romántica y aventurera en muchos escenarios hermosos... Pero siempre seguí soñando y recordando cariñosamente mis días divertidos, amorosos y *coloridos* en La Embajada... ¡SIEMPRE! El mobiliario y los detalles decorativos de La Embajada no tenían nada sofisticado, pero *¡NINGÚN LUGAR* tenía el encanto, la calidez y el amor de esos primeros años ahí!

El refinamiento, la sofisticación y la decoración artística monocromática NO formaban parte de la decoración casera en un hogar pobre de la posguerra con diez a veinte residentes de La Embajada, la mayoría de los cuales eran niños menores de diez años. Sin embargo, había COLOR, COLOR y más COLOR a nuestro alrededor —y recuerdo claramente cada detalle vívido—.

Cuando mis padres se establecieron en La Embajada, lo primero que hicieron (como la mayoría de las parejas jóvenes casadas en su primer hogar) fue pintar y tapizar cada habitación bajo su dominio. El dormitorio de mis tres hermanas fue uno de los primeros que se pintaron. ¡¡Mis ojos prácticamente todavía arden por el vivo fulgor del brillo proveniente del ROSA INTENSO que mis padres eligieron para pintar el dormitorio de mis tres hermanas!! No había duda de qué habitación en La Embajada era la Habitación de las Chicas pues "el Rosa es para chicas". Como si la intensidad de las paredes rosadas no hubiera sido suficiente, ¡¡TODO en esa habitación también era rosado!! Las cortinas, las colchas, las fundas de almohadas, las cubiertas de las cómodas... ¡todo ROSADO! Me asfixiaba. Afortunadamente, mis tres hermanas defendían enérgicamente su habitación de la invasión de nosotros los chicos, por lo que rara vez tuvimos que soportar el dolor visual de entrar ahí.

Por supuesto, la Habitación de los Chicos tampoco se libraba de la tragedia de varias capas de pintura brillante. Si entraban a La Embajada el día más oscuro y más lluvioso del año, podrían mirar por el pasillo hacia la puerta abierta de nuestra habitación y verían un brillo amarillo tan asombroso que pensarían que la segunda venida de Dios en un gigante relámpago amarillo estaba ocurriendo en ese mismo momento. ¡¡AMARILLO!! BRILLANTE AMARILLO BRILLANTE era el color de la habitación que compartía con mis dos

ONE single bulb (which had been wired into the old wall gas jets that used to light the house only a few years prior to our arrival) balanced on the former metal gas jet which poked out of the old plaster wall about four feet above our dresser. THAT forty-watt bulb—combined with the brightness of the yellow paint—was enough light by which to see anything we boys needed to do in our tiny cramped bedroom which was overwhelmed with bunkbeds, desks, compact nightstands, and assorted little boy paraphernalia.

COLOR! COLOR??? The bedrooms of us kids were just a prelude to a symphony of even brighter colors. The formal dining room had to be wallpapered. Apparently in those days of the 1950s, wallpaper for ANY room was supposed to be absolutely garish. When you sat down at our dining room table for Sunday dinner, the walls felt "alive" with design. Sunday, by the way, was the only time the big round oak dining room table was used for a meal. All the other days of the week we ate at the old, metal-topped black-and-white wooden kitchen table because the dining room table was used as a LIBRARY table for all of us kids on which to do our homework. Evenings, after supper, my dad and my mother (with a baby in her arms) would endlessly walk around the circular table checking the accuracy and the completeness of all six or so of us kids as we sat elbow to elbow at that giant round wooden dining table. Our grade school nun teachers could have taken a lesson from my young parents on how to be strict and demanding about completing our homework. We did our homework thoroughly and proudly thanks to the interest in all of our school subjects by my parents.

So, weeknights we hardly paid attention to the wallpaper in our dining room because we were so focused on doing our schoolwork . . . and doing it well. BUT, on Sundays, when we came to the main meal about noontime after having attended Mass at Saint Paul the Apostle Church, that wallpaper was positively overwhelming to us. Tremendously voluptuous and oversized sprays of purple and pink hydrangea flowers spilled out of their huge blue trellises. They seemed to be falling into the room and onto the buffet and china cabinets via gigantically writhing electric green vines. All this COLOR and action

hermanos. Afortunadamente éramos demasiado pobres para tener lindas lámparas grandes, si no el brillo habría quemado las retinas de los ojos de nuestros pequeños. En lugar de muchas lámparas, UNA bombilla (que había sido cableada a los viejos mecheros de gas de la pared que iluminaron la casa unos años antes de nuestra llegada) se balanceaba en el antiguo mechero metálico de gas que se asomaba de la vieja pared de yeso a un metro por encima de nuestra cómoda. Esa bombilla de cuarenta vatios combinada con el brillo de la pintura amarilla era suficiente luz para ver todo lo que los niños necesitábamos hacer en nuestra pequeña habitación estrecha, abrumada con literas, escritorios, burós compactos y una variedad de objetos característicos de los niños.

¡COLOR! ¿¿¿COLOR??? Los dormitorios de nosotros los niños eran solo el preludio de una sinfonía de colores aún más chillones. El comedor formal tenía que estar tapizado. Aparentemente en aquellos días de la década de 1950 se creía que el papel tapiz para CUALQUIER habitación era absolutamente deslumbrante. Cuando te sentabas a la mesa del comedor para la cena del domingo, las paredes se sentían "vivas" por su diseño. El domingo, por cierto, era el único día que se usaba la gran mesa redonda de roble para comer. Los demás días de la semana comíamos en la vieja mesa de madera con una cubierta de metal color blanco y negro que estaba en la cocina porque la mesa del comedor se usaba como una mesa de BIBLIOTECA para que todos los niños hiciéramos nuestra tarea. Por las noches, después de la cena, mi padre y mi madre (con un bebé en brazos) caminaban sin parar alrededor de la mesa circular comprobando la precisión y la entereza de los seis niños mientras nos sentábamos codo a codo en ese gigantesco comedor redondo de madera. Nuestras maestras monjas de la escuela primaria podrían haber aprendido de mis jóvenes padres sobre cómo ser estrictos y exigentes para terminar nuestra tarea. Hacíamos nuestra tarea minuciosa y orgullosamente gracias al interés de mis padres en todas nuestras materias escolares.

Así, en las noches de lunes a viernes apenas prestábamos atención al papel tapiz en nuestro comedor porque estábamos muy concentrados en hacer nuestras tareas escolares... y hacerlas bien. PERO, los domingos, cuando llegaba la hora de la comida principal, alrededor del mediodía, después de haber asistido a la

was only the beginning of the vines' advance to seemingly hang over us kids as we waited for our formal Sunday dinner to begin. It was creepy. We felt like the trellises, vines and flowers were actually living, moving things with which we would have to vie to get even a mouthful of food. Since we were all half-starved skinny little children with unappeasable appetites, there was no way that anything (even monstrous plant life) was going to keep us from eating the best meal of the week.

Paint was "skillfully" used, too, to give COLOR to our horribly out-of-date downstairs bathroom with its completely worn-out panoply of white enamel coated bathroom "fixtures." In decorating circles, it is known that IF you want your furnishings to stand out, then you must be sure your walls are either of a plain light color or of a plain dark color. I'm sure my post-war parents never had the time to study, or even THINK of studying decorating books in their busy child-filled, newly married lives. However, there must have been someone (whom I will hate forever) at the paint store who suggested just such a COLOR theory. My poorly advised parents painted the downstairs bathroom a deep royal blue color . . . very deep royal blue (essentially BLACK). There were NO lighter color accents to relieve the ponderousness of such a dark space which was a room like a deep, ominous pit, taller than it was wide. Taller than it was wide??

Yes, taller than it was wide. Since The Embassy was built in the era of the 1890s when that part of the city was the outermost edge of Troy, plumbed indoor bathrooms were still NOT common. Because it was considered almost *rural* (even though it was only ten or so blocks from downtown), outdoor toilets or "outhouses" were used instead of indoor plumbing facilities!! (When we were remodeling our old car barn many years later, we unexpectedly found the pit of the former outhouse which had been behind the old car barn located about twenty feet from The Embassy. The pit had been haphazardly covered over by old boards which subsequently had several years of soil overlaying it with assorted weeds and grasses covering it. It went unnoticed for years. Thankfully no one fell into the carelessly

misa en la iglesia de San Pablo Apóstol, ese papel tapiz era realmente abrumador. Ramos de hortensias púrpuras y rosadas tremendamente voluptuosas y de gran tamaño que se desbordaban de sus enormes enrejados azules. Parecían estar cayendo en la habitación y en los trinchadores y bufeteras a través de parras de color verde neón que serpenteaban gigantescamente. Todo este COLOR y esta acción era solo el comienzo del avance de las parras para después aparentemente colgar sobre nosotros, los niños, mientras esperábamos a que comenzara nuestra comida formal del domingo. Era espeluznante. Sentíamos que los enrejados, las parras y las flores prácticamente tenían vida, moviendo cosas con las que tendríamos que luchar para ganar incluso un bocado de comida. Como todos éramos niños flacos y medio hambrientos con apetitos difíciles de mitigar, no había forma de que algo (ni siquiera una monstruosa vida vegetal) nos impidiera disfrutar la mejor comida de la semana.

La pintura también se usó "hábilmente" para dar COLOR a nuestro baño en la planta baja horriblemente anticuado con su variedad totalmente desgastada de "accesorios" de baño recubiertos de esmalte blanco. En los círculos de decoradores se sabe que SI deseas que tus muebles destaquen, debes asegurarte de que tus paredes sean de un color sólido claro o de un color sólido oscuro. Estoy seguro de que mis padres, personas de la posguerra, nunca tuvieron tiempo para estudiar, o incluso PENSAR en revisar libros de decoración con sus atareadas vidas de recién casados llenos de hijos. Sin embargo, debe haber habido alguien (a quien odiaré para siempre) en la tienda de pinturas que sugirió tal teoría del COLOR. Mis mal aconsejados padres pintaron el baño de la planta baja con un color azul marino intenso y profundo... Azul MUY intenso (básicamente NEGRO). NO había acentos de color más claro para aliviar la pesadez de un cuarto tan oscuro como un pozo siniestro y profundo que era más alto que ancho. ¿Más alto que ancho?

Sí, más alto que ancho. Como La Embajada se construyó en la década de 1890, cuando esa parte de la ciudad era la "orilla" más exterior de Troy, los baños interiores con instalación de plomería todavía NO eran comunes. Debido a que se consideraba una zona casi *rural* (a pesar de que estaba a solo diez cuadras del centro), ¡se usaban baños exteriores o "letrinas" en lugar de instalaciones de

and poorly covered pit, but we had to be sure the deep old outhouse hollow was carefully filled in before further construction could take place). There were NO BATHROOMS designed into the floor plan of The Embassy when it was built back at the end of the 19th Century. The room that we called our bathroom (now painted that imposingly oppressive dark navy blue) was a former pantry used to serve both the main kitchen and the "summer kitchen" just a few steps away from it. (The old brick chimney for the summer kitchen was still there at the back of the house, but the previous owners had converted the summer kitchen into a type of "mudroom"/back entranceway near the back staircases to go to the cellar or to the second floor. Later, the back staircase was moved from that mudroom to the "new" 1915 open two-story back porch).

None of this architectural history mattered to my young parents. They wanted that bathroom dark blue . . . and dark blue they painted it. Since the room still had its odd proportions and the tiny window of a pantry (5-foot wide by 6-foot deep with an 8½-ft. high ceiling) the effect was horrific. Upon entering the downstairs bathroom, you felt you had fallen into a black hole relieved of complete darkness only by a tiny one foot by two foot old wooden four-paned pantry window which swung into the room on two rusted hinges and was located high up in the corner of the room (like in a prison cell). I felt like I was drowning in a gloomy pit every time I had to use that wretched room (which wasn't often during the day, because, as boys, we often used the outdoor tree "urinals" in the backwoods far behind The Embassy)!!

Don't think that the white fixtures alleviated the dark oppressiveness either. The old enamel-covered iron sink, toilet and tub were so old, so worn and so yellowed that they just added to the overwhelming depressive feeling of the tall, dismal, narrow room. There was no shower in that bathroom (and there wasn't a shower in the upstairs bathroom either). The lord and master of The Embassy (my grandfather) didn't "*believe*" in showers. What did that mean? To my very thrifty German grandfather it meant that "expensive" hot water would not be freely flowing out of some shower head, and thus

plomería en interiores! (Cuando estábamos remodelando nuestro viejo establo para coches, muchos años después, inesperadamente encontramos la fosa de la antigua letrina que había detrás del viejo establo para coches ubicado a unos seis metros detrás de La Embajada. La fosa había sido tapada descuidadamente con tablas viejas que a la postre fueron recubiertas por varios años de tierra y una variedad de malezas y hierbas que la escondían. Pasó desapercibida durante años. Afortunadamente, nadie cayó en la fosa que fue cubierta mal y con descuido, pero teníamos que asegurarnos de que el pozo profundo y viejo de la letrina se rellenara cuidadosamente antes de que pudiera llevarse a cabo cualquier construcción). NO HABÍA BAÑOS incluidos en el diseño de los planos de La Embajada cuando se construyó a fines del siglo xix. La habitación que llamábamos nuestro baño (entonces pintado de un azul marino oscuro imponentemente opresivo) era una antigua despensa utilizada para servir tanto a la cocina principal como a la "cocina de verano" a solo unos pasos de ella. (La vieja chimenea de ladrillo para la cocina de verano todavía estaba allí en la parte trasera de la casa, pero los propietarios anteriores habían convertido la cocina de verano en un tipo de "recibidor"/entrada trasera cerca de las escaleras al fondo para ir al sótano o al segundo piso. Más tarde, la escalera al fondo se trasladó de ese recibidor al "nuevo" porche abierto de dos pisos de 1915).

Nada de esta historia arquitectónica importaba a mis jóvenes padres. Querían ese baño azul oscuro... y azul oscuro lo pintaron. Como la habitación aún tenía las proporciones y la pequeña ventana de una despensa (un metro y medio de ancho por un metro y 80 centímetros de profundidad con un techo de 2 metros y medio de alto) el efecto era horrendo. Al entrar en el baño azul oscuro de la planta baja, sentías que habías caído en un agujero negro solo aliviado de la completa oscuridad gracias a una pequeña ventana de cuatro paneles de madera, de 30 por 60 centímetros, que se abría hacia adentro de la habitación por dos bisagras oxidadas y estaba ubicada arriba en lo alto de la esquina de la habitación (como la ventana de una celda en la prisión). ¡¡Sentía que me ahogaba en un pozo oscuro cada vez que tenía que usar esa detestable habitación (que no era frecuente durante el día, porque como éramos varones, usábamos los árboles al aire libre que servían de "orinales" en la región silvestre y alejada detrás de La Embajada)!!

he would not have to pay the big bill for both the fuel to heat the water and (since we lived in the city where we paid a water-use bill) for the water itself. My grandfather didn't see WATER coming out of a proposed shower head . . . he saw *DOLLAR BILLS* coming out of any proposed shower head!! "You might just as well BURN that money as use a shower," he would tell us, as the years passed, while we begged for a shower in our bathrooms. NO WAY. He was not allowing showers in The Embassy bathrooms. Even the worn enamel on the old claw-foot bathtubs and the two-spigot sinks (one spigot for hot water and one spigot for cold water) were actually so worn that the rusty iron was beginning to show through the yellowish-brown tired-looking once-white enameled fixtures.

It wasn't until I was almost in high school that we finally modernized our bathrooms with showers and nice modern plumbing fixtures. My older brother, Fred, who was now out of school and working full-time, began his wonderful decades-long project of remodeling and modernizing every inch of The Embassy. In the early years it was a "family project" in which my brothers and I worked with my parents and grandparents replacing old plaster-and-lath walls, adding a laundry room with a washer AND a dryer, updating all the kitchen appliances, and sanding wooden floors and painting wooden door and window moldings. In later years, Fred (even though living far away with his own family in New Jersey) traveled one or two weekends every month for many, many years to visit The Embassy and carry out his extensive Embassy remodeling projects. Today, thanks mostly to Fred's devoted, hard work, The Embassy is beautiful inside and out.

Our old-fashioned worn-out kitchen had its walls painted an innocuous inoffensive BEIGE color. *HOWEVER*, the kitchen space itself was an absolute treasure-trove of COLOR!!! The manufacturers of the day had cleverly used COLOR to be sure that THEIR products were readily identifiable . . . and, boy, were they. Even the smallest Embassy children (who couldn't read yet) could easily name ANY 1950's product that was in the house: RED and WHITE cans with a GOLD mark in the center—obviously was Campbell's Soup!! A giant

No debe pensarse que los accesorios esmaltados en blanco aliviaban la oscura opresión. El viejo lavabo de hierro esmaltado en blanco, el inodoro y la bañera eran tan viejos, tan desgastados y amarillentos que simplemente se sumaban a la sensación general deprimente y abrumadora de la habitación alta, sombría y estrecha. No había ducha en ese baño (y tampoco había una en el baño de arriba). El amo y señor de La Embajada (mi abuelo) no "creía" en las duchas. ¿Qué significaba eso? Para mi muy ahorrativo abuelo alemán significaba que el agua caliente era "costosa" y no fluiría libremente de una regadera en la pared, por lo tanto no tendría que pagar la elevada factura tanto por el combustible para calentar el agua como (ya que vivíamos en la ciudad donde se pagaba un recibo por el uso del agua) por el agua misma. ¡¡Mi abuelo no veía AGUA saliendo de la regadera que propusimos... veía DÓLARES fluyendo de cualquier ducha que propusiéramos!! "Bien podrían QUEMAR ese dinero que usar una ducha", nos decía cuando, a medida que pasaban los años, rogábamos por una regadera en nuestros baños. DE NINGUNA MANERA. Él no iba a permitir duchas en los baños de La Embajada. Incluso el gastado esmalte blanco en las antiguas bañeras con patas de garra y los lavabos de dos llaves (una para agua caliente y otra para agua fría) estaban realmente tan gastados que el hierro oxidado comenzaba a verse a través del marrón amarillento de aspecto cansado que tenían los accesorios de baño esmaltados en blanco.

Fue hasta que casi estaba en la escuela preparatoria que finalmente modernizamos nuestros baños con duchas y agradables accesorios de plomería moderna. Mi hermano mayor, Fred, que entonces había concluido la escuela y trabajaba a tiempo completo, comenzó su maravilloso proyecto de décadas de remodelación y modernización de cada centímetro de La Embajada. En los primeros años fue un "proyecto familiar" en el que mis hermanos y yo trabajamos con mis padres y abuelos reemplazando las viejas paredes de malla de madera recubierta con yeso, agregando un cuarto de lavado con lavadora Y secadora, actualizando todos los electrodomésticos de la cocina, y lijando los pisos de madera, pintando las puertas de madera y las molduras de las ventanas. En años posteriores, Fred (aunque vivía lejos con su propia familia en Nueva Jersey) viajaba uno o dos fines de semana de cada mes

dark GREEN glass bottle—that miserable shape was the dreaded cod liver oil bottle. RED and YELLOW cans—these were "Arm and Hammer" cans of baking powder and baking soda. These were a good omen because it meant Mother was going to bake something good. Boxes with big WHITE ovals and one RED word, "Post," inside the oval. That would be the bright emblem to identify our favorite cereals. Dark GREEN cans with pictures of vegetables . . . "Del Monte" vegetable cans. Big BLUE bird silhouettes on small frozen square boxes . . . "Bird's Eye" vegetables. And all THESE COLORS had to contend with the veritable jungle of very colorful pieces of children's and adults' wet laundry which hung on clothes drying racks and/or were draped on our huge cast iron radiator in the kitchen. My mother called these odds-and-ends of wet clothes FLAGS. Since, at the time, we only had an electric clothes washer which had to be rolled over to the kitchen sink and then temporarily screwed onto the kitchen faucets every time you wanted to do a load of laundry . . . and since we didn't yet have a clothes dryer in those days, this all added to the intense COLOR of our Embassy world.

Throughout the entire house color helped readily identify what we little children were seeing: Bright YELLOW little boxes indicated Kodak film (used in Dad's Brownie Instamatic camera); big BLUE glass bottles meant Philip's Milk of Magnesia (ugghh); a rectangular YELLOW box with BROWN and GOLD letters meant someone was going to be eating delicious chocolates from the Whitman Sampler chocolate box (probably a gift from a kind neighbor); large hard-covered ORANGE books with BLACK letters meant sitting by Mother as she read to us from our big set of *Childcraft* books; large, heavy RED books with a BLUE globe and simple lettering was our set of *World Book Encyclopedia*; a BLUE canister with gritty white powder coating most of the outside was easily identifiable as AJAX scrubbing cleanser; small pale BLUE books were *Hardy Boys* series (for us boys); and bright YELLOW books of a similar size were the girls' *Nancy Drew Mystery Stories* . . . COLOR, COLOR, COLOR!!!

On the neighborhood streets, COLORS burned brand names into our little 1950's brains: a gigantic GREEN dinosaur

durante muchos años para visitar La Embajada y llevar a cabo sus extensos proyectos de remodelación. Hoy, gracias principalmente al trabajo dedicado y afanoso de Fred, La Embajada es hermosa por dentro y por fuera.

Nuestra cocina gastada y anticuada había sido pintada de un inofensivo color BEIGE. ¡SIN EMBARGO, la cocina era el hallazgo de un tesoro absoluto de COLOR! Los fabricantes de la época habían usado diestramente el COLOR para asegurarse de que SUS productos fueran fácilmente identificables... y vaya que sí. Hasta los niños más pequeños de La Embajada (que aún no sabían leer), podían nombrar fácilmente CUALQUIER producto de la década de 1950 que hubiera en la casa: latas ROJAS Y BLANCAS con una marca de ORO en el centro: ¡obviamente la sopa Campbell! Una botella gigante de vidrio VERDE oscuro: esa botella miserable era la temida botella de aceite de hígado de bacalao. Latas ROJAS Y NARANJAS: estas eran latas de la marca "Arm and Hammer" de polvo para hornear y bicarbonato de sodio. Verlas era un buen presagio porque significaba que Mamá iba a hornear algo rico. Cajas con grandes óvalos BLANCOS y una palabra ROJA, "Post", dentro del óvalo: ese sería el brillante emblema para identificar nuestros cereales favoritos. Latas color VERDE oscuro con imágenes de verduras: latas de verduras "Del Monte". Grandes siluetas de pájaros AZULES en congeladas cajitas cuadradas: verduras "Bird's Eye". Y todos ESTOS COLORES tenían que competir con la verdadera selva de piezas muy coloridas de ropa húmeda de niños y adultos que colgaban de los tendederos y/o estaban adornando nuestro enorme radiador de hierro fundido de la cocina. Mi madre llamaba a estos retazos de ropa mojada BANDERAS. En esa época solo teníamos una lavadora eléctrica de ropa que tenía que rodarse hacia el fregadero de la cocina y enroscarse temporalmente en las llaves del fregadero de la cocina cada vez que se deseaba lavar una carga... y como no teníamos todavía una secadora eléctrica de ropa en esos días, todo esto se sumaba al intenso COLOR de nuestro mundo en La Embajada.

A lo largo y ancho de la casa, el color ayudaba a identificar fácilmente lo que los niños pequeños estábamos viendo: Las pequeñas cajas AMARILLAS brillantes indicaban la película "Kodak" (utilizada en la Cámara Instantánea Brownie de papá); las grandes botellas de vidrio AZUL significaban Leche de Magnesia Phillips

(a brontosaurus) meant that the Sinclair gas station was open for business on the corner. Not to be outdone by something green, the Gulf gas station had an enormous circular ORANGE sign with "GULF" in oversized dark BLUE letters glaring down on us halfway up the same block. An imposing oval of WHITE with the bright RED letters ESSO indicated the Esso gas station (later to be known as Exxon) which was only two blocks away from The Embassy in the opposite direction.

At home, even Grandpa's pack of RED Pall Mall cigarettes and Mother's clear glass cosmetic jar full of Beauty Ice gel in a see-through GREEN shade rivaled the impressive BLACK and GOLD color of The Embassy's manually-operated sewing machine (replete with an ornate black treadle which was powered by my grandmother's or my mother's feet instead of electricity). The bright PINK of our miniature children's electric record player was an aesthetically jarring background for the big 78-rpm MAROON vinyl records which we kids played on it. By adjusting a little WHITE-knobbed lever, we could also play small 8-inch diameter 45-rpm records and bigger 11-inch diameter 33$^{1}/_3$-rpm records in traditional BLACK vinyl. If we wanted to play a 45-rpm record on our little "Victrola," then we had to insert a bright YELLOW plastic disc in the big center hole in the 45-rpm record so it would fit on the thin metal SILVER spindle which held each record as it was being played.

Being so poor we only owned about ten records, but they were considered "educational" so my mother (our relentless teacher) made sure we listened to them. Walt Disney record sets (with accompanying colorful booklets to which we children were directed by a periodic signal on the recording to "turn the pages" and "follow along" with the record) were the usual aural treats we listened to. We enjoyed: "Lady and The Tramp" (which taught children the many different breeds of dogs); "Sparky and his Magic Baton" (which taught children the names and the sounds of all the instruments in a band); "Peter and the Wolf" (which used various musical instruments to represent each character in the story); "Perri and Porro" (the story of two little squirrels in the forest replete

(guácala); una caja rectangular AMARILLA con letras CAFÉ y DORADAS significaba que alguien iba a comer deliciosos chocolates de la caja "Whitman Sampler" (probablemente regalo de un vecino amable); grandes libros NARANJAS de tapa dura con letras NEGRAS significaban sentarse junto a Madre mientras nos leía de nuestra gran colección de libros *Childcraft*; enormes y pesados libros ROJOS con un globo AZUL y letras sencillas era nuestra *Enciclopedia Mundial*; un bote AZUL con una capa de polvo blanco arenoso en la mayor parte del exterior era fácilmente identificable como limpiador y fregador AJAX; pequeños libros color AZUL cielo eran los libros de misterio de la serie *Hardy Boys* de los niños; y libros AMARILLOS brillantes de un tamaño similar eran los *Libros de Misterio Nancy Drew* para las niñas... ¡¡¡COLOR, COLOR, COLOR!!!

En las calles del vecindario, los COLORES imprimían los nombres de las marcas en nuestros pequeños cerebros de la década de 1950: un gigantesco dinosaurio VERDE (un brontosaurio) significaba que la estación de servicio Sinclair estaba abierta al público en la esquina. Para no ser superado por esa cosa VERDE, la estación de servicio Gulf tenía un enorme cartel circular NARANJA con la palabra "GULF" en letras AZUL oscuro de gran tamaño que nos miraban a mitad de camino en la misma cuadra. Un imponente óvalo BLANCO con las brillantes letras ROJAS de ESSO indicaba la estación de servicio Esso (que más tarde se conocería como Exxon) que estaba a solo dos cuadras de la Embajada en la dirección opuesta.

En casa, incluso el paquete de cigarrillos ROJOS Pall Mall del Abuelo y el frasco cosmético de vidrio de Mamá lleno de gel Belleza fría en un tono VERDE transparente rivalizaban con el imponente color NEGRO Y ORO de la máquina de coser mecánica de La Embajada (equipada con un pedal negro adornado que funcionaba con la fuerza de los pies de mi abuela o de mi madre en lugar de la electricidad). El brillo de nuestro pequeño tocadiscos eléctrico ROSA para niños era un fondo estéticamente discordante para los grandes discos infantiles de vinilo CAFÉ de 78 rpm que los niños tocábamos en él. Si se ajustaba una pequeña palanca con perillas BLANCAS, también podíamos reproducir discos infantiles de menor tamaño, de 8 pulgadas de diámetro a 45 rpm, y discos más grandes, de 11 pulgadas de diámetro, a 33^1/$_3$ rpm en el tradicional

with little songs and dramatic music); and most dramatically, the storybook recording of "Bambi" (the tale of a newborn prince of the forest, a deer, and all his amazing adventures in his wooded realm . . . very emotional for us kids). Once in a while our record collection was delightfully augmented when one of our breakfast cereal boxes would include a FREE prize—a plastic-coated CARDBOARD record . . . such a bonus!!!

There was no end to the intense bombardment of COLOR in our little Embassy lives. In our neighborhood Roman Catholic Church COLOR was used as a type of church calendar. The vestments of the priests and the coverings and decorations of the church's main and side altars, were all chosen by COLOR to indicate occasions in the Church Year. They are called the Liturgical Colors! (By the way, although in my senior years now, I still remember all the colors. I even verified my recollections by referring to my "Saint Joseph Daily Missal" which I received as a Confirmation gift on May 12,1963 and which I still HAVE and USE to this day . . . more than fifty-seven years later!!! Do you think I was inculcated into the Catholic Church thoroughly enough?!).

WHITE was used "on all feasts of the joyful and glorious mysteries of our Lord's life (e.g. Christmas and Easter)." If you attended St. Paul the Apostle Church and saw RED vestments and altar dressings then you knew it was the season of Pentecost. PURPLE, of course, was obviously Lent or Advent. In preparation for Easter, moreover, all of the statues of the saints throughout the church were additionally draped and hidden by PURPLE cloths for the duration of the Lenten Season. As altar boys and little Catholic-school children we, ourselves, ALWAYS wore the same colors no matter what time of year it was: BLACK cassock with a WHITE surplus for altar boys; MAROONish RED choir robes for us choir boys; WHITE robes for the choir girls; and finally, our school clothes/Catholic-school uniforms were always some form of BLACK, muted BLUE or GRAY.

OLD ROSE color was a startling change to see the priests wearing on "Laetare Sunday" near the end of Lent, but it was a very good sign because it meant Lent was almost over. Lent for us kids

acetato NEGRO. Si queríamos reproducir un disco de 45 rpm en nuestra pequeña "Vitrola", entonces teníamos que insertar un disco de plástico AMARILLO brillante en el gran agujero central del disco de 45 rpm para que encajara en el delgado eje metálico PLATEADO que sostenía cada disco mientras se reproducía.

Como éramos muy pobres, solo poseíamos unos diez discos, pero se les consideraba "educativos", por lo que mi madre (nuestra implacable maestra) se aseguraba de que los escucháramos. Las colecciones de discos de Walt Disney (acompañados de coloridos folletos a los que la grabación hacía referencia con frases recurrentes como "da vuelta a la página" y "continúa") fueron las delicias auditivas habituales que escuchábamos. Disfrutábamos *La dama y el vagabundo* (enseñaba a los niños las diferentes razas de perros), *Sparky y su bastón mágico* (mostraba a los niños los nombres y los sonidos de todos los instrumentos de una banda), *Pedro y el lobo* (utilizaba varios instrumentos musicales para representar a cada personaje de la historia), *Perri y Porro* (la historia de dos pequeñas ardillas en el bosque llena de cancioncitas y música conmovedora), y lo más dramático, la grabación del libro de cuentos de *Bambi* (el cuento de un recién nacido príncipe del bosque, un ciervo y todas sus increíbles aventuras en su reino arbolado... muy emotivo para nosotros los niños). De vez en cuando, nuestra colección de discos aumentaba atractivamente porque una de nuestras cajas de cereales incluía en su interior un disco GRATUITO de CARTÓN como premio... ¡Qué regalo!

El intenso bombardeo de COLOR en nuestras pequeñas vidas en La Embajada no tenía fin. En la iglesia católica romana de nuestro vecindario, los colores se usaban como un tipo de calendario eclesial. Las vestimentas de los sacerdotes y los revestimientos y decoraciones de los altares principales y laterales de la iglesia, todos, se elegían según el COLOR para indicar la época del año para la Iglesia. ¡Son los colores litúrgicos! (Por cierto, aun en mis años de adulto mayor, todavía recuerdo todos los colores. Incluso verifiqué mis recuerdos recurriendo a mi *Misal diario San José* que recibí como regalo de Confirmación el 12 de mayo de 1963 y que todavía TENGO y todavía USO... ¡¡¡más de cincuenta y siete años después!!! ¿Será que me inculcaron la Fe Católica a profundidad?).

El BLANCO se utilizaba "en todas las fiestas de los misterios

was a time of penitence and suffering "celebrated" by lengthening the school day as we participated in "Stations of the Cross" on Fridays, eating fish, giving our tiny allowances to the nuns so they could buy "pagan babies," and, worse of all, foregoing the consumption of ANY candy or sweets for the entire duration of Lent . . . . how we suffered! GREEN, GOLD and BLACK were also liturgical colors, but much less frequently used and less thoroughly understood by little Catholic communicants.

Fortunately, all of this colorful information was taught to us children in English so that we might understand it better, while our songs, prayers, and masses were still said in Latin throughout most of my years at The Embassy and Saint Paul the Apostle Catholic Church and school. By the way, you couldn't just say Saint Paul or Saint Anne or Saint Thomas. You *HAD* to say Saint Thomas Aquinas or Saint Anne de Beaupre or Saint Paul the Apostle lest you erroneously indicate some OTHER saint, school, or church with a similar name (i.e. Saint Thomas of Villanova or Saint Paul of the Cross). Yikes!!!

gozosos y gloriosos de la vida de nuestro Señor (por ejemplo, Navidad y Pascua)". Si asistíamos a la Iglesia de San Pablo Apóstol y veíamos vestimentas y ornamentos de altar ROJOS, entonces sabíamos que era la temporada de Pentecostés. El PÚRPURA, por supuesto, era obviamente Cuaresma o Adviento. En preparación para la Pascua, además, todas las estatuas de los santos en la iglesia eran cubiertas y escondidas además por paños PÚRPURAS durante toda la temporada de Cuaresma. Como monaguillos y niños pequeños de la escuela católica, nosotros SIEMPRE usamos los mismos colores sin importar la época del año: sotana NEGRA con un filo BLANCO para monaguillos; batas de coro ROJO QUEMADO para nosotros los niños coristas; batas BLANCAS para las chicas coristas; y finalmente nuestra ropa de escuela/uniformes de la escuela católica siempre era de color NEGRO, AZUL o GRIS en alguna de sus formas.

Era un cambio sorprendente ver a los sacerdotes vestidos de color PALO DE ROSA para el "Domingo de Laetare" hacia el fin de la Cuaresma, pero era una muy buena señal porque significaba que la Cuaresma estaba por terminar. La CUARESMA para nosotros los niños era un tiempo de penitencia y sufrimiento "conmemorado" mediante el alargamiento del día de escuela ya que participábamos en "El Viacrucis" los viernes, comíamos pescado, cedíamos nuestros pequeños estipendios a las monjas para que pudieran comprar "bebés paganos", y , lo peor de todo, renunciábamos al consumo de CUALQUIER dulce o dulces durante toda la Cuaresma... (¡Cuánto sufrimiento!) VERDE, ORO y NEGRO también eran colores litúrgicos, pero se usaban con mucha menos frecuencia y eran menos comprendidos a profundidad por los pequeños comulgantes católicos.

Afortunadamente, toda esta información se nos enseñó a los niños en inglés para que pudiéramos entenderla mejor, mientras que nuestras canciones, oraciones y misas todavía se decían en latín durante la mayor parte de mis años en La Embajada y en la iglesia católica San Pablo Apóstol y en el colegio. Por cierto, no podíamos decir simplemente San Pablo o Santa Ana o Santo Tomás. TENÍAMOS que decir Santo Tomás de Aquino o Santa Ana de Beaupré o San Pablo Apóstol para no indicar erróneamente algún OTRO santo, escuela o iglesia con un nombre similar (es decir, Santo Tomás de Villanova o San Pablo de la Cruz). ¡¡¡Cielos!!!

The Swamp Fox Tree *(or)* Look Before You Leap, but He Who Hesitates is Lost

A T THE EMBASSY WE WERE ALL very imaginative little kids. We had to be imaginative because we had no money to go anyplace nor to do anything away from home. Also, for the most part, we little Embassy children were forbidden by Embassy rules to leave the Embassy grounds.

Thankfully for us boys, The Embassy "grounds" also included the extensive piece of property of several abandoned acres behind The Embassy's four city lots (our backyard). We boys called that abandoned property "THE WOODS & THE BACKFIELDS." We loved it there and spent most of our long summer days playing in that forested land. Even though The Embassy was an old city building on a city side street located within ten blocks of downtown, by some miracle there was all this "forgotten" wooded acreage right out back of The Embassy.

The miracle of all this space was explained by the fact that The Woods & Backfields was simply what had grown up to fill in a former gigantic pit of several acres that had been a brickyard about seventy-five years earlier. Over the years, the city simply continued to grow around that long-forgotten brickyard. It was never developed like other known former brickyards within the city limits, and was just allowed to go back to nature. Great for us!!! We kids thus had about a dozen acres of play space filled with mature trees, berry bushes, small streams, brambles, weeds, rocky hills, and grassy open areas. To keep us company while we played there, there were also feral animals of all sorts including raccoons, chipmunks, sewer rats,

Capítulo 6

El Árbol Zorro del Pantano (o)
Sabio es aquel que piensa antes de
actuar, pero El que duda, pierde

TODOS LOS NIÑOS DE LA EMBAJADA éramos muy imaginativos. Y teníamos que serlo porque no había dinero para ir a ningún lado ni para hacer nada fuera de casa. Además, en su mayor parte, las reglas de La Embajada nos prohibían a los pequeños abandonar los terrenos de la casa.

Afortunadamente para nosotros, los "terrenos" también incluían la extensa propiedad abandonada de varios metros cuadrados detrás de los cuatro lotes urbanos de La Embajada (nuestro patio trasero). Los niños llamábamos a esa propiedad abandonada "LOS BOSQUES Y CAMPOS TRASEROS." Nos encantaba y pasábamos la mayor parte de nuestros largos días de verano jugando en esa tierra boscosa. Aunque La Embajada era un antiguo edificio ubicado en una calle lateral de la ciudad, a diez cuadras del centro, de milagro existía toda esta "olvidada" superficie arbolada justo detrás de La Embajada.

El milagro de todo este espacio se explicaba por el hecho de que Los Bosques & Campos Traseros eran lo que había crecido y rellenado un antiguo foso gigantesco de varios metros cuadrados que había alojado a una ladrillera unos setenta y cinco años atrás. Con el paso del tiempo, la ciudad simplemente creció alrededor de esa ladrillera olvidada hacía mucho tiempo. Nunca se desarrolló como otras conocidas ladrilleras de antaño ubicadas dentro de los límites de la ciudad, y a esta simplemente se le permitió volver a ser naturaleza. ¡¡¡Era genial para nosotros!!! En consecuencia, los niños teníamos alrededor de 50 mil metros cuadrados de área de juego llenos de árboles maduros, arbustos de bayas, pequeños arroyos, zarzas, malezas, colinas rocosas y claros cubiertos de hierba. Para hacernos

possums, stray cats, rabbits, squirrels, garter snakes, and every kind of insect known to man. We boys loved it!! The Woods & Backfields was the perfect place for we blue jean and sneaker clad fellas to build forts, play hide-and-seek, conduct "wars," eat fresh-picked "blackcap" berries and conduct all kinds of scientific "experiments." Even our folks liked it since we were only a loud scream away from The Embassy's back porch whenever our parents or grandparents wanted to call us back to "civilization" to "check on us" or to serve us lunch. It was a boys' dream location: it was for boys only, it was in the great outdoors, and far away from the constant supervision and rules of the adults. It was perfect!

The centerpiece of our Woods & Backfields was a singularly huge cottonwood tree which we boys called The Swamp Fox Tree (after some Walt Disney movie character hero we had seen at the Saturday matinee kids' movies downtown). The Swamp Fox Tree was enormous. It had grown up unimpeded for decades right in the very center of our densely forested Woods & Backfields. It was about thirty feet high and its branches spread out in a radius of about twenty feet. Super!!! It gave us shade on hot summer days and it made a good place for my brother and me to meet our neighborhood friends. We often sat under it and ate our peanut butter and jelly sandwiches and other snacks (purloined from Grandma or Mother's untended kitchen) while we planned our next battle event or our next scientific experiment or our next log cabin building project.

As we got a little older, the temptation to actually *climb* that huge tree got to be more and more enticing. One day, a timid little eight-year-old Stefano was standing at the bottom of The Swamp Fox Tree looking up at my big twelve-year-old brother and his "bad boy" friend Barry as they kept attempting to "shimmy up" that enormous tree. Barry was a tough kid from the streets. He, too, was about twelve years old like my brother, *but* Barry was completely UN-civilized and completely crazy. Barry's reputation for nutsy, careless, and sometimes illegal activities was already a neighborhood fact even though he was so young. (A very few years later, Barry actually lost two fingers on his left hand when he attempted to throw an entire

compañía mientras jugábamos allí, también había animales salvajes de todo tipo, incluidos mapaches, ratas de alcantarilla, zarigüeyas, gatos callejeros, conejos, ardillas, serpientes no venenosas y todo tipo de insectos conocidos por el hombre. ¡¡A los chicos nos encantaba!! Los Bosques & Campos Traseros eran el lugar perfecto para que los muchachos vestidos de mezclilla y zapatos deportivos construyéramos fortalezas, jugáramos a las escondidas, emprendiéramos "guerras", comiéramos frambuesas negras recién cortadas y realizáramos todo tipo de "experimentos" científicos. Incluso a nuestros parientes les agradaba ya que estábamos a un grito de distancia del porche trasero de La Embajada cada vez que nuestros padres o abuelos querían llevarnos de regreso a la "civilización", o para "echarnos un ojo", o para servirnos el almuerzo. Era un lugar de ensueño para niños: era exclusivo de los chicos, estaba al aire libre y lejos de la supervisión constante y las reglas de los adultos. ¡Era perfecto!

La pieza central de nuestros Bosques & Campos Traseros era un árbol de álamo particularmente grande que los niños llamamos El Árbol Zorro del Pantano (en honor a un héroe de una película de Walt Disney que habíamos visto en las matinés infantiles sabatinas en el centro). El Árbol Zorro del Pantano era enorme. Había crecido sin impedimentos durante décadas, justo en el centro de nuestros Bosques & Campos Traseros densamente arbolados. Tenía unos nueve metros de altura y sus ramas se extendían en un radio de unos seis metros. ¡¡¡Fabuloso!!! Nos daba sombra en los calurosos días de verano y era un buen lugar para que mi hermano y yo nos reuniéramos con nuestros amigos del vecindario. A menudo nos sentábamos debajo y comíamos nuestros sándwiches de crema de cacahuate y mermelada y otros bocadillos (hurtados de la cocina desatendida de la Abuela o Madre) mientras planeábamos nuestra próxima batalla o nuestro próximo experimento científico o nuestro próximo proyecto de construcción de cabañas de madera.

A medida que crecimos un poco, la tentación de *escalar* ese enorme árbol llegó a ser cada vez más seductora. Un día, un tímido Stefano de ocho años estaba de pie en la base de El Árbol Zorro del Pantano mirando a mi hermano mayor de doce años y a su amigo, el "chico malo" Barry mientras intentaban "bambolear" ese enorme árbol. Barry era un adolescente rudo de la calle. Él también tenía

pack of illegal firecrackers. He held the whole bunch of firecrackers in his left hand while he lit the fuses with his right hand. Unfortunately, Barry hadn't let go of the burning mass of firecrackers in time and the explosion mangled his hand. He had to be rushed to our nearby hospital emergency room. At least, Barry lived to tell the tale of *how* he lost two fingers.) Neither I nor my big brother, Fred, generally played with him nor had anything to do with him. As a matter of fact, my brother, Fred generally didn't play with ME either. I was too little, too timid, and too dreamy to be any fun for a big guy like my older brother. Unfortunately for him, *that* day was one of the days where, by Embassy law, Fred had to lug ME around with HIM every place that he went. This usually happened when both Dad and Grandpa were at work, AND both Mother and Grandma had to bring the girls (our three little sisters) somewhere special like church or shopping. So, SOMEONE had to watch a little eight-year-old Stefano. Thus poor Fred was sometimes saddled with a little kid, ME, to watch and entertain. I wasn't really any trouble; I was just something that had to be dragged around and watched.

Well, that Summer morning Fred had the delight of having BOTH timid little Stefano and big crazy Barry with whom to share his time and space. Lucky him. At one point, Barry, in his senseless, crazy boldness, suggested that we three boys climb the Swamp Fox Tree and then jump down from it!!! YIKES!!! I knew he would do it too because last Winter Barry had bet all the neighborhood little kids like me that he could jump off the second-floor back porch of The Embassy and land IN A SNOW PILE . . . and he did it!! He also made us little kids pay him a nickel apiece for his show of daring.

Fred was a normal, healthy twelve-year-old and ready for any athletic challenge. Me; not so much. However, if nothing else, I was obedient and always ready-to-please. I was ready to do whatever Fred thought was fun to do. (He had previously suggested that I follow him and his big friends on my sled and negotiate "Dead Man's Curve," . . . another scary Embassy adventure.) Moreover, I had often dreamed of how exciting it would be to be able to climb our Swamp Fox Tree and see our Woods & Backfields from so high up. Barry and

unos doce años como mi hermano, *pero* Barry estaba completamente mal educado y completamente loco. La reputación de Barry por sus actividades chifladas, imprudentes y, a veces, ilícitas ya eran del conocimiento de todo el vecindario a pesar de que era muy joven. (Algunos años después, Barry perdió dos dedos de la mano izquierda cuando intentaba lanzar un paquete completo de petardos ilegales. Sostenía el montón de petardos en su mano izquierda mientras encendía las mechas con su mano derecha. Desafortunadamente, Barry no había soltado a tiempo la masa de petardos en llamas y la explosión destrozó su mano. Lo llevaron de inmediato a la sala de urgencias de nuestro hospital cercano. Al menos Barry vivió para contar la historia de *cómo* perdió dos dedos). Ni mi hermano mayor, Fred, ni yo solíamos jugar con él ni teníamos nada que ver con él. De hecho, mi hermano Fred generalmente tampoco jugaba CONMIGO. Yo era demasiado pequeño, demasiado tímido y demasiado soñador como para parecerle divertido a un muchacho grande como mi hermano mayor. Desafortunadamente para él, *ese* día era uno de los días en que, según la ley de La Embajada, Fred tenía que ARRASTRARME con ÉL a todos los lugares a los que fuera. Esto comúnmente ocurría cuando Papá y el Abuelo estaban en el trabajo, Y tanto Madre como la Abuela tenían que llevar a las niñas (nuestras tres hermanas pequeñas) a un lugar especial como la iglesia o las compras. Entonces, ALGUIEN tenía que vigilar a un pequeño Stefano de ocho años. Por eso el pobre Fred a veces tenía que cargar con un niño pequeño, YO, para supervisarlo y entretenerlo. Yo no era problemático en realidad, solo era un bulto que se tenía que arrastrar y vigilar.

Pues, esa mañana de verano Fred tuvo el placer de tenernos a los DOS, al pequeño tímido Stefano y al gran loco Barry, para compartir su tiempo y espacio. Suertudo. ¡¡¡Llegó a un punto en que Barry, en su audacia insensata y loca, sugirió que los tres muchachos *escaláramos* el Árbol Zorro del Pantano y luego saltáramos de él!!! ¡¡¡CIELOS!!! Sabía que él también lo haría porque el pasado invierno Barry nos había apostado a todos los niños pequeños del vecindario como yo que podía saltar desde el porche trasero de La Embajada ubicado en el segundo piso y aterrizar EN UNA PILA DE NIEVE... ¡¡y lo hizo!! También nos obligó a los niños pequeños a pagarle un

Fred seemed to know what they were doing, so I felt confident that *this* was the time to conquer the Swamp Fox Tree. They explained to me how we would climb little by little up the tree trunk as far as the first huge horizontal tree limb (which was about fifteen feet up above us). So, when Fred said "Climb," I climbed. He boosted me up onto the slighter, lower limbs so that I could follow Barry. It was a difficult climb of several feet looking for hand and toeholds to get up to where Barry had indicated. Barry was already climbing like a monkey to one of the big horizontal limbs of the Swamp Fox Tree. The limb was stuck out over the Woods & Backfields about twelve feet. Furthermore, it was as thick as three fat kids bundled together. Immense!! For a little scared me, it seemed like this massive tree limb was MILES above the ground.

In any event, in no time flat, Barry got himself up to that giant limb and walked out along it in a balancing-act show of incredible bravado! I fearfully struggled to follow Barry's lead to just reach that first limb. I used every hand and foothold I had seen him use, (while below me, my big brother Fred encouragingly kept shoving me ahead of himself). Soon, I, too, was beside Barry on that big limb. Within seconds Fred plunked himself right down next to me as we happily (and relievedly) dangled our feet over that gigantic old tree limb. It was a brief victory and only a minute of relaxation because Barry was already egging us on to jump down to the ground. NOW, we had the task of getting DOWN from that high up perch. "It's easy," said Barry, "We'll just SWING DOWN by grabbing this here skinny branch." No sooner said than done. Barry grabbed a long, thin, supple branch (about as thick around as my little sister's scrawny arm). The thinner branch extended out from the big heavy limb we were sitting on. Barry then leaped off the big limb, and, holding onto that skinny branch just swung once or twice and lowered himself until the branch bent low enough for him to jump (still about eight feet above the ground) . . . and HE JUMPED!!! Barry landed safely on his feet in a squatting position far below us. *HE* made it look easy. To timid me, it looked like quite a feat. I was strong enough, but I just didn't feel brave enough. We were fifteen feet up in the air on that big

centavo cada uno por su espectáculo de osadía.

Fred era un niño saludable y normal de doce años y estaba listo para cualquier desafío atlético. Yo... no tanto. Sin embargo, si algo tenía yo es que era obediente y siempre dispuesto a complacer. Estaba listo para hacer lo que Fred pensara que era divertido. (Me había sugerido tiempo atrás que lo siguiera a él y a sus amigos grandes en mi trineo y venciera "La Curva del Hombre Muerto... otra aterradora aventura de La Embajada). Además, con frecuencia había soñado con lo emocionante que sería poder subir a nuestro Árbol Zorro del Pantano y ver nuestros Bosques & Campos Traseros desde tan alto. Barry y Fred parecían saber lo que estaban haciendo, así que me sentí confiado de que *este* era el momento de conquistar el árbol. Me explicaron cómo subiríamos poco a poco por el tronco del árbol hasta la primera rama enorme y horizontal del árbol (que estaba a unos cuatro metros y medio por encima de nosotros). Por eso, cuando Fred me indicó "Escala", subí. Me impulsó a las ramas más bajas y ligeras para que pudiera seguir a Barry. Fue un ascenso difícil, de algunos metros en busca de puntos de apoyo para las manos y los pies para poder llegar a donde Barry había indicado. Barry ya estaba trepando como un mono a una de las grandes ramas horizontales del Árbol Zorro del Pantano. La rama se extendía sobre los Bosques & Campos Traseros a unos cuatro metros. Incluso era tan gruesa como tres niños gordos apilados. ¡¡Inmensa!! Para un pequeño y asustado Stefano parecía que esta monumental rama del árbol estaba a KILÓMETROS del suelo.

¡De cualquier modo, en un abrir y cerrar de ojos, Barry se subió a la gigante rama del árbol y caminó a lo largo en un espectáculo de equilibrismo de insólita fanfarronería! Temeroso, batallé para seguir el ejemplo de Barry y alcanzar esa primera rama. Usé todos los puntos de apoyo que lo había visto usar (mientras que debajo de mí, mi hermano mayor Fred me alentaba y empujaba delante suyo). Pronto, yo también estaba junto a Barry sobre esa gran rama. En cuestión de segundos, Fred se dejó caer a mi lado mientras felices (y aliviados) sobre esa gigantesca y vieja rama de árbol mecíamos nuestros pies colgantes. Fue una breve victoria y solo un minuto de descanso porque Barry ya nos estaba apurando a saltar al suelo. AHORA teníamos la tarea de BAJAR de ese punto tan alto. "Es fácil", dijo Barry, "simplemente

limb, and even eight feet high seemed plenty high to me.

Well now, Fred had to decide what we should do. He was the big brother. Did he want ME to go first so he could guide me onto the swinging branch or should HE go first to show me how it was to be done? Stalling for time, I begged HIM to go first so he could show me the best way to swing down safely.

Fred was a pragmatic, athletic soul. He was a real matter-of-fact guy. I was the complete opposite. I always had to study and analyze everything I did BEFORE I did it. All Fred did was follow Barry's lead. Fred slid off the big limb, grabbed the smaller branch, swung once or twice on the end of the smaller branch (as he had seen Barry do), and then, at just the right moment as the branch bent down toward the ground, he let go and landed on his feet and rolled to a safe standing position on the solid ground below. Easy.

Well, easy for Barry. Easy for Fred. NOT SO EASY for me!! In theory it all sounded easy. And watching Barry and Fred it looked easy; but actually, following their lead was *NOT* so easy for me.

I got off the big limb okay; just like the big guys did. I grabbed the smaller branch okay; just as the big guys did. I started swinging on the smaller branch; just as the big guys did, but I just couldn't estimate a safe time to let go of the branch as I had seen the big guys do. I just kept swinging and swinging and swinging; waiting for just the right moment to let go. It never seemed like a good time to let go so I kept swinging and swinging and swinging and swinging. "JUMP!," shouted Barry and my brother. "Let GO!!!" they kept screaming up to me as I swung wildly over their heads, and then . . . DISASTER!

All my swinging had worn away the fibers of that little branch, and on about the tenth swing the branch tore away from the big limb above!! The next thing I knew I was flat on my back on the ground and in terrible pain looking up at my brother's worried face (Barry in bad-boy Barry-style had already taken off to God knows where. Barry was nowhere to be seen).

Now I felt worse for Fred than I did for myself. I knew that *HE* would be blamed by our parents for the accident, even though

nos COLUMPIAREMOS hacia abajo agarrando esta rama delgada de aquí". Dicho y hecho. Barry agarró una rama larga, delgada y flexible (casi tan gruesa como el brazo flacucho de mi hermana pequeña). La rama delgada se extendía desde la gran rama pesada en la que estábamos sentados. Entonces Barry saltó de la gran rama, y, sosteniéndose de la rama delgada se balanceó una o dos veces hacia abajo hasta que la rama se dobló lo suficiente como para que él pudiera saltar (a unos dos metros y medio del suelo)... ¡¡¡Y SALTÓ!!! Barry aterrizó sin peligro sobre sus pies quedando en cuclillas muy por debajo de nosotros. Lo hizo parecer fácil. Para mí, tan tímido, parecía una gran hazaña. Yo era lo suficientemente fuerte, pero no me sentía muy valiente. Estábamos a cuatro metros y medio en el aire sobre esa gran rama, pero a mí incluso dos metros y medio de altura me parecían bastante altos.

Pues bien, Fred tenía que decidir qué hacer. Él era el hermano mayor. ¿Quería que YO pasara primero para que él pudiera guiarme hacia la rama oscilante o debería ÉL ir primero para mostrarme cómo se debía hacer? Tratando de ganar tiempo, le rogué que fuera primero para que me mostrara la mejor manera de bajar con seguridad.

Fred tenía un alma pragmática y atlética. Era un tipo de verdad práctico. Yo era todo lo contrario. Siempre tenía que estudiar y analizar todo lo que hacía ANTES de hacerlo. Lo único que hizo Fred fue seguir el ejemplo de Barry. Fred se deslizó de la rama grande, agarró la rama más pequeña, se balanceó una o dos veces en el extremo de la rama más delgada (como había visto a Barry hacerlo), y luego, en el momento justo cuando la rama se inclinó hacia el suelo, la soltó y aterrizó sobre sus pies y rodó a una posición segura de pie en el suelo sólido. Fácil.

Bueno, fácil para Barry. Fácil para Fred. ¡¡NO TAN FÁCIL para mí!! En teoría, todo sonaba sencillo. Y viendo a Barry y a Fred, parecía fácil. pero en realidad seguir su ejemplo NO fue tan fácil para mí.

Me moví de la rama grande, sin problema, tal como lo hicieron los grandes. Agarré la rama más pequeña, bien, como lo hicieron ellos. Empecé a balancearme en la rama más pequeña, igual que los grandes, pero no pude calcular un tiempo prudente para soltar la rama como había visto a ellos hacerlo. Me balanceé, me balanceé y me balanceé, esperando el momento justo para soltarla. Nunca me pareció un buen momento para soltar la rama, así que

113

it was really *my* fearfulness and hesitation that was the real culprit. Parents in those days, especially at The Embassy, enforced the laws strictly. My parents told Fred to watch me and care for me but he failed to do so and I got hurt, so Fred would get punished. I would be punished for pulling a "stupid stunt" like the neighborhood lunatic, Barry. I should've known better and thus I would be punished too . . . just as soon as my injuries healed.

My brother's punishment was over and done with right away. I, on the other hand, had several days of pain-filled time to think of how I was going to be punished since I was stuck in bed with a sprained wrist and a swollen ankle. I had learned another life lesson: "Look before you leap, but he who hesitates is lost." It seemed there was just was no winning when you were a little kid.

me seguí balanceando y balanceando y balanceando y balanceando. "¡SALTA!", gritaron Barry y mi hermano. "¡¡¡SUÉLTATE!!!" seguían gritándome mientras me balanceaba salvajemente sobre sus cabezas, y luego... ¡LA CATÁSTROFE!

Mi vaivén interminable había desgastado las fibras de esa pequeña rama, y, como en el décimo balanceo, ¡¡¡la rama delgada se arrancó de la más grande!!! Lo que supe a continuación fue que estaba tumbado de espaldas en el suelo y con un dolor terrible mientras veía la cara de preocupación de mi hermano (Barry, al mejor estilo de chico malo, había desaparecido a Dios sabe dónde. Barry no se veía por ningún lado).

En ese momento, me sentía peor por Fred que por mí mismo. Sabía que nuestros padres lo culparían a ÉL por el accidente, a pesar de que *mi* temor y mi titubeo eran los verdaderos culpables. Los padres en esa época, especialmente en La Embajada, hacían cumplir estrictamente las normas. Mis padres le dijeron a Fred que me vigilara y me cuidara, pero no lo hizo y me lastimé, así que Fred sería castigado. Yo sería reprendido por hacer una "acrobacia estúpida" como el loco del vecindario, Barry. Debería haberlo sabido y, por lo tanto, también me castigarían... tan pronto como me curaran las heridas.

El castigo de mi hermano terminó de inmediato. Yo, por otro lado, pasé varios días llenos de dolor pensando cómo iba a ser castigado ya que estaba atado a la cama con una muñeca torcida y un tobillo hinchado. Había aprendido otra lección de vida: "Sabio es aquel que piensa antes de actuar", pero... "el que duda, pierde". Parecía que al ser niño uno nunca salía triunfante.

Raffaella and Fred (1947)
Raffaella y Fred

Grandma Knothe and Great-Aunt
May proudly display Baby Fred in his
christening gown (1947)

Abuela Knothe y Tía Abuela May
muestran orgullosas al Bebé Fred
en su ropón de bautizo

116

Springtime in The Embassy
far backyard (1948)

Primavera en el patio trasero
al fondo de La Embajada

*Great-Aunt May and
Grandma Knothe on
an outing with the next
generation of Embassy
residents (1948)*

*Tía Abuela May y Abuela
Knothe de paseo con la
siguiente generación de
residentes de La Embajada*

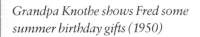

*Grandpa Knothe shows Fred some
summer birthday gifts (1950)*

*Abuelo Knothe muestra a Fred algunos
regalos de cumpleaños en el verano*

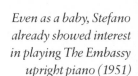

*Even as a baby, Stefano
already showed interest
in playing The Embassy
upright piano (1951)*

*Incluso desde bebé, Stefano
ya mostraba interés por
tocar el piano vertical
de La Embajada*

Stefano wears the bunny costume that his mother, Raffaella, made for him that Easter (1952)

Stefano porta el disfraz de conejito que su madre Raffaella le confeccionó para esa Pascua

Fred tries to enter Dad's Mercury in front of The Embassy on 17th Street in Troy, NY (1952)

Fred intenta meterse al Mercury de Papá frente a La Embajada sobre la calle 17 en Troy, Nueva York

A happy Stefano and Fred play with some new toys in front of the big radio in The Embassy living room (1952)

Los felices Stefano y Fred juegan con algunos juguetes nuevos frente al gran radio en la sala de La Embajada

Fred, Baby Maria, and Stefano pose in the yard with two neighborhood friends (1953)

Fred, Bebé Maria y Stefano posan en el patio con dos amiguitos del vecindario

An oft-repeated scene: a little Stefano proudly lines up his toy cars in The Embassy living room (1954)

Una escena recurrente: un pequeño Stefano alinea con orgullo sus coches de juguete en la sala de La Embajada

Summertime Fun! (1954

¡Diversión veraniega

*Stefano attends his neighborhood
Catholic elementary school (1956)*

Stefano asiste a la escuela católica de su vecindario

*In The Embassy side yard:
Maria, Stefano, Raffaella,
and little Kathy watch a
neighbor's dog pass by
(1957)*

*En el jardín lateral de
La Embajada: Maria,
Stefano, Raffaella, y
la pequeña Kathy
miran pasar al perro
de uno de los vecinos*

First Holy Communion photos
with our pastor, Father O'Connor
on the steps of Saint Paul's School
(1958)

*Fotografía de la Primera
Comunión con nuestro sacerdote,
el Padre O'Connor, en la escalinata
de la Escuela San Pablo*

Little brother Billy surveys part of Mother's
enormous Christmas Nativity display in
The Embassy dining room (1964)

*El pequeño hermano Billy inspecciona parte
del enorme nacimiento que Madre desplegó
en el comedor de La Embajada*

Fred proudly shows off his new altar boy garb (1958)

*Fred muestra orgullosamente su nueva
vestimenta de monaguillo*

Stefano joins the
Cub Scouts (1958)

Stefano se une a los
Cachorros Scouts

Maria and Kathy host a "girls only" birthday
party in The Embassy living room (1959)

Maria y Kathy organizan una fiesta
de cumpleaños "solo para chicas" en la
sala de La Embajada

Posing in new Easter clothes on
The Embassy side yard (1959)

Estrenando ropa de
Pascua, posan en el patio
lateral de La Embajada

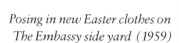

The newest Embassy baby, Debbie, poses in Grandma Knothe's kitchen (1965)

La bebé más reciente de La Embajada, Debbie, posa en la cocina de la Abuela Knothe

Fred, Kathy, Maria, Billy, and Debbie dressed for church (1966)

Fred, Kathy, Maria, Billy y Debbie ataviados para ir a la iglesia

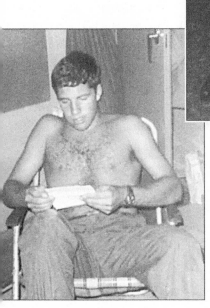

123

Fred, as an American soldier in Vietnam, reads a letter from home (1967)

Fred, cuando era soldado estadounidense en Vietnam, lee una carta de su familia

Chapter 7

A Very Narrow Escape
with Our Lives

THE MOST WONDERFUL FEATURE of The Embassy for us children was the extensiveness of The Embassy's yard and surrounding properties. Whenever anyone came to The Embassy they were always startled and pleasantly surprised to see gardens, lawns and open spaces in the yard *and* beyond the back fences. The front door of The Embassy was only about ten feet from the curb of our city street and the neighboring old houses all seemed shoulder-to-shoulder as houses tended to be in all old-city neighborhoods. However, behind The Embassy building was a different story. How was so much space possible in a crowded Upstate New York city neighborhood?

It was possible because as the old city of Troy developed, it crept farther and farther uphill to the east and farther and farther *away from* the Hudson River (on the banks of which the original blocks of the city had been built well before the American Civil War). Our old neighborhood was called Beman Park. It was a neighborhood about six blocks long by six blocks deep built around a trim two-block deep beautifully landscaped park (replete with a fifteen-foot tall gorgeous iron fountain which, during the summer, sprayed water many feet into the air). The Embassy was built just two blocks north of the park itself. What made OUR block so different was that it was actually ONE city block which (on the city planning maps) was composed of SIX city blocks. It was an enormous space of several acres!! How did this come about? Simple.

In the early years, the city of Troy had dug enormous

124

Capítulo 7

Un escape con vida, por un pelo

LA CARACTERÍSTICA MÁS MARAVILLOSA de La Embajada para nosotros los niños era la amplitud de su patio y de las propiedades circundantes. Cada vez que alguien venía a La Embajada se sorprendía y se asombraba gratamente al ver jardines, prados y espacios abiertos en el patio y más allá de las vallas traseras. La puerta de entrada de La Embajada estaba a solo tres metros de la acera de nuestra calle en la ciudad y las viejas casas vecinas parecían estar hombro con hombro, como solían estar en todos los barrios de las ciudades viejas. Sin embargo, detrás del edificio de La Embajada era otra historia. ¿Cómo era posible tener tanto espacio en un vecindario lleno de gente al norte del estado de Nueva York?

Era posible porque a medida que se desarrolló la antigua ciudad de Troy, Nueva York, se extendió más y más colina arriba hacia el este y más allá del Río Hudson (en cuyas márgenes se habían construido las cuadras originales de la ciudad mucho antes de la Guerra Civil estadounidense). Nuestro antiguo barrio se llamaba "Beman Park". Era un vecindario de aproximadamente seis cuadras de largo por seis cuadras de profundidad construido alrededor de un elegante parque de dos cuadras de hermosos jardines (con una magnífica fuente de hierro de cuatro metros y medio de alto que durante el verano rociaba agua a mucha altura). La Embajada se construyó a solo dos cuadras al norte de dicho parque. Lo que hacía que NUESTRA cuadra fuera tan diferente es que en realidad era UNA cuadra que (en los mapas de planificación de la ciudad) estaba compuesta por SEIS cuadras urbanas. ¡Era un espacio enorme de varios metros cuadrados! ¿Cómo se llegó a esto? Simple.

En los primeros años, la ciudad de Troy había cavado enormes ladrilleras en lo que eran las afueras de la ciudad, a unas diez cuadras

brickyards on what were the outskirts of town about ten blocks to the east of the busy downtown area. The city was growing fast; and because of a history of fire in urban areas at the time—its most catastrophic being in 1862—most of the new buildings were built of brick rather than wood. So, new brickyards were constructed to take advantage of the clay soil in that area of New York State. The block on which The Embassy was located (as well as two others just three blocks to the west) were built around those old brickyards. One of the two brickyards west of The Embassy was leveled-off and the area used to build huge ugly metal arched-roof Quonset huts. These tin can-colored horizontal semi-cylindrical huts were built for the thousands of servicemen returning from WWII to live in because there was such a shortage of housing after the war. The other brickyard was leveled-off and used for a baseball field (where I played on a "Babe Ruth" children's baseball team as a substitute right-fielder when I was a 7th grader years later . . . you can imagine just how "excellent" my baseball skills were if I could only play as a substitute and as a *deep* right-fielder . . . I was terrible).

Fortunately for all of us kids in The Embassy neighborhood, OUR brickyard was not filled in or leveled, nor used in any way. The brickyard around which OUR neighborhood grew was completely forgotten about by the city planners. On paper, three streets (Ave. Q, 18th St., and Hutton Street) were laid out as proposed through-streets, but were never actually built. The entire acreage was allowed to go feral with huge old trees, various fruit and sumac trees, rock outcroppings, tiny streams, little hills, grass-covered clearings, dense second-growth woods, and acres of berry bushes. All this space was crisscrossed by dirt paths that we boys had cleared with our machete-like sticks (which we always carried with us for our "Woods & Backfields" adventures). All the paths were worn smooth by our dozens of sneaker-clad little feet as we played there day after day. (Our poor feet, by the way, were clad in "W. T. Grant" cheap $2.00 ugly sneakers, at a time when most boys from better-heeled areas of town were wearing fancier more popular name brand sneakers like Keds, Red Ball, and Converse; all more fashionable and more

al este de la concurrida zona del centro. La ciudad estaba creciendo rápidamente y debido a la historia de incendios en las áreas urbanas de la época —el incendio más catastrófico ocurrió en 1862—, la mayoría de los nuevos edificios fueron construidos de ladrillo en lugar de madera. Entonces se construyeron nuevas ladrilleras para aprovechar el suelo arcilloso de ese territorio del estado de Nueva York. La cuadra en la que se encontraba La Embajada (así como otras dos a solo tres cuadras hacia el oeste) se construyeron alrededor de esas antiguas ladrilleras. Una de las dos ladrilleras al oeste de La Embajada fue nivelada y el terreno se utilizó para construir enormes y horribles barracas de Quonset con sus techos arqueados de metal. Estas barracas de forma semicilíndrica y posición horizontal hechas de hojalata fueron construidas para que vivieran los miles de militares que regresaban de la Segunda Guerra Mundial porque había gran escasez de viviendas en la posguerra. La otra ladrillera fue nivelada y empleada como campo de béisbol (donde por cierto jugué en un equipo de béisbol infantil llamado "Babe Ruth" como sustituto de jardinero derecho cuando estudiaba el séptimo grado, años más tarde... Se podrán imaginar qué "excelentes" eran mis habilidades como beisbolista que solo podía ser sustituto y solo como jardinero derecho al fondo... era un jugador terrible).

Afortunadamente para todos los niños en el vecindario de La Embajada, NUESTRA ladrillera no fue rellenada, nivelada ni utilizada de ninguna otra manera. La ladrillera alrededor de la cual creció NUESTRO vecindario fue olvidada por completo por los urbanistas. Sobre el papel, tres calles (Avenida Q, Calle 18 y Calle Hutton) fueron trazadas como calles preferentes pero en realidad nunca se construyeron. Se permitió que la superficie en su totalidad se volviera silvestre con enormes árboles viejos, varios árboles frutales y zumaques, diminutos arroyos, crestones, pequeñas colinas, claros cubiertos de hierba, densos bosques renovales y metros de arbustos de bayas. Todo este espacio estaba entrecruzado por caminos de tierra que los niños habíamos despejado con nuestros palos en forma de machete (que siempre llevábamos con nosotros para nuestras aventuras en los Bosques & Campos Traseros). Nuestras docenas de pequeños pies revestidos de zapatos deportivos andaban suavemente por todos los caminos mientras jugábamos allí día tras día. (Nuestros pobres pies, por cierto, se calzaban con zapatos económicos y feos comprados en W. T. Grant por dos dólares en un momento en

expensive than the hated W.T.G.s that we were embarrassingly forced to wear because of our family's poverty.)

In residence in our Woods & Backfields were possums, skunks, rats, rabbits, dozens of species of birds, squirrels, crayfish, frogs, and all kinds of insects(like butterflies, bees, ants, praying mantises, grasshoppers, and spiders), stray dogs, feral cats, tiny field mice, moles, and even an occasional deer that had wandered into our coveted tract from the countryside just a mile or so east of our unique world. It was a playground *paradise* for all of us pre-teen boys whose homes surrounded that very special abandoned property. It was several wooded acres around which the city had grown. Two major busy streets bordered two sides of our Woods & Backfields and two quiet streets (on one of which The Embassy was located) were the borders of our special playground space. Of course, because of the propriety of the times, GIRLS could *never* go into this abandoned domain, but we BOYS spent almost all of our waking hours there, both summer and winter on weekends, holidays, and whenever school was dismissed. What a treat!

My older brother and I along with three or four of our best friends who lived near us, played all kinds of games, and had all sorts of adventures in those woods. We built "forts" from tree saplings and odds-and-ends of found lumber. We waged wars on each other using milkweed pods and reed-root dirt clods as weapons, and we built new paths and clearings for games by hacking with our sharp sticks to chop away at the always dense growth of weeds and undergrowth. We were never at a loss as to what to do when there was free time in our young lives. And, of course, Mother loved the fact that we were playing within earshot of her uniquely accented voice whenever she needed to call for us from The Embassy back porch to "Come Home" (usually to check that we were playing constructively or, more often, to feed us lunch on the back porch).

Inside the farthest back reaches of The Embassy backyard, we boys built such things as barriers to leap over or to pole-vault over. We created fenced-in vegetable gardens and grew tomatoes and cucumbers (under the guidance of my grandfather). We built "The

que la mayoría de los chicos de zonas de mayor riqueza de la ciudad usaban zapatos de marcas más elegantes y populares como Keds, Red Ball y Converse, todas más modernas y más caras que las odiadas de W.T.G. que éramos forzados a usar con vergüenza debido a la pobreza de nuestras familias).

En los Bosques & Campos Traseros residían zarigüeyas, zorrillos, ratas, conejos, docenas de especies de pájaros, ardillas, cangrejos de río, ranas y todo tipo de insectos (como mariposas, abejas, hormigas, mantis religiosas, chapulines y arañas), perros callejeros, gatos salvajes, pequeños ratones de campo, topos, e incluso un ciervo ocasional que había vagado a nuestro codiciado espacio desde el campo a solo medio kilómetro al este de nuestro singular mundo. Era un *paraíso* de juegos para todos los niños preadolescentes cuyas casas rodeaban esa extraordinaria propiedad abandonada. Eran varios metros cuadrados arbolados alrededor de los cuales la ciudad había crecido. Dos grandes calles muy transitadas bordeaban dos lados de nuestros Bosques & Campos Traseros y dos calles tranquilas (en una de las cuales estaba ubicada La Embajada) colindaban con nuestra zona especial para juegos. Por supuesto, debido al recato de los tiempos, las NIÑAS nunca podían entrar en este territorio abandonado, pero los NIÑOS pasamos casi todas nuestras horas de vigilia allí tanto en verano como en invierno, los fines de semana, días festivos y cuando salíamos de la escuela. ¡Qué deleite!

Mi hermano mayor y yo, además de tres o cuatro de nuestros mejores amigos que vivían cerca de nosotros, jugábamos todo tipo de juegos y teníamos múltiples aventuras en esos bosques. Construíamos "fortalezas" usando árboles jóvenes y retazos de madera, librábamos batallas entre nosotros usando como armas las vainas de algodoncillo y bloques de tierra de las raíces de los carrizos, y trazábamos nuevos caminos y claros para los juegos cortando a tajos con nuestras afiladas varas el crecimiento siempre denso de malezas y hierbas. Nunca nos quedamos sin quehacer cuando había tiempo libre en nuestra juventud. Y, por supuesto, a Madre le encantaba el hecho de que estuviéramos jugando al alcance de su voz de acento único cada vez que necesitaba llamarnos desde el porche trasero de La Embajada y nos decía "vengan a casa" (generalmente para comprobar que estábamos jugando de manera constructiva o, más a menudo, para darnos de almorzar en el porche trasero).

En los confines más alejados del patio trasero de La Embajada,

Secret Tunnel" which was an amazing cleared tunnel underneath the thick and tall hedge of dense bushes. The bushes ran the entire length of The Embassy property on the south side of those four big city lots which were part of The Embassy. When crawling on our hands and knees along the cleared space under those bushes, it really did seem like a long dark tunnel. It was secret in that one of our "tricks" was to disappear from the far backyard, and then "magically" to appear at the front of the house a few minutes later. MAGIC!

Also at the back of the yard was what we boys called the "Favorite-Eating Candy Tree." The Favorite-Eating Candy Tree was known by the other boys in the neighborhood, as the whereabouts-unknown-but-talked-about place that we Embassy boys "hid out" with our most intimate friends while eating a special treat (like a 5¢ candy bar, one of Grandma's homemade cookies, or even one of those nickel bottles of warm soda from the basement business of our neighbors, The Bryces). The "Favorite Eating Candy Tree" was actually a *huge*, old, overgrown honeysuckle bird berry bush that had two thick horizontal limbs five feet high up in the air and which stretched out over The Embassy back fences into the backwoods bordering our property. These two horizontal limbs were actually big enough and strong enough that three or four boys (ten or so years old) could sit there and enjoy eating/drinking their treat, see far into the overgrown wooded area, and yet not be seen by anyone passing by. It was like a primitive lair where we boys could plan "battles," or talk over "plans," or just enjoy nature. We loved it!!! NO other kids had such a tree, and we proudly guarded it from being discovered or used by anyone outside of our little clique of friends. And, certainly, the GIRLS were never informed of its location either.

Much to my grandfather's chagrin (since, even at 70 years old, HE tried to maintain nice lawns and gardens throughout The Embassy grounds) we boys also built "roads" in the backyard for our bicycles and wagons. As little kids, we thought it was fun to race around on those roads. We even made colorful little wooden traffic signs which we pounded into the ground all along our system of paths. To the adults it looked like a mess, but to us kids it was a gem

los chicos construimos cosas como obstáculos para brincar o saltar con garrocha. Creamos huertos cercados y cultivamos tomates y pepinos (bajo la guía de mi abuelo). Construimos "El túnel secreto", que era un increíble túnel despejado debajo del seto grueso y alto de densos arbustos. Los arbustos recorrían toda la propiedad en el lado sur de esos cuatro grandes lotes urbanos que formaban parte de La Embajada. Cuando gateábamos a lo largo del espacio limpio debajo de esos arbustos parecía realmente un túnel largo y oscuro. Era secreto porque unos de nuestros "trucos" de chicos era desaparecer del fondo del patio trasero para luego "mágicamente" aparecer en frente de la casa unos minutos más tarde. ¡MAGIA!

También en la parte de atrás del patio estaba lo que los niños llamamos "El árbol favorito para comer dulces". Este árbol era conocido por los otros muchachos del vecindario como la ubicación desconocida, pero de la que todos hablaban, en la que los muchachos de La Embajada "nos escondíamos" con nuestros amigos más íntimos mientras comíamos algo especial (como un caramelo de cinco centavos, una de las galletas caseras de la Abuela, o incluso una de esas botellas de refresco caliente de cinco centavos proveniente del negocio en el sótano de nuestros vecinos, la familia Bryce). "El árbol favorito para comer dulces" era en realidad un *enorme* y viejo arbusto de madreselva de bayas rojas, cubierto de maleza que tenía dos gruesas ramas horizontales de metro y medio de altura y que se extendía sobre las vallas traseras de La Embajada hacia los bosques que limitaban con nuestra propiedad. Estas dos ramas horizontales eran en realidad lo suficientemente grandes y fuertes como para que tres o cuatro niños (de diez años más o menos) pudieran sentarse allí y disfrutar mientras comían/bebían sus golosinas, ver a lo lejos hacia el área cubierta de vegetación y no ser visto por nadie que pasara por allí. Era como una guarida primitiva donde los chicos podíamos planear "batallas", o hablar sobre nuestros "planes", o simplemente disfrutar de la naturaleza. ¡¡¡Nos encantaba!!! NINGÚN otro niño tenía un árbol así, y celosamente evitamos que fuera descubierto o utilizado por alguien fuera de nuestra pequeña pandilla de amigos. Y, ciertamente, a las CHICAS nunca se les dio a conocer su ubicación.

Para disgusto de mi abuelo (ya que incluso a los 70 años de edad trataba de mantener céspedes y jardines agradables en todo el

of building prowess.

At our Catholic elementary school, we received a type of Catholic comic book monthly called "Treasure Chest." It was written for little Catholic children as an entertaining way to emphasize good moral living. My brother and I and our buddies in our respective classes, LOVED "Treasure Chest." One of the serial stories in this comic book was the saga of Chuck White and his many adventures. Chuck White was a strong, handsome, clever, athletic man who helped all kinds of people out of difficult predicaments using his amazingly honed moral and intellectual skills. He was like a Catholic version of "Race," the bodyguard in the popular TV cartoon show of a slightly later time called "Jonny Quest." Jonny Quest was a ten-year-old boy who had all kinds of exciting international, athletic, and scientific adventures with his friends while under the protection of his scientist father, and his father's bodyguard, Race. These adventurous tales inspired my brother and our friends to initiate and imitate just such adventures as Chuck White and his buddies had. Our adventures, of course, were limited by our family rule that we boys had to play in the yard or in the backfields. Furthermore, OUR adventures were only possible IF they cost absolutely NO money, and required tremendous, optimistic inventiveness! Somehow, we boys had learned to live without ever spending any money, *and* we had amazingly creative IMAGINATIONS!

Of course, in the 1950s, little boys like us, played "Cowboys and Indians." My big brother and his older friends always wanted to be the colorful and wild (and destructive) Indians. Most of our younger friends had to be content with being cowboys. This really wasn't so bad because MOST of our friends had cap guns replete with red spools of "paper caps." These caps were loaded with explosive powder which smoked when fired and smelled and sounded like real pistols. The biggest "fly in the ointment" was a peace-loving Stefano, who was so unabashedly passive, that HE wouldn't be either an arrow-shooting wild Indian NOR a gun-toting cowboy. . . . Stefano insisted on being a "SETTLER!" YIKES!!

Fortunately, my brother and all our friends realized that

terreno de La Embajada), los chicos también construimos "caminos" en el patio trasero para nuestras bicicletas y vagones de ruedas. Siendo niños, pensábamos que era divertido hacer carreras en esos caminos. Incluso hicimos con madera pequeñas y coloridas señales de tráfico que clavamos en el suelo a lo largo de nuestro sistema carretero. Para los adultos parecía un desastre, pero para nosotros los niños era una joya de destreza constructora.

En nuestra escuela primaria recibíamos mensualmente una revista católica ilustrada llamada *El cofre del tesoro*. La escribían para chicos católicos como una forma entretenida de reafirmar una buena vida moral. A mi hermano y a mí y a nuestros compañeros en nuestras respectivas clases nos ENCANTABA *El cofre del tesoro*. Una de las historias en serie de este libro ilustrado era la saga de Chuck White y sus muchas aventuras. Chuck White era un hombre fuerte, guapo, inteligente y atlético que ayudaba a todo tipo de personas a salir de dificultades utilizando sus habilidades morales e intelectuales increíblemente perfeccionadas. Era como una versión católica de "Race", el guardaespaldas en el popular programa de dibujos animados de la televisión emitido algunos años más tarde llamado *Jonny Quest*. Jonny Quest era un niño de diez años que tenía todo tipo de emocionantes aventuras internacionales, atléticas y científicas con sus amigos (mientras estaba bajo la protección de su padre científico y el guardaespaldas de su padre, llamado Race). Estas historias de aventuras inspiraron a mi hermano y a nuestros amigos a iniciar e imitar las aventuras que Chuck White y sus amigos tenían. *Nuestras* aventuras, por supuesto, estaban limitadas por la regla familiar de que los niños teníamos que jugar en el patio o en los campos traseros. ¡Además, NUESTRAS aventuras solo eran posibles SI no costaban absolutamente NADA de dinero y requerían un ingenio tremendamente optimista! De alguna manera, los chicos habíamos aprendido a vivir sin gastar dinero, y teníamos una imaginación asombrosamente creativa.

Por supuesto que en la década de 1950 los niños pequeños como nosotros jugaban a "Indios y Vaqueros". Mi hermano mayor y sus amigos querían ser los coloridos y salvajes indios (además de destructivos). Muchos de nuestros amigos más chicos tenían que conformarse con ser vaqueros. Esto en realidad no era tan malo porque la MAYORÍA de nuestros amigos tenían pistolas de chinampina con carretes rojos llenos de "chinampinas" de papel. Estas chinampinas estaban cargadas con

even at the age of eight or ten years old, I was already inculcated by the nuns and priests into a spiritual frenzy of loving passiveness. Stefano, *the Settler*, would lay out his land claim, and build a ranch house (complete with a covered wagon made from old carriage wheels and found junk wood) in his farmyard while the other boys "fought to the death" with bows-and-arrows and cap guns. Often, the final Indian-Cowboy battle would be fought right in the space in front of Settler Stefano's little cabin, which, of course, often meant that Stefano's cabin was trampled down as the fallout of the marauding conflict at the end of a few hours of battle.

In any event, the battle always ended by the time Mother called us all to the backyard closest to the house so that we could all eat peanut butter and jelly sandwiches on the old white picnic table or on the back porch. By the time we cowboys, Indians, and settlers had taken our places on the long white benches on either side of the picnic table, we were already excitedly discussing our next fun activity.

In the 1950s, our Embassy world was neatly and unquestioningly divided into: The Boys, The Girls, and The Adults. Our roles as well as our physical spaces were all clearly delineated and strictly enforced. Lunchtime at the picnic table was about the only time we boys were allowed that close to the house. The porches, lawns, and gardens which were nearest the house were the reserved playground space for The Girls. We boys spent most of OUR time in the Woods & Backfields. Girls would NEVER go into the backfields, Boys would never try to usurp The Girls' spaces like the back porch or the side lawn. And neither The Girls nor The Boys would ever even dare to play in The Adults' living rooms or bedrooms...ever! As a matter of fact, by Embassy law, children had to play OUTSIDE summer or winter, rain or snow, unbearable cold or intense heat. "Outside!" was my mother's one-word command to us kids as soon as we got home from school (or right after our 7 A.M. breakfast on Saturdays). Sundays were church and family days: NO FRIENDS ALLOWED. Moreover, *other* children (i.e., our neighborhood friends or our school friends) could NOT come inside our house. They were welcome to play

polvo explosivo que humeaba cuando se disparaba y olían y sonaban como pistolas reales. La más grande "mosca en la sopa" era un Stefano pacifista, tan descaradamente pasivo que no sería un indio salvaje disparador de lanzas ni un vaquero con armas de fuego... ¡Stefano insistía en ser un "COLONIZADOR"! ¡¡CIELOS!!

Afortunadamente, mi hermano y todos nuestros amigos se dieron cuenta de que incluso a la edad de ocho o diez años, las monjas y el sacerdote ya me habían inculcado un frenesí espiritual de pasividad amorosa. Stefano, El Colonizador, haría un reclamo de tierras y construiría una casa de rancho (con todo y una carreta cubierta hecha de viejas ruedas de carruaje y restos de madera encontrada) en su corral mientras los otros niños "luchaban a muerte" con arcos y flechas y pistolas de chinampina. A menudo, la batalla final entre Indios y Vaqueros se libraba justo en el espacio frente a la pequeña cabaña del colono Stefano, lo que, por supuesto, con frecuencia significaba que la cabaña de Stefano era pisoteada como consecuencia del conflicto indio-vaquero después de algunas horas de batalla.

De cualquier modo, la batalla siempre terminaba cuando Madre nos llamaba al patio más cercano a la casa para que todos pudiéramos comer sándwiches de crema de cacahuate y mermelada en la vieja mesa blanca de pícnic o en el porche trasero. Para cuando los vaqueros, los indios y los colonizadores ocupábamos nuestros lugares en las largas bancas blancas a ambos lados de la mesa de pícnic, ya estábamos discutiendo con entusiasmo nuestra próxima actividad para divertirnos.

En la década de 1950, nuestro mundo de La Embajada se dividió de manera clara e incuestionable en: Los Niños, Las Niñas y Los Adultos. Nuestros papeles y nuestros espacios físicos estaban claramente delineados y estrictamente llevados a cabo. La hora del almuerzo en la mesa de pícnic era la única vez que nos permitían a los niños estar tan cerca de la casa. Los porches, céspedes y jardines que estaban más cerca de la casa eran el espacio reservado como patio de juegos de "Las Chicas". Nosotros los niños pasamos la mayor parte de NUESTRO tiempo en Bosques & Campos Traseros. Las Niñas NUNCA irían a los Campos Traseros, Los Niños nunca intentaríamos usurpar los espacios de Las Chicas como el porche trasero o el césped lateral. Y ni Las Chicas ni Los Chicos se atreverían a jugar en las salas de estar o los dormitorios de Los Adultos... ¡nunca! De hecho, según la ley de La Embajada, los niños tenían que

on The Embassy grounds or in its many outbuildings, but NOT inside the house . . . period; . . . non-negotiable. If WE Embassy kids wanted to play in a friend's neighborhood house, *THAT* was okay . . . but only for us boys, *and* only as long as we reported back home at lunchtime and any other check-in time that Mother had designated. As for The Girls, THEY only went to *other girls'* houses IF the OTHER girls' mothers had come to The Embassy, talked with my mother, and had carefully arranged in detail both the events and the time-line which Mother's Girls (my sisters) were going to follow that day. . . . So, it was very restrictive *AND* it was a very rare occurrence.

In the early years, that yard space nearest the back porches of The Embassy was used in an old-fashioned manner as a "service yard." The service yard (about 20-feet square) was bordered by the house on the west, the toolshed/car barn and deep back yard on the east, the driveway/vacant lot to the north, and the Warberg's tall, white house on the other side of "The Secret Tunnel" and the fence on the south.

The service yard even looked different from the rest of the Embassy property. The Service Entrance Gate (which we kids had corrupted into the *Servant's* Entrance Gate) was on that north side of the service yard. That gate and the rickety fence which enclosed the entire north side of the service yard was made of rough weathered-gray old splintered wood five feet high. The gate was always kept closed and "locked" by a hook-and-eye lock which usually just dangled there unused. It separated The Embassy property from Ave. Q which was just a vacant lot to the north of our home. The south side of the service yard was bordered by a ten-foot tall, twenty-foot long grape arbor (overflowing with giant old brown vines and huge green leaves). This grape arbor shielded Grandpa's formal flower garden to the south from the more prosaic service yard to the north. The huge two-story Embassy with its hideously worn old wooden siding (completely BARE of ANY paint at all), loomed to the west of the service yard.

Most striking of all was the east border of the service yard: that border was the old car barn (and toolshed) which was an ancient

jugar AFUERA, ya fuera en verano o invierno, con lluvia o nieve, con frío insoportable o calor intenso. "¡Afuera!" era la orden de una sola palabra que nos daba mi madre a nosotros los niños al momento de llegar a casa después de la escuela (o los sábados justo después de nuestro desayuno a las 7 de la mañana). Los domingos eran días de iglesia y familia: NO SE PERMITÍAN AMIGOS. Además, *otros* niños (por ejemplo nuestros amigos del vecindario o nuestros amigos de la escuela) NO podían entrar a nuestra casa. Eran bienvenidos a jugar en los terrenos de La Embajada o en sus muchos espacios anexos, pero NO dentro de la casa... punto... fuera de discusión. Si los niños de La Embajada queríamos jugar en la casa de un amigo del vecindario, estaba bien... pero solo para nosotros, los niños, *y* solo mientras nos reportáramos a la hora del almuerzo y en cualquier otro horario que Madre hubiera establecido. En cuanto a Las Chicas, ELLAS solo iban a las casas de *otras niñas* SI las madres de las OTRAS niñas habían venido a La Embajada, habían hablado con mi madre y habían organizado cuidadosamente y a detalle tanto los eventos como el cronograma que las chicas de Madre (mis hermanas) iban a seguir ese día... así que era muy restrictivo Y era un hecho muy ocasional.

En los primeros años, ese espacio de patio más cercano a los porches traseros de La Embajada se usaba de manera anticuada como un "patio de servicio". Este patio de servicio (aproximadamente de seis metros cuadrados) colindaba al oeste con una casa; al este con el cobertizo/establo para coches y el patio trasero del fondo; al norte con la entrada/el lote baldío; y al sur estaba la casa alta y blanca de la familia Warberg, al otro lado de "El túnel secreto" y de la cerca.

El patio de servicio incluso se veía diferente del resto de la propiedad de La Embajada. La puerta de servicio (que los niños habíamos alterado al llamarla La puerta del *sirviente*) estaba en el lado norte del patio de servicio. Esa puerta y la valla destartalada que rodeaba todo el lado norte del patio de servicio estaban hechas de una madera astillada y áspera de un color gris desgastado de un metro y medio de altura. La puerta siempre se mantenía cerrada y "asegurada" con una cerradura de gancho y ojo que generalmente colgaba allí sin usarse. Esa puerta separaba la propiedad de La Embajada de la Avenida Q, que era solo un lote baldío al norte de nuestra casa. El lado sur del patio de servicio estaba bordeado por una pérgola de tres metros de alto y seis metros de largo enramada de vides (desbordándose de viejas parras gigantes

one-story wooden building that had been painted an electric blue color decades earlier!!! It was appalling and eye-catching. Lined up in front of the car barn were four or five dented old, metal 25-gallon silver-colored garbage cans with bent and pockmarked metal garbage can lids with gray metal handles. When moved to the curb in front of the house every Monday and Thursday night for next-day pick-up, these heavy old metal cans made a horrible, disconcerting racket. Just in front of the huge dented cans was a brownish-gray old telephone pole! This telephone pole had, at its topmost part about fifteen feet up, a long two-by-four, weather-worn, wooden crossbeam; and five feet below that was another identical crossbeam. The purpose of this telephone pole and these crossbeams was to hold the rusty metal pulleys around which were wrapped grayish-white dirty ropes. The other ends of the ropes were looped around twin pulleys on the support columns of the upper and lower back porches of The Embassy. All four of these ropes (two on the first floor level and two on the second floor level) were used to hang dozens and dozens of pieces of laundry (day and night; summer and winter).

This was The Embassy's pre-laundry room-era answer to a modern clothes dryer. In the winter, the sheets and clothes simply FROZE on the clothesline. Then they had to be dragged into the house like solid 4-foot by 8-foot sheets of plywood and leaned up in front of our old cast-iron radiators throughout the house until they "defrosted" and began to warm up and dry hours later. Wintertime at The Embassy meant the entire space looked like the result of a major explosion in some foreign Chinese laundry establishment. Outside, and looming above the entire service yard, was usually a jumble of various colored laundry ranging from tiny pink baby clothes to huge white sheets all held securely on the ropes by dozens and dozens of wooden clothespins! For my mother and grandmother, big wooden kegs were full of clothespins, which were kept on the porches and used to affix the wet laundry to the long clotheslines. For us kids, though, the clothespins were yet another free toy: we used clothespins as "missiles" for our homemade slingshots made of huge rubber bands, as tools to hold baseball cards against our bicycle wheels so

de color café y enormes hojas verdes). Esta pérgola de uvas protegía el jardín formal de flores del Abuelo al sur desde el patio de servicio, más ordinario, hacia el norte. La enorme Embajada de dos pisos con su viejo y espantoso revestimiento de madera (completamente DESPROVISTO de TODA pintura), se asomaba al oeste del patio de servicio.

Lo más impresionante de todo era la frontera este del patio de servicio: ¡¡¡ese lado tenía el viejo establo para coches (y cobertizo para herramientas) que era un antiguo edificio de madera de un solo piso que había sido pintado de un color azul eléctrico décadas antes!!! Era espantoso y llamativo. Alineados frente al establo para coches había cuatro o cinco abollados tambos metálicos de basura plateados, con capacidad de 100 litros, con tapas metálicas cacarizas y torcidas con asas de metal gris. Cuando las sacábamos a la acera frente a la casa todos los lunes y jueves por la noche que pasaba el recolector de basura, estos pesados y viejos tambos metálicos hacían un alboroto horrible y desconcertante. Justo frente a los enormes botes de basura plateados de metal abollado ¡había un viejo y grisáceo poste de teléfono! Este poste telefónico tenía en su parte más alta, a unos cuatro metros y medio de altura, un largo y desgastado travesaño de madera de 60 cm por 1.20 metros y metro y medio más abajo había otro travesaño idéntico. El propósito de este poste de teléfono y estas vigas transversales era sostener las poleas de metal oxidado rodeadas por sucias cuerdas grisáceas. Los otros extremos de las cuerdas estaban amarrados alrededor de poleas gemelas en las columnas que soportaban los porches traseros superiores e inferiores de La Embajada. Las cuatro cuerdas (dos en el primer piso y dos en el segundo piso) se usaban para colgar docenas y docenas de prendas ropa (día y noche, verano e invierno).

Esta era la versión de una moderna secadora de ropa que La Embajada tenía en la era previa al cuarto de lavado. En invierno, las sábanas y la ropa sencillamente se CONGELABAN en el tendedero. Después tenían que ser arrastradas al interior de la casa como láminas sólidas de madera de triplay de 1.2 por 2.4 metros y se recargaban frente a nuestros viejos radiadores de hierro por toda la casa hasta que se "descongelaban" y comenzaban a calentarse y secarse horas después. Durante invierno, el espacio en La Embajada parecía el resultado de una gran explosión en una lavandería extranjera china. Afuera, haciendo su aparición sobre todo el patio de servicio, con frecuencia había un

that they sounded like an "engine," or as fun gadgets with which to
PINCH the soft butts of our friends and siblings . . . lots of fun!!!

We were basically well-behaved, obedient children, but
sometimes we were just a step above little wild animals. Because
of our sheer numbers, my poor parents and grandparents couldn't
always control our baser urges and uncivilized behavior. Some of these
primal behaviors were harmless: throwing lightweight aluminum pie
tins full of mud at our friends and siblings, OR embedding hundreds
of dried "prickers" (cockleburs) into each other's hair (a nightmare
for my poor sisters who, in those days, wore their hair straight and
long and way down past their waists! . . . a cocklebur disaster for
my poor mother and grandmother to rectify when the Girls went
screaming and crying into the house after an attack of prickers), OR
pelting each other with slimy, red bird berries (which of course wetted
and stained the victims theretofore clean clothes . . . more work for
the Adults to clean up after).

Of course wintertime had its OWN fun litany of horrors:
throwing hard icy snowballs at each other, putting handfuls of wet
snow down the backs of unsuspecting victims, burying little kids
up to their necks in deep piles of snow (until their piercing screams
brought an adult outside to rescue them), stripping a weaker kid
of his high rubber boots/galoshes and flinging them into the bushes
so that he had to walk in his stocking feet in the cold wet snow
to retrieve them, and, on our homemade outdoor ice rink in the
vacant lot next door, slamming/checking/shoving fellow ice skaters
so hard that they were too crippled and black-and-blue to continue
ice skating with the rest of us. All of these bad behaviors, of course,
were allegedly done in the spirit of "fun"; and, although you might
be a "victim" one day, it was almost guaranteed that you would be a
guilty perpetrator the next.

One snow-overwhelmed winter, the snow was SO deep in
The Embassy service yard that one of the tougher older kids in the
neighborhood bet we little kids 5¢ each that he could jump off the
second floor porch of The Embassy into the snow. We kids were
both enthralled and terrified by this big kid's bet and boast. We were

revoltijo de ropa de varios colores, desde diminutas ropas rosadas para bebés hasta enormes sábanas blancas, ¡todas sostenidas en las cuerdas por docenas y docenas de pinzas de madera! Para fijar la ropa mojada en los largos tendederos, mi madre y mi abuela tenían grandes barriles de madera llenos de pinzas guarecidos en los porches. Sin embargo, para los niños las pinzas para la ropa eran otro juguete gratis: usábamos las pinzas como "misiles" para nuestras resorteras caseras fabricadas con enormes ligas, o como herramientas para sostener las tarjetas de béisbol y hacerlas chocar con las ruedas de nuestras bicicletas para que sonaran como un "motor" o como divertidos artefactos para PELLIZCAR los traseros suaves de nuestros amigos y hermanos... ¡¡¡mucha diversión!!!

En esencia éramos niños obedientes y bien educados, pero a veces nos comportábamos un poco peor que pequeños animales salvajes. Como éramos una multitud, mis pobres padres y abuelos no siempre podían controlar nuestros impulsos más bajos ni nuestro comportamiento incivilizado. Algunas de estas conductas primitivas eran inofensivas: arrojar a nuestros amigos y hermanos moldes de aluminio para pay rellenos de lodo, O incrustar cientos de "espinas" (cardos secos) en el cabello de los demás (una pesadilla para mis pobres hermanas quienes en esos días llevaban el pelo liso y largo ¡más debajo de la cintura!... Un desastre que mi madre y mi abuela, las pobres, tenían que enmendar cuando las Chicas corrían a la casa gritando y llorando tras un ataque con espinas), O arrojarnos unos a otros viscosas bayas rojas (que, por supuesto, mojaban y manchaban la ropa, hasta entonces limpia, de las víctimas... más trabajo de limpieza para los adultos).

Por supuesto que el invierno tenía su PROPIA y divertida letanía de horrores: lanzar unos a otro bolas de nieve duras y heladas, poner puñados de nieve húmeda en las espaldas de víctimas desprevenidas, enterrar a los niños pequeños hasta el cuello en profundos montones de nieve (hasta que sus gritos desgarradores sacaban a un adulto de la casa para rescatarlos), despojar a un niño más débil de sus altas botas de hule impermeables y arrojarlo a los arbustos para que tuviera que caminar en calcetines sobre la nieve fría y húmeda para recuperar sus botas, y, en nuestra pista casera de hielo al aire libre ubicada en el lote baldío de al lado, golpear/bloquear/empujar a otros patinadores de hielo con tanta fuerza que quedaban demasiado incapacitados y negroazulados para continuar patinando con el resto de nosotros. Todos estos malos comportamientos,

enthralled because we little kids couldn't wait to see someone jump down into the snow from so high up on our second floor Embassy porch. BUT, we were terrified that our parents or grandparents would find out and punish us for allowing such a hair-brained stunt. (Needless to say, we were so ego-centric that we never even thought of the danger to that older kid if he got hurt or even killed from jumping from such a height.)

As was true 99% of the time in those days, both my mother and my grandmother were at home. Fortunately for us kids, they were both preoccupied and overwhelmed with housework (which was also true 99% of the time in those days), so they didn't even notice the little parade of us kids marching up the outside back staircase to the second-floor porch with our dare-devil older kid in the lead. Upon arrival at the open upstairs porch, our older friend "hero" leaped up onto the banister of the porch. Now, teetering on top of the porch banister, he was an additional four feet higher off the ground. With a theatrical HOOT of bravado, he jumped down to the snow-covered service yard nineteen feet below. We little kids were standing at the railing looking down. When he got up out of the snow, we all gave a unified gasp of relief and then unceremoniously rushed down the back staircase pushing and shoving each other to be the first at the side of our "hero" the big kid jumper. WOW!!!! He did it! Within seconds that big kid lightened each of us little kids of the weight of a nickel and he was off, out the service gate and down the street to who-knows-what future crazy adventure. For no more than the next three minutes, we little kids toyed with the idea of imitating what that big kid had done, but none of us had the guts to even feign interest in duplicating that incredible feat.

The "Second Floor Porch Snow Jumper" wasn't the only older kid in our neighborhood. There were several others of both sexes. As little kids, we certainly didn't spend time with those bigger kids (who were usually in their mid-to-late teens), but, at times, we just couldn't help but notice them. Barry, for example, a public high school kid who lived just down the street, tried to frighten us all one Fourth of July holiday weekend by holding a huge pile of firecrackers

por supuesto, se hacían presuntamente en el espíritu de la "diversión"; y, aunque todos podíamos ser "víctimas" estaba casi garantizado que cualquier día uno sería un perpetrador culpable al día siguiente.

Un invierno abrumado por las nevadas, en el patio de servicio de La Embajada la nieve estaba TAN alta que uno de los chicos mayores más rudos del vecindario nos apostó a los niños pequeños cinco centavos a cada uno que podría saltar del porche del segundo piso de La Embajada y caer en la nieve. Los niños estábamos cautivados y aterrorizados por esta gran apuesta y alarde del chico mayor. Nos cautivó porque los pequeños teníamos ganas de ver a alguien saltar a la nieve desde lo alto del porche del segundo piso de La Embajada. PERO estábamos aterrorizados de que nuestros padres o abuelos se enteraran y nos castigaran por permitir una acrobacia tan descabellada. (No hace falta decir que éramos tan egocéntricos que ni siquiera pensamos en el peligro para ese niño mayor que podía salir herido o incluso muerto por saltar desde esa altura.)

Como era cierto el 99% del tiempo en esos días, tanto mi madre como mi abuela estaban en casa. Afortunadamente para nosotros los niños, ellas estaban preocupadas y abrumadas con las tareas del hogar (que también era cierto el 99% del tiempo en esa época), por lo que ni siquiera notaron nuestro pequeño desfile, marchando por la escalera trasera hacia el porche del segundo piso con nuestro osado niño mayor a la cabeza. Al llegar al porche abierto de arriba, nuestro viejo amigo "héroe" brincó al barandal del porche. Ahora, tambaleándose sobre el barandal, estaba a más de un metro arriba del segundo piso. Con un ALARIDO teatral de bravuconería, saltó al patio de servicio cubierto de nieve seis metros abajo. Los niños pequeños estábamos parados en la barandilla mirando hacia abajo. Cuando se levantó de la nieve, todos dimos un grito de alivio unificado y luego, apresuradamente, bajamos corriendo la escalera trasera avanzando a empujones para ser los primeros al lado de nuestro "héroe", el saltador chico mayor. ¡OHHHH! ¡Lo logró! En cuestión de segundos, ese niño grande aligeró a cada uno de nosotros, los niños pequeños, del peso de una moneda de cinco centavos, salió por la puerta de servicio y bajó la calle hacia quién sabe qué próxima aventura loca. Los siguientes tres minutos, no más, los niños pequeños jugamos con la idea de imitar lo que ese niño grande había hecho, pero ninguno de nosotros tenía las agallas para siquiera

in his left hand and then lighting them with a pile of LIT wooden matches in his right hand! We were flabbergasted at such a display of fearlessness. Unfortunately, the show came to a fiery end moments later when the big pile of firecrackers exploded while *still in his left hand* and (after putting out the fire which used to be his left hand) was rushed by a nearby adult neighbor to the hospital emergency room three blocks away. The show was a disaster and we later found out that poor Barry had lost two fingers from his left hand.

Obviously, although they were older than us little kids, not all of these kids in our neighborhood were actually any *smarter* than us little kids. The older boys were the most conspicuous and fascinating members of our neighborhood because they were always pulling off some showy scheme or the other. However, some of the older female neighborhood kids were also a show in themselves. Peggy, a tall, bosomy teenager (who had tons of platinum blond hair piled in a "beehive" style on her head) was, to us little kids, like something that just walked off the big screen at one of our Saturday morning movie stints at the downtown movie theater. She was an only child (a rarity in our mostly big family lower middle class neighborhood) and the rumor was that she was "spoiled" and had a huge allowance. This all seemed to be true. On her way to our neighborhood public city high school four blocks away, Peggy was shadowed by a positive "army" of teenagers (mostly males) all, apparently, wanting to be seen in her presence. Every day she wore a stylish and brightly colored dress to school. This, alone, was fascinating to us little kids because we at Catholic school never saw a female unless she was in a uniform (nun uniform or student uniform). And at home, females wore skirts or dresses that were neat and clean, but never seemed to be either bright OR stylish. Peggy won the "neighborhood celebrity of the year" contest, when, at one point, she began to date an RPI student, a local college boy, who whooshed up to the curb in front of Peggy's house in his sporty blue compact, an early 1960's Ford Falcon, to take Peggy on a date. WOW!!! It seemed just like the drama of the lovey-dovey movies we kids had seen highlights of at the theater. What sexy drama!

fingir interés en replicar esa increíble hazaña.

El "saltador de nieve del porche del segundo piso" no era el único niño mayor en nuestro vecindario. Había muchos más de ambos sexos. Como éramos pequeños, en realidad no pasábamos tiempo con esos chicos más mayores (que generalmente estaban en la adolescencia media o tardía), pero, a veces, simplemente no podíamos dejar de notarlos. Barry, por ejemplo, un niño de preparatoria pública que vivía precisamente al final de la calle, intentó asustarnos a todos un fin de semana feriado del 4 de julio con una enorme pila de petardos en su mano izquierda que luego ¡encendió con un montón de cerillos de madera ARDIENDO en su mano derecha! Nos quedamos estupefactos ante tal despliegue de valentía. Desafortunadamente, el espectáculo llegó a un candente final un minuto después cuando la gran pila de petardos explotó mientras estaban *todavía en su mano izquierda* y (después de apagar el incendio que era su mano izquierda) fue llevado inmediatamente por un vecino adulto a la sala de emergencias del hospital más cercano, a tres cuadras de distancia. El espectáculo fue un desastre y luego descubrimos que el pobre Barry había perdido dos dedos de su mano izquierda.

Obviamente, aunque eran más grandes que nosotros, no todos los chicos mayores de nuestro vecindario eran necesariamente *más listos* que nosotros los pequeños. Los chicos mayores eran las personas más sobresalientes y fascinantes de nuestro vecindario porque siempre realizaban algún artificio vistoso. Sin embargo, algunas de las chicas mayores del vecindario también eran un espectáculo en sí mismas. Peggy, una adolescente alta y de senos prominentes (que llevaba en la cabeza un montón de cabello rubio platinado recogido al estilo de "colmena") era, para nosotros los pequeños, como alguien que acababa de salir de la pantalla grande en una de nuestras temporadas de matiné sabatina en el cine del centro. Ella era hija única (una rareza en nuestro vecindario de clase media baja de grandes familias en su mayoría) y se rumoreaba que era "mimada" y tenía una gran mesada. Todo esto parecía ser cierto. De camino a la escuela preparatoria pública de nuestro vecindario, a cuatro cuadras de distancia, Peggy era seguida por un "ejército" de adolescentes (en su mayoría hombres), quienes deseaban aparentemente ser vistos en su presencia. Todos los días se ponía un vestido elegante y de colores brillantes a la escuela. Solo esto nos fascinaba a los pequeños porque en la primaria católica nunca veíamos a una mujer a menos que

Not to be outdone by Peggy, was another older-kid neighbor, Connie, who lived with her parents and younger teenaged brother in the big two-and-a-half story house up the street on the corner. Connie also had a beehive-style hairdo, but her hairdo was even taller and thicker than Peggy's. As though the larger size wasn't dramatic enough, the color of her hair was a jet black!!! Very dramatic and theatrical! As a matter of fact, whereas everything about Peggy's hair, makeup and outfits was bright, perky and colorful; everything about Connie's very being was dark and sophisticated. She was like another of our matinee idol women. Her hair was dark, her make-up was dark, her eyelashes and eyebrows were ALL impossibly dark. I had only seen mature movie starlets on the screen who looked so profoundly dark and formal. Maybe Connie really was in the movies!?! No, she couldn't be. Why then would she live in OUR measly neighborhood? Besides, her younger teenage brother seemed like just an ordinary kid and so did their parents. Such a mystery!

Black slinky dresses, black high heel shoes, small black pocketbooks, and never did I see her carry so much as one book or notebook to school as she left the house, day after day, as she jumped into her dad's new sedan to be *driven* the four blocks to high school. "HUBBA HUBBA HUBBA," was the oral salute from idle teenage boys hanging around on the corner, apparently waiting for a glimpse of Connie as she came out of her house each day to slip into her dad's car.

Not all the older kids in our neighborhood were quite so aloof as Peggy or Connie. Jessie Warberg, who lived right next door to The Embassy, actually often called out to us little kids to come over to the front of his house. He and his two older brothers were very seldom seen, but whenever we saw Jessie on the street, we followed him home as if he were "The Pied Piper." Why? Well, it's simple: Jessie was an amateur magician. Certainly at 19-years old or so, to us little kids he seemed like a professional magician. We were fascinated!!! At the drop of a hat, Jessie would put on a little magic show for us kids whenever we gathered around. My favorite was his trick of "telepathically" sending a quarter to anyplace on the

tuviera puesto un uniforme (de monja o de estudiante). Y en casa, las mujeres usaban faldas o vestidos que, aunque limpios y pulcros, nunca se veían brillantes NI elegantes. Peggy ganó el título de "la celebridad del año" de nuestro vecindario, cuando, en cierto momento, comenzó a salir con un chico de RPI, una universidad local, que con un silbido estacionaba en la acera frente a la casa de Peggy su "Ford Falcon" azul, un compacto deportivo de principios de 1960, para recogerla y salir en una cita. ¡GUAU! Se parecía a los avances de las películas románticas que los niños habíamos visto en el cine. ¡Qué drama tan excitante!

La nunca superada por Peggy era Connie, otra vecina de más edad, que vivía con sus padres y su hermano menor adolescente en la gran casa de dos pisos y medio en la esquina de la calle. Connie también tenía un peinado estilo "colmena", pero su peinado era aún más grande y más denso que la colmena de Peggy. ¡¡¡Como si el gran tamaño no fuera lo suficientemente espectacular, el color de su cabello era negro azabache!!! ¡Muy dramático y teatral! De hecho, mientras que todo lo relacionado con el cabello, el maquillaje y los atuendos de Peggy era brillante, alegre y colorido, todo en Connie era oscuro y sofisticado. Ella era como otra de las chicas de culto de las matinés. Su cabello era oscuro, su maquillaje era oscuro, CADA UNA de sus pestañas y cejas eran imposiblemente oscuras. Yo solo había visto que las estrellas maduras de la pantalla de cine se veían tan profundamente oscuras y formales. ¡¿Quizás Connie en realidad salía en las películas?! No, no era posible. ¿Por qué entonces viviría en *NUESTRO* miserable vecindario? Además, su hermano adolescente parecía un chico normal y sus padres también. ¡Qué misterio!

Vestidos negros pegados, zapatos negros de tacón alto, pequeños bolsos negros, y nunca la vi llevar siquiera un libro ni un cuaderno a la escuela cuando salía de casa día tras día y saltaba al sedán nuevo de su padre para ser *transportada* cuatro cuadras a la secundaria. "BRAVO, BIEN, BRAVO" era el saludo oral de los adolescentes ociosos merodeando en la esquina, aparentemente esperando ver a Connie cuando salía de su casa todos los días para escabullirse en el auto de su padre.

No todos los chicos mayores del vecindario eran tan distantes como Peggy o Connie. De hecho, Jessie Warberg, quien vivía a lado de La Embajada, con frecuencia nos invitaba a los pequeños para que pasáramos al frente de su casa. Raramente se le veía a él y a sus dos hermanos mayores, pero cada vez que veíamos a Jessie en la calle, lo

Warberg property that one of us kids would indicate. Best of all, if the coin were where you had requested it to be sent by Jessie, then Jessie let you keep the quarter!!! Super!!! Fun and profitable for us little poor kids! We selfishly wished there were more older kids like good old Jessie.

All this street activity was not done in a vacuum. Believe me. There was *nothing* private happening on our neighbor-packed city street. *Everything* was witnessed and reported by any of a dozen or more stay-at-home moms of that long ago 1950's era in that old city neighborhood.

Some of our quiet long-term neighbors were even "armed!" Of course, my friend, Jerry's dad had a pistol since he was a city policeman. It perpetually hung in its black leather holster on the hip of Jerry's dad. Since a policeman is supposed to carry a gun, the sight of Jerry's dad's gun didn't disturb any of us kids in the least. We actually felt safer especially since we knew that WE were on the right side of the law. However, one of our neighbors had a firearm which terrified us. It wasn't a puny little pistol in a neat and shiny holster either. IT WAS A HUGE AND SCARY LONG RIFLE!! Eeeeeks!!! Very very scary. It was the kind of weapon which made for nightmares for all of us little boys in the neighborhood.

Now, you'd think that as young boys we would report our gun-toting, rifle-aiming neighbor to our parents and grandparents. NOPE—no way. Like so many people and events in our young lives, some people and events were singled out and isolated in our minds. Other than in our worst nightmares, our gun-owning neighbor was hardly ever even thought of, never mind mentioned, once our encounter with him was over. Who WAS this gun-slinging neighbor??? And WHY did he choose us Embassy boys and our friends to menace with such a dangerous and heretofore unseen weapon in our old city neighborhood? After all, this was the civilized 20th Century in Upstate New York, not the Wild Wild West of a hundred years ago. Well, here it is: one of our elderly white-haired neighbors owned and lived in the big two-story house on the big hill just a little farther up our street. He *also* owned the huge lot just behind the house of our

seguíamos a casa como si fuera "el flautista de Hamelin". ¿Por qué? Pues es simple: Jessie era un mago aficionado. Aunque a sus 19 años más o menos para nosotros los niños parecía un mago profesional. ¡¡¡Estábamos fascinados!!! En un abrir y cerrar de ojos, Jessie organ-izaba un pequeño espectáculo de magia para nosotros los chicos cada vez que nos reuníamos a su alrededor! Mi truco favorito era el envío "telepático" de una moneda de 25 centavos a cualquier lugar de la propiedad Warberg que uno de los niños hubiera indicado. La mejor parte era que si la moneda estaba donde uno había solicitado que Jessie la enviara, ¡¡¡entonces Jessie te dejaba quedarte con la moneda!!! ¡¡¡Genial!!! ¡Era divertido y lucrativo para nosotros, niños pobres! Deseábamos con egoísmo que hubiera más chavos mayores como el buen Jessie.

Ninguna de estas actividades callejeras se hacía en el vacío. Créanme: No había *nada* privado en nuestra calle urbana llena de vecinos. *Todo* era presenciado y reportado por más de una docena de amas de casa de los lejanos años 50 en el viejo vecindario de la ciudad.

¡Algunos de nuestros tranquilos vecinos de toda la vida estaban incluso "armados"! Por supuesto, el papá de mi amigo Jerry tenía una pistola pues era policía de la ciudad. Colgaba eternamente en la funda de cuero negro pegada a la cadera del padre de Jerry. Como se espera que un policía lleve un arma, ver la pistola del padre de Jerry no nos incomodaba en lo más mínimo. De hecho, nos sentíamos más seguros, especialmente porque sabíamos que NOSOTROS estábamos del lado correcto de la ley. Sin embargo, uno de nuestros vecinos tenía un arma de fuego que nos aterrorizó. No era una pequeña pistola insignificante en una funda pulcra y brillante. ¡¡ERA UN ENORME Y ATERRADOR RIFLE LARGO!! ¡¡¡Aaaah!!! Muy muy aterrador. Era el tipo de arma que causaría pesadillas a todos los niños pequeños del vecindario.

Bueno, se pensaría que como niños pequeños reportaríamos ante nuestros padres y abuelos a nuestro vecino apunta-rifles. NO, de ninguna manera. Al igual que muchas personas y eventos en nuestras vidas juveniles, algunas personas y eventos eran seleccionados y aislados en nuestras mentes. Fuera de nuestras peores pesadillas, casi nunca pensábamos en nuestro vecino que poseía armas, ni siquiera lo volvimos a mencionar una vez que nuestro encuentro con él había terminado. ¿¿¿Quién ERA este vecino armado??? ¿Y POR QUÉ nos eligió a nosotros los muchachos de La Embajada y a nuestros amigos para amenazarnos

neighbors, the Warbergs (of Jessie Warberg fame) and which also abutted the southern fence of The Embassy's big back lots.

It seems that with all that high metal fencing and well-known ownership of all the properties there shouldn't be any problem at all. There "shouldn't be" any problem at all. But kids being kids; and imaginations being what they are; and poor imaginative kids having lots of time on their hands . . . well suddenly there IS a problem.

It turns out that the property owned by our very old neighbor, Mr. Scher, was planted by him and carefully kept as a big apple orchard. It covered the size of three city lots and was surrounded by, not only The Embassy's fenced property , but also by a fence which clearly marked the beginning of The Backfields to the east of Mr. Scher's orchard property. In retrospect, it all seems very clear and obvious. At the time, to us kids, NONE of this property definition seemed clear NOR obvious. We had never even once in all our lives seen Mr. Scher or anybody on that land. In the world of kids, all these facts about use and ownership didn't even exist. To us kids (me and two of my best neighborhood friends), all that mattered at the moment was that "Hey! Here's some unused space with a bunch of apple trees on it! Let's climb those fun-looking trees, pick some apples, and explore that land!"

No sooner said than done. Being eight or ten year old strong active boys, we were over that fence "quicker than you could say Jack Robinson" (or say "rifle in your face"). What a super neat place; what delicious apples; what fun trees these are to climb!! Suddenly: "You kids there!!! Stop. Get down from those trees. Get off my land!!" Suddenly we heard these angry words being screamed at us from a few dozen yards away, outside the orchard, up on the hill behind old Mr. Scher's house. YIKES!!! What was going on? A quick look up the hill from whence came the voice, gave us a horrified scene of a tall man in farmer-like dark blue bib overalls pointing a big black and brown rifle right at us! Horrors!! Was this the end? Were we going to be shot like dogs in a cage??

We didn't need to be told twice. There is no stopwatch in

con un arma tan peligrosa y nunca antes vista en nuestro antiguo vecindario de la ciudad? Después de todo, este era el civilizado siglo XX en el norte del estado de Nueva York, no el salvaje oeste de hacía cien años. Bueno, aquí tienen: uno de nuestros viejos vecinos ancianos y canosos era dueño y vivía en la gran casa de dos pisos en la gran colina, un poco más arriba de nuestra calle. *También* era dueño del enorme lote justo detrás de la casa de nuestros vecinos, la familia Warberg (de la fama de Jessie Warberg) y que también colindaba con la valla sur de los grandes lotes traseros de La Embajada.

Parecía que, con toda esa valla metálica y la bien conocida pertenencia de todas las propiedades, no debería haber ningún problema en absoluto. "No debería haber" ningún problema. Pero los niños son niños y la imaginación es como es, y cuando los niños pobres e imaginativos tienen mucho tiempo libre... pues de repente HAY problemas.

Resulta que la propiedad de nuestro muy anciano vecino, el Señor Scher, era cultivada por él mismo y mantenida cuidadosamente como un gran huerto de manzanas. Cubría el tamaño de tres lotes de la ciudad y estaba rodeada no solo por la propiedad cercada de La Embajada sino también por una cerca que marcaba claramente el comienzo de los Campos Traseros al este del huerto propiedad del Señor Scher. En retrospectiva, todo parece muy claro y obvio. En ese momento, para nosotros los niños la delimitación de esta propiedad NO parecía clara NI obvia. Nunca habíamos visto en ese predio ni una sola vez en la vida al Señor Scher ni a nadie más. En el mundo de los niños, todos estos hechos sobre el uso y la propiedad ni siquiera existían. Para nosotros, yo mismo y también dos de mis mejores amigos del vecindario, todo lo que importaba en este momento era "¡Oigan! ¡Aquí hay un espacio sin usar con un montón de manzanos! ¡Escalemos esos árboles divertidos, recojamos algunas manzanas y exploremos esa tierra!"

Dicho y hecho. Como éramos niños fuertes y activos de ocho o diez años subimos esa cerca en menos de lo que canta un gallo (o "se dispara un rifle"). ¡Qué lugar tan estupendo! ¡Qué manzanas tan deliciosas! ¡Qué árboles tan divertidos para escalar! De repente: "¡Ustedes, niños! ¡Alto! ¡Bájense de esos árboles! ¡Salgan de mi propiedad!" De repente escuchamos que nos gritaban estas palabras enojadas a unos metros fuera del huerto, en la colina, detrás de la casa del viejo Señor Scher. ¡¡¡Cielos!!! ¿Qué estaba pasando? Un vistazo hacia la colina desde

the world precise enough to measure the split-second it took my two friends and I to hop down off the trees, run the few yards to the edge of the orchard farthest from this rifle-wielding vision of a scary man, leap onto the old wire fence between our properties, throw ourselves over the fence to plop down on safe Embassy land, pick ourselves up, and run faster than we had ever run before in our athletic little lives till we were far, far away from that terrifying man and his gigantic rifle. It was a very narrow escape. (For years later, that encounter always reminded me of the time when, in a story in our oft-read *Childcraft* children's books, Peter Rabbit was caught trespassing on the land of mean Mr. McGregor. He also was a scary old white-haired man who wore dark blue bib overalls.) The only difference was that old Mr. McGregor in the story only used a giant sieve to scare little Peter Rabbit, whereas Mr. Scher USED A BIG DARK RIFLE!! AAARRRGHH! The trauma of childhood!

None of us boys ever told our parents. Not that it wasn't a terrifying and unforgettable event, but because we were even more afraid of any punishment our own parents would mete out to us for being "bad boys." Believe me—we never ever, ever crossed that orchard fence during the rest of our lives!!

donde venía la voz nos mostró una escena aterradora de un hombre alto con un overol azul oscuro como de granjero: ¡apuntando un gran rifle negro cobrizo hacia nosotros! ¡Qué terror! ¿Era este el fin? ¿Nos dispararían como perros en una jaula?

No necesitamos que nos lo dijeran dos veces. No hay en el mundo un cronómetro lo suficientemente preciso para medir el medio segundo que nos tomó a mis dos amigos y a mí saltar de los árboles, correr los pocos metros hasta la orilla del huerto lo más alejado de la vista de ese hombre aterrador que empuñaba un rifle, saltar sobre la vieja cerca de alambre entre nuestras propiedades, arrojarnos sobre la cerca para dejarnos caer en la tierra segura de La Embajada, levantarnos y correr más rápido de lo que habíamos corrido antes en nuestras pequeñas vidas atléticas hasta que estuvimos muy lejos de ese hombre terrorífico y su gigantesco rifle. Escapamos por un pelo de rana. (En los años por venir, ese encuentro siempre me recordó el momento en que, en una historia en nuestros muy leídos libros infantiles *Childcraft*, tan leídos, Peter Rabbit fue atrapado cuando invadía la tierra del malvado Señor McGregor. También era un aterrador hombre de pelo blanco que vestía un overol azul oscuro. La única diferencia era que el viejo Señor McGregor en la historia solo usó una criba gigante para asustar al pequeño Peter Rabbit, mientras que el Señor Scher ¡USÓ UN GRAN RIFLE OSCURO! ¡AAAAAHHHHH! ¡El trauma de la infancia!

Ninguno de nosotros les dijo a sus padres. No es que no haya sido un evento aterrador e inolvidable sino que teníamos mucho más miedo de cualquier castigo que nuestros propios padres nos impusieran por ser "chicos mal portados". Créanme ¡Nunca volvimos a cruzar la cerca del huerto el resto de nuestras vidas!

Chapter 8

Naked Swimming
at the City Public Pool

BEING SO CONFINED AS I WAS to The Embassy, I really never had the ability to compare myself to other people in our little Embassy world. There were not many events that got me outside of The Embassy nor outside of our tiny neighborhood Catholic Convent elementary school five blocks away from The Embassy. And since we were too poor to own a working television set, we Embassy kids had no real idea what the world was like outside of our tiny Embassy neighborhood. I didn't even realize just how poor we were and just how old-fashioned we were by living in an old city neighborhood while the rest of America was beginning to spread out into the newly built suburbs. I had no idea that my brothers, sisters, and I, along with our neighborhood friends were classified as "poor city kids" by the public in general. In retrospect, it sounds demeaning, but at the time I liked being who I was and living where I did.

Fortunately for me in the 1950s and 60s, the city felt it had to help we "less fortunate" city kids. I'm glad. The city was regularly offering programs and services to help its city residents and their children. Because of our social isolation at The Embassy, we weren't always aware of what the city had to offer us. However, various neighbors and church and school friends kept us informed about the availability of various offerings by the city of Troy. Thanks to my neighborhood friend, Jerry, I was given the opportunity to spend summers learning all kinds of exciting wonderful things . . . FOR FREE! Jerry's mother (unlike my new-

Capítulo 8

Natación al desnudo en la Alberca Pública de la ciudad

C OMO VIVÍA MUY CONFINADO en La Embajada, nunca
tuve la capacidad real de compararme con otras personas en
nuestro pequeño mundo. No había muchos eventos que me sacaran
de La Embajada ni afuera de nuestra pequeña escuela primaria del
convento católico del vecindario, a cinco cuadras de la casa. Y como
éramos demasiado pobres para tener un televisor en funcionamiento,
los niños de La Embajada no teníamos una idea real de cómo era
el mundo fuera de nuestro pequeño vecindario. Ni yo mismo me
daba cuenta de lo pobres y de lo anticuados que éramos al vivir en
un vecindario de la ciudad mientras el resto de los Estados Unidos
comenzaba a extenderse a los suburbios recién construidos. No tenía
idea de que mis hermanos, hermanas y yo, junto con nuestros amigos
del vecindario, estábamos clasificados como "los niños pobres de la
ciudad" por el público en general. En retrospectiva suena denigrante
pero en esa época me gustaba ser quien era y vivir donde vivía.

Afortunadamente para mí en los años 50 y 60 del siglo
pasado, la ciudad sentía que tenía que ayudar a los niños "menos
afortunados" de la urbe. Me alegro. La ciudad ofrecía regularmente
programas y servicios para ayudar a los residentes de la ciudad y a
sus hijos. Debido a nuestro aislamiento social en La Embajada, no
siempre nos enterábamos de lo que la ciudad nos ofrecía. Sin embargo,
muchos vecinos y amigos de la iglesia y de la escuela nos mantenían
informados sobre la disponibilidad de las diversas ofertas de la ciudad
de Troy. Gracias a Jerry, mi amigo del vecindario, tuve la oportunidad
de pasar los veranos aprendiendo todo tipo de cosas maravillosas y
emocionantes... ¡GRATIS! La madre de Jerry (a diferencia de mi madre
recién llegada a Estados Unidos) conocía todo tipo de programas de

to-America mother) was aware of all kinds of FREE summer programs for us city kids. With my parents' permission, I was able to go with Jerry and his mom to sign up to take advantage of all kinds of (to me) wonderful summer programs for financially challenged city kids . . . and I wouldn't have to ask my parents for even a plug nickel.

As soon as the last day of school was finished in late June in our old-fashioned neighborhood Catholic school, I was scooted away by Jerry and his mom to sign up for all kinds of activities which would keep me amused and interested all summer: Free lessons for music and band instruction, free games of well-coached indoor basketball sessions (both located in the huge modern local public city high school building), and professionally-taught swimming lessons held in the enormous new Olympic-sized indoor pool also at the high school—all with other elementary school city kids like us . . . and all for FREE!

FREE was an important word. Since we had absolutely NO money for anything other than the essentials of life, my parents would have refused my participation in such activities if they cost anything at all. Also, my Catholic mother, would never have allowed me to go to such events (especially at a *public* school) away from The Embassy except for the fact that Jerry's mom was one of the few neighbors my mother actually knew, *AND* Jerry's mom was known by my mother to be a good Catholic communicant at our neighborhood church, Saint Paul the Apostle. Thus, my mother trusted Jerry's mom enough to take a little nine-year old Stefano to sign up for all these, evidently, educational summer programs. It worked out well for all of us.

Within five days of ending classes at our neighborhood Catholic school for the summer, I began the six-week program of public school summer classes offered to city residents like me (i.e. mostly underprivileged kids from within the old city of Troy, New York). I loved it! Other kids were "forced" by their parents to go to summer school programs, but, for me, it was an exciting change from the monotony of my daily strict Catholic school

verano GRATUITOS para nosotros, los niños de la ciudad. Con el permiso de mis padres, podía ir con Jerry y su mamá a inscribirme y aprovechar todo tipo de maravillosos (para mí) programas de verano para niños de la ciudad con problemas financieros... y no tendría que pedirles a mis padres ni un centavo.

Tan pronto como terminaba el último día de clases a fines de junio en nuestra antigua escuela católica del vecindario, Jerry y su madre me apresuraban para inscribirnos en todo tipo de actividades que me mantendrían divertido y entretenido todo el verano: lecciones gratis de música y de banda, sesiones de entrenamiento de basquetbol gratuitas bajo techo y con un buen entrenador (ambas ubicadas en el enorme y moderno edificio de la escuela preparatoria local de la ciudad), y clases de natación impartidas por un profesional en la enorme y nueva alberca olímpica techada de escuela preparatoria. Todas las actividades con otros niños de la escuela primaria como nosotros... ¡y todas GRATIS!

GRATIS era una palabra importante. Dado que no teníamos absolutamente NADA de dinero para nada que no fuera lo esencial de la vida, mis padres hubieran rechazado mi participación en tales actividades si hubieran tenido costo. Además, mi católica madre nunca me habría permitido ir a tales eventos (especialmente en una escuela *pública*) lejos de La Embajada, excepto por el hecho de que la madre de Jerry era una de las pocas vecinas que mi madre realmente conocía, Y sabía que la madre de Jerry era una buena católica comulgante en la iglesia de nuestro vecindario, San Pablo Apóstol. Por lo tanto, mi madre confiaba en la madre de Jerry lo suficiente como para dejarla que se llevara a un pequeño Stefano de nueve años a inscribirse en todos estos indiscutibles programas educativos de verano. Nos funcionaba bien a todos.

A los cinco días de finalizar las clases para iniciar el verano en la escuela católica de nuestro vecindario, yo comenzaba el programa de seis semanas de clases de verano en las escuelas públicas que se ofrecían a los residentes de la ciudad como yo (es decir, en su mayoría niños desfavorecidos de la ciudad vieja de Troy, Nueva York). ¡A mí me encantaba! Otros chicos eran "obligados" por sus padres para ir a los programas de verano, pero para mí era un cambio emocionante de la monotonía de mi estricta escuela católica (donde NO teníamos sala

(where we had NO band room, NO cafeteria, NO gymnasium, and NO swimming pool) *AND* it was a real opportunity for me to learn fun and constructive things in an overwhelmingly big and modern setting . . . the brand new big city high school campus.

The new city high school was a complex of several big modern white-brick and steel two-story buildings located just seven blocks or so southeast of The Embassy. It had been built to replace the old five-story inner-city high school building down in the center of Troy. It had only been completed a few years after my parents' arrival in the U.S. from Europe after WWII . . . perfect for a nine-year-old ME! My neighborhood buddy, Jerry, and I could walk the seven or so blocks to summer school every day, attend our band, basketball, and swimming classes, and still be home on time for lunch at noon as was required by my strict parents. Band classes alternated days with the swimming and basketball classes, so we never got bored with the instruction nor with the teachers (most of whom were energetic public school teachers during the regular school year).

Early every summer morning for three or four years of Embassy summers, Jerry and I would enjoy our pleasant walk through our neighborhood, past our local park, and all the way seven blocks or so to the public high school to attend our classes. Rain or shine, classes were held every weekday for six fun weeks. It seemed to me like a whole year, since summer in those childhood days seemed like a whole lifetime!! To us little kids, summer was sacred. Summer was long. And, most of all, summer was OURS!

Our summer programs were great! Band class for me was a dream come true. I loved music. At The Embassy, I was already teaching myself to read music and play our Embassy piano (thanks to some old piano instruction books I found in the music cabinet in my grandparents sitting room where our old upright piano was located). I had never dreamed that I could transfer that knowledge to play a brass instrument in the band, but my new summer music teacher, Mr. Samuel, got me reading the trumpet music and playing with the entire band in only a few weeks. (Those three little keys

de música, NO había cafetería, NI gimnasio, NI alberca) Y era una oportunidad real para mí de aprender cosas divertidas y constructivas en un entorno abrumador por lo grande y moderno... el enorme campus nuevecito de la escuela preparatoria de la ciudad.

La nueva escuela preparatoria de la ciudad era un complejo de varios edificios grandes y modernos de dos pisos de ladrillo blanco y acero ubicados a solo siete cuadras al sureste de La Embajada. Había sido construido para reemplazar el antiguo edificio de la escuela preparatoria de cinco pisos en el centro de Troy. Lo habían concluido solo unos años después de la llegada de mis padres a los Estados Unidos desde Europa después de la Segunda Guerra Mundial... ¡perfecto para mi YO de nueve años! Mi amigo del vecindario, Jerry, y yo podíamos caminar las siete cuadras hasta la escuela de verano todos los días, asistir a nuestras clases de banda, basquetbol y natación, y aún así llegar a casa a tiempo para el almuerzo al mediodía, como lo exigían mis estrictos padres. Las clases de banda alternaban los días con las clases de natación y basquetbol, por eso nunca nos aburríamos con las clases ni con los maestros (que en su mayoría eran vigorosos maestros de escuelas públicas durante el año escolar regular).

Temprano en las mañanas estivales durante los veranos de tres o cuatro años en La Embajada, Jerry y yo disfrutaríamos nuestras agradables caminatas por el vecindario, más allá de nuestro parque local y las siete cuadras hasta la escuela preparatoria pública para asistir a nuestras clases. Lloviera o tronara, las clases se realizaban todos los días de la semana durante seis divertidas semanas. ¡Me parecía un año completo, ya que el verano en esos días de infancia lo sentía como una vida entera! Para nosotros los pequeños el verano era sagrado. El verano era largo. Y, sobre todo, el verano era ¡NUESTRO!

¡Nuestros programas de verano eran fantásticos! La clase de banda para mí era un sueño hecho realidad. Me encantaba la música. En La Embajada ya aprendía de forma autodidacta a leer música y tocar nuestro piano (gracias a algunos libros antiguos de instrucciones para piano que encontré en el gabinete de música en la sala de estar de mis abuelos donde se encontraba nuestro viejo piano vertical). Nunca soñé que pudiera transferir ese conocimiento para tocar un instrumento de metal en la banda, pero mi nuevo profesor de verano de música, el señor Samuel, logró que yo leyera la música de trompeta y tocara con toda la

on a trumpet were nothing to me after learning to play 88 keys on a piano keyboard.) I made amazing progress as I struggled to keep up with all the older and more experienced kids in my class. I really enjoyed "making music" with a huge band group of thirty students. The sound was powerful and energizing! Mr. Samuel even taught us to march while we played our various instruments. What fun!! He was organized and patient with even the youngest and the newest of us.

Basketball class was a little harder for me. I was still a skinny half-starved little kid and, worse, I didn't have a competitive bone in my body. From nine years of peaceful seclusion in The Embassy, I was a very placid little independent kid who had no idea what "competition" and "teamwork" even meant. One or two summers of basketball was all I (and probably my coach, Mr. "Jack") could bear. I concentrated on my other two classes and even added a summer typing class.

Band, basketball, and typing were all fun and interesting classes, but *none* of those classes could hold a candle to my swimming classes all summer long. Just like my swimming and basketball classes, band or typing classes were attended by inner-city boys like me. All of us were between the ages of nine and twelve. Some of us knew a little about swimming, some of us knew nothing about swimming, some of us loved the water, and some of us were terrified of the water. Some kids like me had never even seen a public swimming pool before. My only experience with anything close to swimming, was our annual Catholic school end-of-school-year picnic at Crystal Lake (five miles outside of town). Swimming for me was the occasional wading and frolicking with my parents and my siblings in the water on our very rare family outings to a few local lakes during previous summers—and we only did that when my father could get hold of a working automobile. The good news was that I was not afraid of the water. Also, having spent the last four years in Catholic convent school or in The Embassy with my ex-schoolteacher mother, I was used to listening to and obeying the directives of a teacher as they tried

banda en solo unas pocas semanas. (Los tres pequeños pulsadores de pistones en una trompeta no eran nada para mí después de aprender a tocar las 88 teclas en el teclado del piano.) Avancé increíblemente al tiempo que luchaba por estar al nivel de todos los chicos mayores y con más experiencia en mi clase. Realmente disfrutaba "hacer música" con una gran banda de treinta estudiantes. ¡El sonido era poderoso y energizante! El señor Samuel incluso nos enseñó a marchar mientras tocábamos nuestros diversos instrumentos. ¡¡Qué divertido!! Él era organizado y paciente incluso con los más jóvenes y los más nuevos.

El entrenamiento de basquetbol era un poco más difícil para mí. Todavía era un niño flaco medio hambriento y, lo que es peor, no tenía un gramo competitivo en mi cuerpo. Después de nueve años de reclusión pacífica en La Embajada, yo era un niño independiente muy apacible que no tenía idea de lo que significaba "competencia" ni "trabajo en equipo". Uno o dos veranos de basquetbol eran todo lo que yo (y probablemente mi entrenador, el señor "Jack") podía soportar. Me concentré en mis otras dos clases e incluso agregué una clase de mecanografía de verano.

Las lecciones de banda, las de mecanografía y el entrenamiento de basquetbol eran divertidos e interesantes, pero *todas* esas clases le hacían los mandados a mis clases de natación durante todo el verano. Asistían a la clase de natación, a la de basquetbol, a la de banda o mecanografía niños de la ciudad como yo. Todos nosotros teníamos entre nueve y doce años. Algunos sabíamos algo de natación, algunos no sabíamos nada, algunos amábamos el agua y algunos de nosotros le teníamos terror. Otros niños como yo nunca habíamos visto una alberca pública. Mi única experiencia con algo cercano a la natación era nuestro pícnic anual de fin de año escolar de la escuela católica en el Lago Cristal (a unos ocho kilómetros fuera de la ciudad). Nadar para mí era el chapuzón y retozón ocasional con mis padres y mis hermanos durante las escasas salidas familiares a algunos lagos locales durante los veranos anteriores —y solo lo hacíamos cuando mi padre podía conseguir un automóvil que sirviera—. Las buenas noticias eran que yo NO le temía al agua. Además, al haber pasado los últimos cuatro años en la escuela católica y en La Embajada con mi madre y ex profesora de escuela, estaba acostumbrado a escuchar y obedecer las instrucciones de un profesor cuando intentaba enseñarme. Como siempre, era un estudiante

to teach you. As always, I was an eager student no matter what the subject matter was . . . mathematics, geography, or swimming. So, I went to my first summer swimming class ready for a fun and productive learning experience.

YIKES! My friend, Jerry, had a different class schedule than mine, so I was all alone in this big scary world of public school with a ton of strange kids who all seemed to know each other. No one told an inexperienced sheltered little nine-year-old Stefano what swimming lessons were going to be like in a public high school pool!! Yes, it *was* summer. It *was* a free program. It *was* the early 1960s. It was also just a bunch of 9- to 12-year-old inner-city boys. But I WASN'T quite ready for THIS! Upon arriving at the locker room of the big indoor pool building (wearing worn old jeans, plain white t-shirt and cheap black canvas sneakers), our new swimming coach/teacher, Mr. Simmons, told the group of about thirty or so little kids to, "Quiet down! Put all your clothes in a locker! Line up in front of me! Do it now!" Even the oldest and toughest kids (who had seemed to me to be real ruffians) just shut up, took off all of their clothes, threw them in the enormously long bank of green metal lockers, and lined up in front of this tough teacher man. Even I (who was fastidious to a fault) didn't worry that none of us had locks to secure our lockers (although it did concern me). We all just dumped our clothes in any available locker and immediately lined up as we were told to by that commanding booming voice.

Mr. Simmons was a behemoth; a massive blond monster and I wasn't going to make him angry at me by disobeying him or asking stupid questions. I wanted to "blend in" with the rest of the gang. So, there we were lined up NAKED in front of this enormous tan man who was wearing two things, a baggy light blue bathing suit below, and a bright silver metal whistle on a cord around his neck above. He was so big and so tall I still hadn't got past the sight of his imposing blue trunks and shiny whistle to focus on his face! No matter. With him you just had to obey his voice, not memorize his face. Seconds later, he blew one very

entusiasta sin importar la materia: ya fuera matemáticas, geografía o natación. Así que fui a mi primera clase de natación de verano listo para una experiencia de aprendizaje divertida y productiva.

¡Cielos! Mi amigo Jerry tenía un horario de clases diferente al mío, así que estaba completamente solo en este gran mundo aterrador de la escuela pública con un montón de niños extraños que parecían conocerse entre sí. ¡Nadie le avisó a un pequeño Stefano de nueve años, sobreprotegido y sin experiencia, cómo serían las clases de natación en una alberca pública de una escuela preparatoria! Sí, *era* verano. *Era* un programa *gratuito*. *Estábamos* a principios de la década de *1960*. También éramos simplemente un grupo de niños de 9 a 12 años del centro de la ciudad. ¡Pero NO ESTABA listo para ESTO! Al llegar a los vestidores del gran edificio de la alberca techada (vistiendo nuestros viejos pantalones de mezclilla desgastados, camisetas blancas lisas y unos baratos zapatos deportivos de lona negra), nuestro nuevo entrenador/ maestro de natación, el señor Simmons, ordenó al grupo de unos treinta pequeños: "¡Silencio! ¡Pongan toda su ropa en un casillero! ¡Hagan una fila frente a mí! ¡Ahora!" Incluso los niños más mayores y más rudos (que me habían parecido verdaderos rufianes) se callaron, se quitaron toda la ropa, la arrojaron a la enorme fila de casilleros de metal verde y se alinearon frente a este rudo maestro. Ni yo (que era muy quisquilloso) me preocupaba que ninguno de nosotros tuviera candados para asegurar nuestros casilleros (aunque sí me preocupaba). Todos arrojamos nuestra ropa en cualquier casillero disponible e inmediatamente hicimos una fila como nos dijo esa voz autoritaria y resonante.

El señor Simmons parecía un behemoth, una colosal bestia rubia y no iba a hacerlo enojar desobedeciéndolo o haciendo preguntas estúpidas. Quería "mezclarme" con el resto de la pandilla. Así que allí estábamos alineados, DESNUDOS frente a este enorme hombre bronceado que vestía dos cosas: en la parte inferior un traje de baño azul claro y holgado y en la parte superior un brillante silbato de metal plateado colgado de un cordón alrededor de su cuello. ¡Era tan grande y alto que todavía no había terminado de mirar su imponente traje de baño azul y el brillante silbato plateado que colgaba de su cuello como para enfocar su rostro! No importaba. Con él solo tenía que obedecer su voz, no memorizar su rostro. Segundos después tocó una nota muy aguda en su gran silbato de metal. ¡PIIIIIIIIIIP! Para entonces

sharp note on his big metal whistle. SCREEEECH! By now, some kids were shaking in fear of this guy. "You're going to walk single file down that corridor over there. And I mean WALK; do NOT run!" By this time, you could tell that some of us first-timers were so cowed by this gigantic man that we would have walked over hot coals barefooted if he told us to.

He said walk . . . we walked . . . NAKED! HORRORS! What's this?? We're just going to stay naked in front of all these strangers? As we two or three dozen kids walked single file down that corridor completely covered by tan ceramic tiles, suddenly the upper walls of the corridor came alive with dozens and dozens of shower heads spraying hot high-pressure water onto us little kids as we walked one behind the other down that long thirty-foot corridor. THEN, when the last boy had reached the end of the corridor, Mr. Simmons blew his loud whistle again. SCREEEEEECH. "Stop!" he commanded. We, drenching wet, of course, stopped.

"Now, Man #1, come here," he said to a particularly tough-looking twelve-year-old at the head of our single file line. Man #1 obeyed. "Hand out a bar of soap to each man as he walks by you," Mr. Simmons directed harshly as he handed a big metal bucket filled with dozens of little white bars of soap to Man #1. "The rest of you men, take that soap, walk down the next corridor and soap up GOOD . . . and I mean GOOD!" shouted Mr. Simmons. SCREEEECH went his metal whistle. "MOVE IT!" And move it we did. We walked down yet another ceramic-tiled corridor parallel to the first corridor. I took my cue from the older, tougher guys in front of me. I lathered up just as they did, till we all looked like white snowmen made out of soap bubbles. SCREEEEEECH!! Went the whistle of our coach. "Now, men, drop that bar of soap back in that metal pail and walk very slowly down both corridors. I want you to get all that soap off of you. I don't want to see even a speck of soap in my new pool. Understand? And SLOWLY!"

Both long ceramic-tiled corridors came alive again with dozens of harsh hot water sprays from both walls of the slippery

algunos niños temblaban de miedo ante este hombre. "Van a caminar en una sola fila por ese corredor de allá. Y estoy diciendo CAMINAR, ¡NO corran!". En ese momento era evidente que algunos de los novatos estábamos tan intimidados por este hombre gigantesco que habríamos caminado descalzos sobre brasas si nos lo hubiera ordenado.

Nos dijo que camináramos... caminamos... ¡DESNUDOS! ¡QUÉ HORROR! ¿¿Qué es esto?? ¿Vamos a permanecer desnudos frente a todos estos extraños? Mientras las dos o tres docenas de niños caminábamos en una sola fila por ese corredor completamente cubierto por baldosas color canela, de repente las paredes superiores del corredor cobraron vida con docenas y docenas de regaderas que nos rociaron agua caliente a alta presión mientras caminábamos uno detrás del otro por ese largo corredor de diez metros. DESPUÉS, cuando el último niño había llegado al final del corredor, el señor Simmons volvió a sonar su ruidoso silbato. PIIIIIIIIP. "¡Alto!", ordenó. Nosotros, empapados, por supuesto, nos detuvimos.

"Ahora, Hombre #1, venga aquí," le dijo a un niño de doce años de aspecto particularmente tosco al frente de nuestra única fila. El Hombre #1 obedeció. "Entregue una barra de jabón a cada hombre cuando camine junto a usted", se dirigió el señor Simmons duramente mientras le entregaba una gran cubeta de metal plateado llena de decenas de pequeñas barras de jabón blanco al Hombre #1. "Los demás hombres, tomen ese jabón, caminen por el siguiente corredor y enjabónense BIEN... ¡y quiero decir BIEN!" gritó el señor Simmons. PIIIIIIIIIP sonó otra vez su silbato metálico. "¡MUÉVANSE!" Y sí que nos movimos. Caminamos por otro corredor de baldosas de cerámica, paralelo al primer corredor. Seguí el ejemplo de los chicos más rudos y mayores que tenía delante. Me enjaboné igual que ellos, hasta que todos parecíamos blancos muñecos de nieve hechos de burbujas de jabón. ¡¡PIIIIIIIIP! Sonó el silbato de nuestro entrenador. "Ahora, hombres, dejen caer esa barra de jabón en aquel cubo de metal y caminen muy despacio ambos corredores. Quiero que se quiten todo ese jabón. No quiero ver ni una mancha de jabón en mi nueva alberca. ¿Entendido? ¡Y LENTAMENTE!"

¡Los dos largos corredores emblados cobraron vida otra vez con docenas de violentos regaderazos de agua caliente desde ambas paredes del resbaloso pasillo! Aunque medio cegados por el jabón y las

walkway! Although half-blinded by the soap and ferociously hard sprays of seemingly hundreds of jets of hot water ripping at our heads and bodies, we thirty or so summer-school kids walked one behind the other. Down one long row of painfully hard showers of water and then back up another until we were all standing meekly in front of our own Attila the Hun (aka: Mr. Simmons). SCREEEEEECH!! The whistle blew again. "Follow me," said Mr. Simmons in a booming voice. "Line up single file on the edge of the pool." I realized that the forced march in the showers was over and that now we were to actually see that big indoor Olympic pool that was so famous.

I just meekly and silently followed the unknown kid in front of me. As some of the kids began to chatter among themselves, SCREEEECH!! went the whistle again. "I said quietly!" stormed the coach. Suddenly, the only noise to be heard was the slapping of little bare feet on the wet tiled edge of the swimming pool. I, for one, could barely breathe. After the shock of dozens of sprays of hard hot water, disconcerting whistle screeches, unexpected shouts from Mr. Simmons, and now, the suffocating smell of antiseptic and chlorine rising out of that gigantic green-tiled indoor pool, I could hardly breathe! SCREEEECH. "STOP RIGHT THERE," barked our swimming teacher, the efficient Mr. Simmons. Silence. For the first time in the last fifteen minutes it was quiet. No locker doors slamming, no chattering of boys' voices, no screeching whistle, and no commands from Mr. Simmons . . . just quiet.

The pause was just enough for us boys to turn our heads and, briefly, to look about us at the enormous swimming pool and to look at our comrades next to us. Little by little, there was a snicker or a giggle or two as some of us boys became aware that here we were, all lined up in a public place among strangers, and yet we were all NAKED!! NAKED! After coming from the hot showers out into the cooler main pool room, I was shaking from the cold air in this open poolroom area. I was too uncomfortable from being so cold and naked to be able to giggle; what's more, I was too terrified of Mr. Simmons to make any sound at all.

feroces rociadas de aparentemente cientos de chorros de agua caliente que nos desgarraban las cabezas y los cuerpos, los treinta o más niños de la escuela de verano caminábamos uno detrás del otro. A través de una larga fila de chorros dolorosamente duros de agua y luego de regreso a otra hasta que todos estuvimos parados dócilmente frente nuestro Atila El Huno (también conocido como el señor Simmons). ¡¡PIIIIIIIIIIIIP!! El silbato volvió a sonar. "Síganme", dijo el señor Simmons con voz resonante. "Formen una sola fila en el borde de la piscina". Entonces me di cuenta de que la marcha forzada en las duchas había terminado y que por fin íbamos a ver esa famosa gran alberca olímpica techada.

Manso y en silencio, sencillamente seguí al niño desconocido delante de mí. Como algunos de los chicos comenzaron a platicar entre ellos, ¡¡PIIIIIIIIIIIIP!! volvió a sonar el silbato. "Dije en silencio", vociferó el entrenador. De repente, el único ruido que se escuchó era el golpeteo de los pequeños pies descalzos en las baldosas del borde de la piscina mojada. Yo, por mi parte, apenas podía respirar. Después del impacto de docenas de chorros de agua caliente, desconcertantes chillidos de silbato, gritos inesperados del señor Simmons y ahora el sofocante olor a antiséptico y cloro que ascendía de esa gigantesca alberca recubierta de azulejos verdes, ¡apenas podía respirar! PIIIIIIIIIIIP. "ALTO AHÍ", ladró nuestro maestro de natación, el eficiente señor Simmons. Silencio. Por primera vez en los últimos quince minutos todo estaba en silencio. No se azotaban las puertas de los casilleros, no se escuchaba el parloteo de los niños, no se oían silbidos ni se escuchaban órdenes del señor Simmons... solo silencio.

La pausa fue suficiente para que los chicos volviéramos la cabeza y brevemente miráramos la enorme alberca a nuestro alrededor y miráramos a nuestros camaradas a nuestro lado. Poco a poco hubo una o dos risitas a medida que algunos de los chicos nos dimos cuenta de que ahí estábamos, todos alineados en un lugar público entre extraños, ¡¡y sin embargo todos estábamos DESNUDOS!! ¡DESNUDOS! En cuanto a mí, después de salir de las duchas calientes al área principal de la alberca, un poco más fresca, estaba temblando por el aire frío en esta zona abierta de la alberca. Estaba demasiado incómodo por tener tanto frío y por estar desnudo como para reírme. Es más, estaba tan aterrorizado por el señor Simmons como para emitir algún sonido.

SCREEEEECH! went the whistle. "Now look here, men. You see this?" AND THEN I COULDN'T BELIEVE MY EYES: Mr. Simmons reached his left hand into his baggy blue bathing suit and pulled out his huge penis!! And as he gave it a couple of shakes to be sure we all saw what he held in his hand, he said, "You all have one of these . . . right?" He said as we all stared at his big white penis. "Well, we're all men here and it's no big deal. I DON'T want you to be looking at or laughing at your buddy's anymore. Just forget about it. Is that clear!?" and with that he inserted his adult-sized penis back into his bathing trunks, and turned to the first guy in line. SCREEEEECH: "Go over to that wall and pick up one of those red kickboards and the rest of you men follow." The first kid in line went, the rest of the line followed him; we all picked up a red kickboard, and nothing was ever said again about us having penises or of being naked . . . EVER . . . for the duration of our entire six-week summer swimming classes.

Swimming classes proceeded quite rapidly. By the end of the first summer, all thirty of us were able to float, use a kickboard, dive from the side of the pool (head first and in good form), touch the bottom of the deep end of the pool, and manage to get ourselves from one end of the pool to the other end by means of floating, doggy paddles, and bona fide swim strokes. If you didn't do it right the first time, Mr. Simmons made you do the task over and over until you did it correctly . . . and your classmates had to help you. It was a demanding routine and we had no time to even think about our nakedness. Since we were all boys (9 – 12 years old) and we were all naked, nudity was just normal, and we never seemed to think about it for the duration of our swim classes. As a mater of fact, the whole locker, shower, and line-up procedure seemed to be much quicker and more efficient as the summer continued.

Years later—when I was an English teacher in that very same high school—I often wondered about those naked swim classes. Why did we have to be naked? I knew the girls in a similar swim class (on different days than the boys of course) wore

¡PIIIIIIIIIP! sonó el silbato. "Ahora miren aquí, hombres. ¿Ven esto?" Y ENTONCES NO PODÍA CREER LO QUE VEÍAN MIS OJOS: ¡¡El señor Simmons metió su mano izquierda en su holgado traje de baño azul y sacó su enorme pene!! Y cuando lo sacudió un par de veces para asegurarse de que todos viéramos lo que tenía en la mano, dijo: "Todos ustedes tienen uno de estos... ¿verdad?" Dijo mientras todos mirábamos su gran pene blanco. "Bueno, todos somos hombres aquí y no es la gran cosa. ¡NO quiero que estén mirando o riéndose de sus compañeros. Olvídenlo. ¿Está claro?!" y con eso volvió a colocar su pene tamaño adulto dentro de su traje de baño, y se volvió hacia el primer chico en la fila. PIIIIIIIIIIP: "Ve a esa pared y toma una de esas tablas rojas y los demás hombres lo seguirán." El primer niño de la fila se dirigió a la pared señalada, el resto de la fila lo siguió, todos tomamos una tabla roja, y nunca más se volvió a mencionar que teníamos penes o que estábamos desnudos... NUNCA... durante las seis semanas de clases de natación de verano.

Las clases de natación siguieron su curso con bastante rapidez. Al final del primer verano, los treinta podíamos flotar, usar una tabla de patada, echar clavados desde el lado de la alberca (de cabeza y en buena forma), tocar el fondo del extremo profundo de la alberca y lograr pasarnos de un extremo de la alberca al otro flotando, con brazadas de perrito y brazadas de verdad. Si no lo hacías bien la primera vez, el señor Simmons te obligaba a repetir el ejercicio una y otra vez hasta que lo hacías correctamente... y tus compañeros de clase tenían que ayudarte. Era una rutina exigente y no teníamos tiempo de pensar siquiera en nuestra desnudez. Como todos éramos niños (de 9 a 12 años) y estábamos desnudos, la desnudez era normal, y nunca pensamos en ello durante nuestras clases de natación de verano. De hecho, todo el procedimiento de los casilleros, la ducha y las filas parecía ser mucho más rápido y más eficiente a medida que avanzaba el verano.

Años después —cuando era profesor de inglés en esa misma escuela preparatoria—, a menudo me preguntaba sobre esas clases de natación al desnudo. ¿Por qué teníamos que estar desnudos? Sabía que las chicas en una clase de natación similar (en días diferentes a los chicos, por supuesto) usaban trajes de baño. ¿Cómo lo supe? Recuerden que en La Embajada estaban mis tres hermanas menores

swimsuits. How did I know? Remember, back at The Embassy I had three younger sisters who, along with their little girlfriends, followed in my footsteps and joined the free swimming classes in subsequent years. My sisters told me that the girls also had to do the complex shower situation, but at the end of the shower corridor was another female teacher who gave each girl (aged 9 – 12, just like the boys) a brown WOOL scratchy bathing suit. One size fits all. When they finished swimming class for the day, they simply dumped the wet bathing suit in a dirty clothes hamper. Also, just like the boys, the girls were issued a one-time-use towel which had to be handed in at the end of the class. Apparently, all the boys' and girls' towels, as well as the girl's bathing suits and swim caps, were picked up by a service to be washed and disinfected for use by the next day's classes. It was the early 1960s and we did come from poor neighborhoods, and NOBODY wanted to deal with a lice epidemic or some other untoward outbreak of heaven-knows-what!!

As far as the boys' nakedness went, it might also have been a deterrent against city boys urinating or (God forbid) defecating in the pool while under the watchful eyes of our coach/teacher. Although the swimming pool, the locker room, and every place in that building were all infused and completely cleaned with antibacterial products (as to which the incredible antiseptic odor attested), one couldn't rely on every one of the students to be presentably clean. The thoroughness of training in public health and safety could not always be counted on from all of the families in our old city school system. Hygiene was important for all concerned. Thus, we had that intense showering and soaping routine for all the children who used that swimming pool.

For me, taking advantage of those summer programs helped me develop some very useful skills, helped prepare me for professional tasks, and—even if nobody believed them—have some wonderfully amusing childhood stories to tell to my friends decades later at cocktail parties all over the world. I'll never forget our naked swimming at the public high school pool.

y ellas junto con sus amiguitas siguieron mis pasos y asistieron a las clases de natación gratuitas los años posteriores. Mis hermanas me contaron que las chicas también tenían que hacer la compleja rutina de la ducha, pero al final del pasillo de duchas había otra maestra que daba a cada niña (de 9 a 12 años, igual que los niños) un traje de baño de LANA café. Unitalla. Cuando terminaban la clase de natación de cada día, simplemente arrojaban el traje de baño mojado en una cesta de ropa sucia. Además, al igual que los niños, a las niñas se les entregaba una toalla de un solo uso que tenía que ser entregada al final de la clase. Aparentemente, todas las toallas para niños y niñas, así como los trajes de baño y gorras de natación para niñas, eran recogidos por un servicio para ser lavados y desinfectados para su uso en las clases del día siguiente. Esto ocurrió a principios de la década de 1960 y proveníamos de vecindarios pobres, y ¡NADIE quería lidiar con una epidemia de piojos o algún otro brote desagradable de Dios sabe qué!

En cuanto a la desnudez de los niños, también podría haber sido un disuasivo bajo la atenta mirada de nuestro entrenador/maestro para que los niños citadinos no orinaran ni (Dios no lo quiera) defecaran en la alberca. A pesar de que la alberca, los casilleros y todos los lugares de ese edificio eran empapados y limpiados por completo con productos antibacterianos (cuya evidencia era el increíble olor antiséptico) no se podía confiar en que cada uno de los estudiantes estuviera presentablemente limpio. No siempre se podía encontrar la rigurosidad de la capacitación en salud pública y seguridad en todas las familias de nuestro sistema escolar en la ciudad vieja. La higiene era importante para todos los interesados. Por lo tanto, teníamos esa intensa rutina de duchas y jabones para todos los niños que usamos esa alberca.

Para mí, aprovechar esos programas de verano me ayudó a desarrollar algunas habilidades muy útiles, ayudó a prepararme para trabajos profesionales y a tener algunas historias de la infancia maravillosamente divertidas para contarles a mis amigos décadas más tarde en las fiestas por todo el mundo, aunque nadie las creyera. Nunca olvidaré nuestra natación al desnudo en la alberca pública de la escuela preparatoria.

Chapter 9

Our Neighborhood
Elementary School

N OWADAYS, IN THE 21ST CENTURY, it seems to be "in vogue" to relate horror stories of the Catholic elementary parish school experience. Unfortunately it is sadly true that there have been many reports and lawsuits against various parishes because of the vicious and evil behavior of some of the nuns and priests who violated their trusted positions during the last part of the 20th century.

At Saint Paul the Apostle Elementary School in Troy, New York, during the 1950s and '60s, I never saw nor experienced that level of illegal or immoral behavior by our nuns, priests, or teachers—not even once in the entire eight years I was in attendance at our parish elementary school. None have come to light at this point and hopefully there never was any. Parents in those days were glad to have a safe, strict, educational environment for their children, and children were used to adults being in control and demanding a certain level of proper comportment by their children . . . at home AND at school. So, in general, that era of school life reflected our homes in that post-WWII period.

That being said, I can offer that there were, however, many strange, tough, unyielding and bizarre rules, customs, and behaviors with which we little elementary school children had to cope. They were awe inspiring at the time, and just plain FUNNY in retrospect.

At The Embassy, education was valued more than anything else by my mother. Being new to the USA, my mother depended on our Catholic convent grammar school to prepare all of her many children

Capítulo 9

La escuela de educación básica en nuestro vecindario

ACTUALMENTE, EN EL SIGLO XXI, parece que está "de moda" relatar historias de horror sobre la experiencia en las escuelas primarias y secundarias parroquiales católicas. Desafortunadamente, es triste pero cierto que ha habido muchos informes y demandas contra varias parroquias debido al comportamiento perverso y malvado de algunas de las monjas y los sacerdotes que transgredieron sus puestos de confianza durante la última parte del siglo xx.

En la escuela de educación básica[5] San Pablo Apóstol en Troy, Nueva York, durante las décadas de 1950 y 1960 nunca vi ni experimenté ese nivel de comportamiento ilegal o inmoral por parte de nuestras monjas, sacerdotes o maestros —ni una sola vez en los ocho años que asistí a nuestra escuela parroquial—. Nada ha salido a la luz hasta el momento y espero que nunca haya ocurrido nada. Los padres en esos días estaban satisfechos por tener un ambiente educativo seguro y estricto para sus hijos, y los niños estaban acostumbrados a que los adultos tuvieran el control y exigieran un cierto nivel de comportamiento adecuado por parte de sus hijos... en la casa Y en la escuela. Entonces, en general, esa época de vida escolar reflejaba nuestros hogares en ese período posterior a la Segunda Guerra Mundial.

Dicho esto, debo conceder que hubo, sin embargo, muchas reglas, costumbres y comportamientos extraños, duros, inflexibles y extravagantes que los pequeños niños de la escuela de educación básica tuvimos que enfrentar. En su momento nos inspiraron temor, pero en retrospectiva son simplemente DIVERTIDOS.

En La Embajada, mi madre valoraba la educación más que cualquier otra cosa. Al ser nueva en los Estados Unidos, mi madre

---

[5] N. de la T. En el original se emplea "elementary school" para referirse a los grados de educación elemental del 1 al 8. En el sistema educativo mexicano esto correspondería a los grados 1 a 6 de educación primaria y 1 y 2 de educación secundaria.

to be happy and successful in their various lives. Although there was still an old-fashioned double-standard for males vs. females at The Embassy, my parents and my non-Catholic paternal grandparents encouraged both the boys AND the girls to do well in school. Our tiny eight-classroom Catholic school was filled to the brim with 30 to 50 baby boomer students per class. All of our teachers were nuns (except for one elderly lay woman third-grade teacher who lived across the street from The Embassy). Furthermore, all of our nun teachers were nuns from the order of The Sisters of Mercy. Everyone knew from what "order" of nuns any given nun was from because of her "habit" (uniform). In those days of the '50s and early '60s, ALL the nuns in ALL the orders of nuns still wore long dress-like habits replete with elaborate starched white wimples and long black flowing veils.

On any given day in our old city neighborhood, nuns from any of several different orders within the Catholic Church could be seen. Most often we saw our own Sisters of Mercy who wore long full-body robes/dresses that touched the ground and covered up their stout black Oxford high-heel shoes. On their heads they had bright white starched wimples that completely covered their hair and ears. (It was rumored that the nuns shaved their heads and actually had no hair *AT ALL*). From their neck to their shoulders and almost down to their waists, they wore bright white starched "bibs" on top of which hung a black crucifix suspended by a black cord which hung from their necks. Around their waist they wore three-inch wide black leather belts. Suspended from those belts was a set of black rosary beads which also included a black wooden crucifix, all of which hung from their waists almost to the floor. Also, a small black soft leather receptacle holding pens and/or eyeglasses hung from that broad belt which had a giant silver-colored buckle as big as the palm of your hand.

As impressively dark and heavily massive as were the Sisters of Mercy habits, the Sisters of Charity stole the show for drama. The Sisters of Charity (most of whom worked as nurses at Saint Mary's Hospital a few blocks north of our school) were recognizable beyond

dependía de nuestra escuela del convento católico para que prepararan a sus muchos hijos para ser felices y exitosos en sus diversas vidas. Aunque todavía había un anticuado doble rasero para hombres y mujeres en La Embajada, mis padres y mis abuelos paternos no católicos alentaban tanto a los niños como a las niñas a que les fuera bien en la escuela. Nuestra pequeña escuela católica de ocho aulas se desbordaba en cada aula con 30 a 50 estudiantes de la generación de *baby boomers*. Todas nuestras maestras eran monjas (a excepción de una maestra laica de tercer grado que vivía cruzando la calle frente a La Embajada). Además, todas nuestras maestras eran MONJAS de la orden de Las Hermanas de la Misericordia. Todos sabíamos a qué "orden" de monjas pertenecía una monja con ver su "hábito" (uniforme). En aquellos días de los años 50 y principios de los 60, TODAS las monjas de TODAS las órdenes de monjas todavía usaban hábitos parecidos a vestidos largos coronados con tocas blancas almidonadas muy elaboradas y flotantes velos negros y largos.

En un día cualquiera en nuestro vecindario de la ciudad vieja se podían ver monjas de cualquiera de las diversas órdenes de monjas pertenecientes a la religión católica. Con mayor frecuencia veíamos a nuestras Hermanas de la Misericordia, que vestían largas túnicas/ vestidos negros que tocaban el piso y cubrían sus robustos zapatos Oxford negros de tacón alto. En sus cabezas tenían unas brillantes tocas blancas y almidonadas que cubrían completamente su cabello y orejas. (Se rumoraba que las monjas se rasuraban la cabeza y en realidad no tenían NADA de cabello). Desde el cuello hasta los hombros y casi hasta la cintura, llevaban "pecheras" almidonadas de color blanco brillante sobre las cuales pendía un crucifijo negro suspendido por un cordón negro que colgaba de sus cuellos. Alrededor de su cintura llevaban cinturones de cuero negro de ocho centímetros de ancho. Un conjunto de rosarios negros pendía de esos cinturones que también incluían un crucifijo negro de madera que colgaba de sus cinturas casi hasta el suelo. Un pequeño receptáculo de cuero suave negro que contenía bolígrafos y/o anteojos también colgaba de ese cinturón robusto con una hebilla gigante de color plateado del tamaño de la palma de tu mano.

Aunque tenían hábitos igual de impresionantes, oscuros e imponentes que los hábitos de las Hermanas de la Misericordia, las Hermanas de la Caridad se robaban el teatral espectáculo. Las Hermanas

a doubt. Besides the long, dark-blue floor-length dresses/robes that they wore, they also wore an enormous white starched wimple on their heads that looked for all the world like a pair of angel wings!!!! Those two bright white "wings" were like three-foot square equilateral triangles that pointed toward heaven. All of the Sisters of Charity looked very tall because of their distinctive wimples. They, too, had belts, rosaries, and wide-sleeved garbs just like our Mercy nuns—except all in blue and white instead of black and white like our nuns.

Down at the bottom of the steep hill in front of our church/school "campus" (about seven blocks straight down the old city street that ran by our school) was the convent home of The Sisters of Saint Joseph. The Sisters of Saint Joseph were "attached" as teachers and parish workers to our neighbors, the parish of Saint Peter. At first glance, a layman might mistake Joseph nuns for Mercy nuns. But WE Catholic school students knew the difference. Yes, they both wore floor-length black dresses/robes, and had wide black belts from which hung a giant set of rosary beads almost to the floor. And, yes, they too had long black veils, big white bibs with crucifixes hanging over them and deep, wide sleeves. The big difference was that, although our Mercy nuns had *rounded* white starched wimples holding up their veils and head coverings, the starched white wimples of the Joseph nuns were tighter fitting to the head, taller by four inches, and much more *square* in shape. To Catholic school kids, the difference was immediately apparent. At the time, there were so many Mercy nuns and Joseph nuns that two enormous "Mother Houses" (one for each of the nun orders) were built out in the suburbs to house dozens more nuns just west across the Hudson River from our Upstate New York city.

One of the reasons that almost anybody in our Catholic school/church neighborhood could identify a parish nun on sight was because in the 1950s the nuns, priests, parishioners and Catholic school children actually "paraded" themselves around the neighborhood. For example, there were many holy days and special occasions where a round-the-block procession just seemed

de la Caridad (la mayoría de las cuales trabajaban como enfermeras en el Hospital Santa María a pocas cuadras al norte de nuestra escuela) eran reconocibles sin lugar a duda. Además de los vestidos/túnicas de color azul oscuro largos hasta el suelo que portaban, también llevaban una enorme toca blanca almidonada en la cabeza que parecía definitivamente ¡¡¡un par de alas de ángel!!! Esas dos "alas" blancas brillantes eran como triángulos equiláteros de un metro cuadrado que apuntaban hacia el cielo. Todas las Hermanas de la Caridad parecían muy altas debido a sus distintivas tocas. Ellas también tenían cinturones, rosarios y atuendos de manga ancha al igual que nuestras monjas de la Misericordia —a diferencia del azul y blanco que llevaban en lugar del negro y blanco de nuestras monjas—.

En la base de la empinada colina frente a nuestro "campus" de la iglesia/escuela (a unas siete cuadras sobre la vieja calle de la ciudad que pasaba por nuestra escuela), se encontraba el convento de las Hermanas de San José. Las Hermanas de San José estaban "agregadas" como maestras y trabajadoras parroquiales a nuestros vecinos en la Parroquia de San Pedro. A primera vista, un laico podría confundir a las monjas de San José con las monjas de la Misericordia. Pero NOSOTROS los estudiantes de la escuela católica notábamos la diferencia. Sí, ambas llevaban vestidos/túnicas negras hasta el suelo, y tenían cinturones negros anchos de los que colgaban un conjunto gigante de rosarios casi hasta el piso. Y sí, ellas también tenían largos velos negros, grandes pecheras blancas con crucifijos colgando encima y mangas profundas y anchas. La gran diferencia era que, aunque nuestras monjas de la misericordia tenían *redondeadas* tocas blancas almidonadas que sostenían sus velos y cubiertas para la cabeza, las tocas blancas almidonadas de las monjas de San José se ajustaban más a la cabeza, eran más altas por unos 10 centímetros y tenían una forma mucho más *cuadrada*. Para los niños de la escuela católica, la diferencia saltaba a la vista. En esa época, había tantas monjas de la Misericordia y monjas de San José que se construyeron dos enormes "Casas Madre" (una para cada una de las órdenes de monjas) en los suburbios para alojar a docenas de monjas más al oeste, al otro lado del río Hudson, desde nuestro norte de la ciudad de Nueva York.

Una de las razones por las que casi cualquier persona en el vecindario de nuestra escuela/iglesia católica podía identificar a una

mandatory. The most elaborate and well-attended of these "parade/ procession" events was The May Day Procession for the Virgin Mary. For many non-Catholics, the unbridled "adoration" of The Blessed Virgin Mary was almost unbearable in its alleged eclipsing of the One who should be adored, the Lord. Popular with non-Catholics or not, The Virgin Mary May Day Procession was one of the highlights of our Catholic Church events calendar.

Every May that I can remember EVERYONE in our Catholic elementary school would join all our parish nuns and all our parish priests—replete with much singing of "Mary Queen of the May" hymns—would form a holy procession through the middle of the streets surrounding our church/school/convent/rectory city block. Usually a big plaster statue of The Virgin Mary was carried in reverent formality by the priests, altar boys, and the parish men of the Catholic "Knights of Columbus."

All of these marchers were preceded by flower-bearing little Catholic school girls wearing their "First Communion" white dresses and veils and by other Catholic school children and their nun teachers carrying their rosaries. Everyone was decked out in the appropriate garb of whatever group they belonged to: priests in their black cassocks and white surpluses, nuns wearing their orders' formal dark habit, choir boys in their robes of red, choir girls in their robes of white, elementary school children in their best school uniforms (including blue beanies on the heads of our elementary school girls), and, most striking of all, the men of the Knights of Columbus wearing their 15th century-looking soldier uniforms and carrying bright metal scabbards with swords. Very impressive. The general public just couldn't live within ten blocks of our parish church campus without knowing who we were and what we wore.

Don't get too smug thinking that you could identify any nun who happened to cross your path. The three "orders" of nuns that I just described were just SOME of the many orders of nuns in existence and readily seen at the time. The Sisters of the Good Shepherd was a group of nuns who ran a home for orphans and "bad" girls just a few blocks south of our parish school. The Little Sisters of the

monja parroquial a la vista era porque en la década de 1950 las monjas, los sacerdotes, los feligreses y los niños de la escuela católica en realidad "desfilaban" por el vecindario. Por ejemplo, había muchos días santos y ocasiones especiales en las que una procesión alrededor de la cuadra parecía obligatoria. El más elaborado y concurrido de estos eventos de "desfile/procesión" era la procesión del 1° de mayo para la Virgen María. Para muchos no católicos, la "adoración" desenfrenada de la Bienaventurada Virgen María era casi insoportable en su supuesto eclipse a Aquel a quien se debía adorar, el Señor. Fuera popular entre los no católicos o no, la Procesión del Día de María Madre de Dios era uno de los eventos más destacados de nuestro calendario de la Iglesia Católica.

Cada mes de mayo que recuerdo, TODOS en nuestra escuela católica de educación básica se unirían a todas nuestras monjas parroquiales y a todos nuestros sacerdotes parroquiales y —cantando sin cesar los himnos a "María, Reina de Mayo" —, formarían una procesión sagrada por las calles que rodeaban nuestra cuadra de la iglesia/escuela/convento/rectoría. Por lo general, los sacerdotes, monaguillos y los hombres parroquiales pertenecientes a los católicos "Caballeros de Colón" cargaban una gran imagen de yeso de la Virgen María con reverente formalidad.

Todos estos peregrinos eran precedidos por pequeñas colegialas católicas que llevaban flores y portaban sus vestidos y velos blancos de "Primera Comunión" y por otros escolares católicos y sus maestras monjas que cargaban sus rosarios. Todos estaban ataviados con el atuendo apropiado según el grupo al que pertenecían: sacerdotes con sotanas negras y albas blancas, monjas con el hábito oscuro formal según sus órdenes, niños del coro con sus túnicas rojas, niñas del coro con sus túnicas blancas, niños de primaria con sus mejores uniformes escolares (incluidos gorros azules en la cabeza de nuestras niñas de primaria) y, lo más llamativo de todo, los hombres de los Caballeros de Colón con sus uniformes de soldado a la manera del siglo xv y sus vainas de metal brillante con espadas. Era muy impresionante. El público en general no podía vivir a diez cuadras del campus de nuestra iglesia parroquial sin saber quiénes éramos y qué vestíamos.

No había que ser muy engreído al pensar que uno podía identificar a cualquier monja que se cruzara en el camino. Las tres

Poor in their distinct habits were seen all over our city (although like *all* nuns of the time, they had to travel *in pairs* or they couldn't leave their convents/schools/hospitals/or parish campuses). Although as Catholic school children who were well-versed in everything to do with the Catholic Church, we couldn't even begin to name all of the orders of nuns at the time, never mind identify them from their garb. There were the Sisters of Saint Anne, the Ursuline nuns, the Dominican Sisters of St. Catherine of Siena, the Sisters of the Divine Compassion (in New York City), and there were Benedictine nuns, Carmelite nuns, the Maryknoll Sisters (just north of NYC), and a long list of nuns with whom we Upstate New York kids had no contact (like the Religious Sisters of the Sacred Heart).

If we Catholic school kids didn't know the "orders" of the nuns, or those of the religious "brothers," or the non-Diocesan priests, then we would have the opportunity to learn about them during "Vocation Week" at Catholic school. Vocation Week was the time that from grades 4 – 8 EVERY Catholic school student at our school got to contemplate becoming a *religious*! Of course, in the early years most of us "prayed" for our vocation to a religious life since obviously our nuns, priests and many of our families wanted us to become a nun, priest or brother. In reality, some Catholic school children made their choice to follow a religious life and to become a nun, priest, or brother while still in their last two years of elementary school!! In the '40s, '50s, and very early '60s it was not uncommon that several children on the day of Eighth Grade Graduation would announce their decision to enroll in a seminary/special school to follow their "vocation" of a religious life. And, at the time, it was even more common for the same thing to happen at high school graduation from Catholic high schools.

Many little Catholic children at the time were strongly encouraged by their families to "follow their religious vocation." At The Embassy, although we were encouraged to be good little obedient Catholic children, the mixed-religious background of all the Embassy adults spared we Embassy kids from any undue familial pressure to go for Catholic religious training and forsake a future life

"órdenes" de monjas que acabo de describir eran ALGUNAS de las muchas órdenes de monjas existentes y fácilmente vistas en ese tiempo. Las Hermanas del Buen Pastor eran un grupo de monjas que dirigían un hogar para huérfanos y niñas "malas" a solo unas cuadras al sur de nuestra escuela parroquial. Las Pequeñas Hermanas de los Pobres en sus distintivos hábitos eran vistas en toda nuestra ciudad (aunque como *todas* las monjas de la época, tenían que viajar *en pares* o no podían salir de sus conventos/escuelas/hospitales/campus parroquiales). Aunque nosotros los niños de las escuelas católicas que estábamos bien versados en todo lo que tenía que ver con la Iglesia Católica, ni siquiera podíamos nombrar todas las órdenes de monjas de la época, y mucho menos identificarlas por su atuendo. Estaban las Hermanas de Santa Ana, las monjas Ursulinas, las Hermanas Dominicas de Santa Catalina de Siena, las Hermanas de la Divina Compasión (en la ciudad de Nueva York), y estaban las monjas Benedictinas, las monjas Carmelitas, las Hermanas Maryknoll (justo al norte de Nueva York) y una larga lista de monjas con las que los niños del norte del estado de Nueva York no teníamos contacto (como las Hermanas Religiosas del Sagrado Corazón).

Si los chicos de la escuela católica no conocíamos las "órdenes" de monjas, o aquellas de los "hermanos" religiosos, o de los sacerdotes no diocesanos, entonces teníamos la oportunidad de aprenderlo durante la "Semana Vocacional" en la escuela católica. La Semana Vocacional era el periodo en que TODOS los estudiantes de la escuela católica en nuestra escuela, de los grados cuarto al octavo, contemplaban dedicarse a la *¡vida religiosa!* Por supuesto, en los primeros años la mayoría de nosotros "orábamos" por nuestra vocación a una vida religiosa, ya que obviamente nuestras monjas, sacerdotes y muchas de nuestras familias querían que nos convirtiéramos en monjas, sacerdotes o hermanos. En realidad, algunos escolares católicos decidían seguir una vida religiosa y convertirse en monjas, sacerdotes o hermanos cuando todavía estaban en ¡¡séptimo y octavo grado!![6] En los años 40, 50 y principios de los 60 no era raro que varios chicos, el día de la graduación del octavo grado, anunciaran su decisión de inscribirse en un seminario/escuela especial para seguir su "vocación" a una vida religiosa. Y, en esos años, era aún más común que sucediera lo mismo en la graduación de preparatoria en las escuelas católicas.

[6] N. de la T. Grados correspondientes a 1 y 2 de educación secundaria en el sistema educativo mexicano.

of marriage and having children of our own. The "forsake children of our own" part appealed to me, since by the time I graduated from eighth grade, I had had just about enough of the crowded, non-private, noisy life of living in a home with half a dozen or more kids and no money. I had had enough of little children to last a lifetime (or so I thought at the time), so "signing up" for a vocation as a religious did have some appeal to me at the time. For me, however, Fate intervened and I never did follow that path that so many of my contemporaries pursued. And, believe it or not, my Catholic mother who was *VERY* religious and steeped in Italian Catholicism did not really want any of her children (especially the girls) to follow an ordained religious life! Why? Because as deeply Catholic as she was, my mother believed we all had a *duty to procreate*!! She stated this many, many times *and* she certainly taught us her belief by example (with all *HER* procreating, we couldn't have squeezed one more child into that Embassy building even using a crowbar)! Amazingly, even with all those pregnancies and babies, my beautiful mother ALWAYS looked trim, slim and sophisticated.

With all that prologue, I must say that as a little boy in Catholic parish school, I just loved our nuns and priests and every detail of our church and school lives. I was a prime example of the perfect little Catholic school kid. I knew all the *RULES*, all the *TRADITIONS*, and all the teachings (secular and religious) of our Roman Catholic Church and School. I adored every moment of my time on our church-school campus. That campus was a huge, one city-block square. It, like The Embassy, was a world unto itself.

Our arrival and dismissal to our church-school campus was even *policed* daily by the oldest male students in our Catholic school. "Patrol Boys" stood out from the crowd of other Catholic elementary school boys because they wore large white z-shaped heavy-webbed cloth "belts" covering their chests over their school uniforms. They also wore big shiny metal shield-like badges to further sanction their role as "policeman" of our church-school campus. The role of these eighth grade Patrol Boys was to post themselves (both at noontime and 3:10 P.M. dismissals) all along the sidewalks of the first two

Muchos niños católicos en esa época eran fuertemente alentados por sus familias a "seguir su vocación religiosa". En La Embajada, aunque nos animaron a ser niños católicos buenos y obedientes, los antecedentes religiosos mixtos de todos los adultos nos ahorraron a los niños de La Embajada una presión familiar indebida para ir a la formación religiosa católica y abandonar una vida futura de matrimonio y de hijos propios. La parte de "abandonar la idea de tener hijos propios" me atrajo, ya que para cuando yo mismo me gradué de octavo grado, ya había tenido suficiente de la vida bulliciosa, nada privada y muy ruidosa al vivir en un hogar con media docena o más de niños y sin dinero. Había quedado satisfecho de estar rodeado de niños pequeños y me duraría toda la vida (o eso pensaba en ese momento), por lo que "inscribirme" en la vocación como religioso me atrajo en ese momento. Para mí, el Destino intervino y nunca seguí ese camino que muchos de mis contemporáneos persiguieron. Y, créanlo o no, mi madre católica, que era MUY religiosa y estaba inmersa en el catolicismo italiano, ¡en realidad no quería que ninguno de sus hijos (especialmente las niñas) siguiera una vida religiosa en una orden! ¿Por qué? ¡Porque aun con lo profundamente católica que era, mi madre creía que todos teníamos *el deber de procrear!* ¡Lo declaró muchas, muchas veces y ciertamente nos transmitió su creencia con su ejemplo (con toda *SU* progenie no podríamos haber metido a un niño más al edificio de La Embajada ni usando una palanca)! Sorprendentemente, incluso con todos esos embarazos y bebés, mi hermosa madre SIEMPRE se veía arreglada, delgada y sofisticada.

Con todo ese prólogo, debo decir que cuando era un niño en la escuela católica parroquial, me encantaban nuestras monjas y sacerdotes y cada detalle de nuestras vidas en la iglesia y la escuela. Fui un excelente ejemplo del perfecto escolar católico. Conocía todas las *REGLAS*, todas las *TRADICIONES* y todas las enseñanzas (seculares y religiosas) de nuestra escuela e iglesia católica romana. Adoraba cada momento de mi tiempo en nuestro campus de la iglesia-escuela. Ese campus era enorme, del tamaño de una cuadra urbana. Al igual que La Embajada, era un mundo en sí mismo.

Nuestra llegada y salida del campus de la iglesia/escuela incluso era *vigilado* diariamente por los estudiantes varones más adultos en nuestra escuela católica. Los "Chicos Patrulla" se destacaban entre la

blocks or so leading away in all directions from our campus. At their post they were to be sure that all we little Catholic elementary school children were egressing from our school building in a SILENT single-file manner and were walking directly home without congregating along the way home in groups at any street corners. The usual punishment for infractions of any of the rules (like talking or for walking out of single-file) was to be sent all the way back to school under their supervision, and then to begin your trip home all over again. If the infraction of the rules was oft repeated or of a more serious nature, then the Patrol Boys would also report you to our "mean" elderly principal, Sister Penelope. She would both report you to your parents, as well as, give you the opportunity to atone for your "sins" by attending after-school detention. (Our school did not have corporal punishment—such as physical spanking or swatting with a wooden paddle—at all during the time of my attendance there.)

To us kids, our school campus was our entire world consisting of a giant church, an attached brick school, a modern rectory (the house for our three resident priests), a huge, dark maroon-colored creepy-looking three-story building that was the convent (the house for over a dozen or so Sisters of Mercy), a new three-bay garage building for our diocesan priests' modern cars, and assorted other little outbuildings within the tall black metal fenced-in city block. There was even a macadam playground next to the school building where we kids could congregate before school began in the morning and after lunch when we returned back to school after our lunch hour at home.

In those bygone days of the '50s and '60s, nuns and priests were given tremendous power by young parents, like my mother and father—it was believed that nuns and priests were holy and intelligent and could do no wrong. Whatever they said was law. NO ONE ever questioned the directives or the methods of a nun or a priest in those days. This was especially true in our gigantic, poor city parish of Saint Paul the Apostle's! Fortunately for us Embassy kids and our closest friends, we never experienced or heard about any of the illegal abuse by those church leaders being brought to

multitud de otros niños católicos de la escuela porque usaban grandes "cinturones" blancos de gruesa tela tejida en forma de z que les cubrían el pecho sobre sus uniformes escolares. También llevaban grandes insignias de metal brillante con forma de escudo para ratificar aún más su papel de "policía" de nuestro campus escuela/iglesia. El papel de estos Chicos Patrulla de octavo grado era apostarse (tanto para la salida del mediodía como para la de las 3:10 de la tarde) a lo largo de las aceras de las primeras dos cuadras que conducían en todas las direcciones desde el campus de nuestra escuela. En su puesto debían asegurarse de que todos los pequeños niños salíamos del edificio de nuestra escuela católica de manera SILENCIOSA, formados en una fila y caminábamos directamente a casa sin congregarnos en grupos en las esquinas de las calles del trayecto a casa. El castigo habitual por las infracciones de cualquiera de las reglas (como hablar o salirse de la fila) era ser enviado de regreso a la escuela bajo su supervisión para luego comenzar el recorrido a casa nuevamente. Si la infracción de las reglas se repetía con frecuencia o era de una naturaleza más grave, entonces los Chicos Patrulla también lo reportarían a nuestra mezquina directora ya mayor, la Hermana Penélope. Ella reportaría a los padres y también daría la oportunidad al infractor de expiar sus "pecados" asistiendo a la detención después de la escuela. (Nuestra escuela no tenía castigo corporal —como azotes o golpes con una paleta de madera— en el periodo en el que yo asistía).

Para nosotros los niños, el campus de nuestra escuela era nuestro mundo entero que consistía en una iglesia gigante, una escuela de ladrillos adjunta, una rectoría moderna (la casa de nuestros tres sacerdotes residentes), un enorme edificio color marrón oscuro de tres pisos de aspecto espeluznante que era el convento (la casa para más de una docena de Hermanas de la Misericordia), un nuevo edificio de estacionamiento de tres bahías para los autos modernos de nuestros sacerdotes diocesanos, y una variedad de otros pequeños locales rodeados por una cerca de metal negro alrededor de la cuadra. Incluso había un patio empedrado de juegos junto al edificio de la escuela donde los niños podíamos congregarnos antes de que comenzara la escuela por la mañana y después del almuerzo que era cuando regresábamos a la escuela después de nuestra hora de comida en casa.

En aquellos días lejanos de los años 50 y 60, los padres jóvenes,

light in today's news reports. Having been a teacher in Europe before her mid-twentieth century arrival in the United States, my mother spent a great deal of time reading to us, encouraging us to read and study, and directing that our homework be done with care. By the time I began attending Catholic grammar school, I was already a very capable and bright student because of all the time my mother and my paternal grandfather spent teaching me at The Embassy. I loved going to Catholic school. I loved the nuns and priests there. I loved the books we read and all the subjects that we studied there. My mother and my grandfather had taught me so well and had prepared me so completely for the rigors of a Catholic school classroom, that I had no trouble at all in succeeding in school right from the start.

I have to admit that among my siblings, I was considered a hopeless goody-goody student. Not one of my siblings loved school nor did as well in school as I did. I was in no way a typical grammar school student. I was hardly even a typical 1950s kid. By the time I started attending school, I was full to overflowing with all the values and knowledge that my mother and grandfather had inculcated in me. I was ready for eight happy and successful years of elementary school.

Good behavior was my middle name. Most of my classmates also strove for good behavior on their own parts. Of course, good behavior by us students was essential to make those classrooms of the 1950s and early 1960s thrive as a learning environment. Without "total control," how could each good Sister achieve any learning goals in her overcrowded classroom full of 35 to 50 students!!! Each tiny classroom was packed with little children. The nuns were quietly but efficiently successful in their control. We kids had to obey without hesitation. One incident of slowness or disorganization on our part might be met by only a caustic tongue-lashing by Sister, but any "regularity" in such unacceptable behavior would be "dealt with" in after-school detention in the seventh-grade classroom at dismissal at 3:10 P.M. NO one wanted to go up to the big kid's classroom—or worse, NO one wanted to sit through a long detention session with Sister Joan Marie (reportedly one of the meanest Mercy nuns in the

como mi madre y mi padre, otorgaban un tremendo poder a las monjas y los sacerdotes —se creía que las monjas y los sacerdotes eran santos e inteligentes y no podían hacer nada malo—. Lo que decían era ley. NADIE nunca cuestionó las instrucciones o los métodos de una monja o de un sacerdote en esos días. ¡Esto era especialmente cierto en nuestra gigantesca parroquia pobre de San Pablo Apóstol! Afortunadamente, nosotros, los niños de La Embajada, y nuestros amigos más cercanos nunca experimentamos ni escuchamos sobre ninguno de los abusos ilegales por parte de aquellos líderes de la iglesia que salen a la luz en las noticias de hoy. Como había sido maestra en Europa antes de su llegada a los Estados Unidos a mediados del siglo xx, mi madre pasaba mucho tiempo leyéndonos, animándonos a leer y estudiar, y dirigiendo nuestra tarea para que se hiciera con cuidado. Cuando comencé a asistir a la escuela católica ya era un estudiante muy capaz y brillante gracias a todo el tiempo que mi madre y mi abuelo paterno pasaron enseñándome en La Embajada. Me encantaba ir a la escuela católica. Me agradaban las monjas y sacerdotes de ahí. Me encantaban los libros que leíamos y todas las materias que estudiamos. Mi madre y mi abuelo me habían enseñado muy bien y me habían preparado cabalmente para los rigores propios del aula de una escuela católica que no tuve ningún problema en tener éxito en la escuela desde el principio.

Tengo que admitir que, entre mis hermanos, se me consideraba un chico estudioso sin remedio. Ninguno de mis hermanos amaba la escuela ni le iba tan bien como a mí. De ninguna forma era un estudiante representativo de escuela primaria. Difícilmente era un niño típico de los años cincuenta. Cuando comencé a asistir a la escuela, desbordaba de todos los valores y conocimientos que mi madre y mi abuelo me habían inculcado. Estaba listo para ocho años felices y exitosos de educación básica.

Buen comportamiento era mi segundo nombre. La mayoría de mis compañeros de clase también se esforzaban ellos mismos por portarse bien. Por supuesto, el buen comportamiento de los estudiantes era esencial para que las aulas de los años 50 y principios de los 60 prosperaran como un ambiente de aprendizaje. Sin "control total", ¡¡¡cómo podría cada buena Hermana lograr objetivos de aprendizaje en su aula superpoblada con 35 a 50 estudiantes!!! Cada diminuto salón de clases estaba atiborrado de niños pequeños. Las monjas lograban

history of our school!). So, most of us students in the lower grades (which happened to be on the first floor) did everything we could to conform and NOT misbehave.

All this control and strictness did *NOT* make our elementary school a hotbed of screaming and yelling nuns. Oxymoronically, the worse your behavior; the more quiet was the stern response of the nuns. I cannot remember in all my eight years in attendance in Catholic school, even one single nun ever raising her voice while disciplining a student. NEVER. Somehow the terror of the sheer unbridled power of the nuns' religious as well as educational position cowed us students into acceptance of any blame and punishment and into better immediate behavior.

Although I was the *prince* of conformity and good behavior, even I, the goody-goody of the century, could NOT always behave quickly enough or well enough sometimes to avoid Sister's oral wrath. There was no leniency nor understanding for being awkward or daydreamy-like me. Do something wrong (or fail to do something right) and BAM!!! Punishment was meted out by Sister and NO excuses were accepted by her. One might quickly blurt out, "Yes, S'tir*, I'm sorry," or "S'tir, I didn't hear the directions." You could "Yes, S'tir" Sister to death, but she wasn't going to *cut you any slack*. Everyone had to obey; had to obey quickly and in unison, and quietly. Without exceptions. There was no such thing as individualism in our Catholic grammar school. For me, this was not surprising nor unusual, because we kids at The Embassy experienced the exact same system of control . . . especially by my mother.

If, by chance, Father O'Malley or Monsignor Hogan walked into the room, we all immediately had to stand up next to our desks and say, "Good morning, Father O'Malley," or "Good morning, Monsignor Hogan," in unison and in a sing-song sweet and clear voice. When Father or Monsignor waved his hand down, then we could regain our seats, but NOT before . . . and, of course, chatting or noise or movement of ANY kind was strictly forbidden while Father or Monsignor was talking to Sister or to us. You knew Father or Monsignor was leaving when he would inevitably say (on

* Sister

con éxito tener el control de una manera calmada pero eficiente. Los niños teníamos que obedecer sin dudarlo. Un caso de lentitud o desorganización de nuestra parte tenía que ser enfrentado solo por un cáustico latigazo verbal de la Hermana, pero cualquier "regularidad" en ese comportamiento inaceptable sería "tratado" en la detención de castigo después de la escuela en el aula de séptimo grado a las 3:10 de la tarde, la hora de la salida. NADIE quería subir al salón de clases de los niños grandes y —lo que era peor—, NADIE quería pasar una larga detención de castigo con la Hermana Joan Marie (¡según se informaba, era una de las monjas de la Misericordia más malas en la historia de nuestra escuela!) Así que la mayoría de los estudiantes en los grados inferiores (que estaban en el primer piso) hicimos todo lo posible para acatar las reglas y NO portarnos mal.

Todo este control y rigor NO hacían de nuestra escuela de educación básica un hervidero de monjas que gritaban y aullaban. Paradójicamente, entre más malo era tu comportamiento, cuanto más calmada era la severa respuesta de las monjas. No recuerdo en todos mis ocho años de asistencia a la escuela católica de educación básica a una sola monja que alguna vez haya alzado la voz mientras disciplinaba a un estudiante. NUNCA. De alguna manera, el terror ante el puro poder desenfrenado de la posición religiosa y educativa de las monjas nos intimidaba a los estudiantes hasta aceptar cualquier culpa y castigo y nos llevaba a un mejor comportamiento de inmediato.

Aunque yo era el *príncipe* de la avenencia y el buen comportamiento, incluso yo, el santurrón del siglo, NO siempre podía reaccionar lo suficientemente rápido o comportarme lo suficientemente bien como para evitar la ira verbal de la Hermana. No había indulgencia ni comprensión por ser torpe o por soñar despierto como yo. Se hacía algo mal (o se dejaba de hacer algo bien) y ¡¡¡ZAS!!! La Hermana imponía el castigo y NO aceptaba ninguna excusa. Uno podría balbucir de inmediato: "Rmana[7], lo siento". "Rmana, no escuché las instrucciones". Podrías decir "Rmana" a la Hermana hasta el cansancio, pero ella no iba a tener *consideración*. Todos teníamos que obedecer, y obedecer rápidamente y al unísono, y en silencio. Sin excepciones. No existía el individualismo en nuestra escuela católica. Esto no me sorprendía ni me parecía inusual, porque

189

---

[7] Hermana

approaching the classroom door to exit), "I'm sure you are all doing well here with The Good Sisters." To which our mandatory reply (as we jumped to our feet at attention next to our desks) was: "Yes, Father." "Yes, Monsignor." No more; no less. Then Sister shut the door and our schoolwork continued as quickly, quietly, and intensely as before the "interruption."

Need to go to the bathroom? SORRY! Can't do that now. No matter how urgent your need was to relieve yourself, you'd just have to wait until it was *your* class's allotted 10 minutes to line up quietly in the main hall in front of the bathroom door... that is to say the "lavatory" door (we always had to say "lavatory"; never a crass variation like "bathroom"). In my class, only one girl, Martha, persisted in her "headstrong and selfish need" (according to the nuns) to go to the bathroom before it was our class's turn. Poor Martha, during our eight years at St. Paul's, used to actually "have an accident" right in the classroom and wet herself. This embarrassing behavior happened right up until we graduated from eighth grade, and yet she was *NEVER* allowed "special privileges" to go to the bathroom at times other than our appointed time. In retrospect, it was disheartening how Martha was treated by the nuns given her obvious physical problem.

When it finally was your class's allotted time to use "the facilities," then all 35 or so of us had to line up in silence in the hallway in front of the bathroom door (just like the lineup at the confessional box in church). *Everyone* went. NO ONE was allowed to stay in the classroom. We marched single file by classroom row down the hall to the front of the lavatory doors. If you were in the lower grades, the girls had to be escorted upstairs to "The Girls Room." If you were in the "upper" grades (5th – 8th), the boys had to be escorted downstairs to "The Boys Room." Sister stood by the *OPEN* door of the four-stall "Girls Room" and monitored four girls at a time as they used the facilities. This was done by Sister while the rest of the class silently lined up waiting their turn, and, as they exited the lavatory door and got a drink at the drinking fountain. The same rule applied to the drinking fountain as to the toilets: you

los niños de La Embajada experimentábamos exactamente el mismo sistema de control... especialmente por parte de mi madre.

Si, por casualidad, el Padre O'Malley o Monseñor Hogan entraban al salón, todos inmediatamente teníamos que pararnos al lado de nuestros escritorios y decir, "Buenos días, Padre O'Malley" o "Buenos días, Monseñor Hogan" al unísono y en una voz de sonsonete clara y dulce. Cuando el Padre o el Monseñor agitaban la mano hacia abajo, entonces podíamos tomar nuestros asientos, pero NO antes... y, por supuesto, las conversaciones o los ruidos o movimientos de CUALQUIER tipo estaban estrictamente prohibidos mientras el Padre o el Monseñor hablaban con la Hermana o con nosotros. Se sabía que el Padre o el Monseñor se iban cuando inevitablemente decían (al acercarse a la puerta del aula para salir): "Estoy seguro de que a todos les está yendo bien aquí con las buenas hermanas". A lo que nuestra respuesta obligada (al tiempo que de un salto nos poníamos de pie al lado de nuestros escritorios) era "Sí, padre". "Sí, Monseñor". Ni más, ni menos. Entonces la hermana cerraba la puerta y nuestro trabajo escolar continuaba tan rápido, silencioso e intenso como antes de la "interrupción".

¿Necesitas ir al baño? ¡LO SIENTO! No puedes ir ahora. No importa cuán urgente fuera la necesidad de alivio, tendrías que esperar hasta que a *tu* grupo le asignaran los 10 minutos para alinearse en silencio en el pasillo principal frente a la puerta del baño... es decir, la puerta del "sanitario" (siempre teníamos que decir "sanitario"; nunca una variación burda como "baño"). En mi clase, solo una niña, Martha, insistía en su "obstinada y egoísta necesidad" (según las monjas) de ir al baño antes de que fuera el turno de nuestro grupo. La pobre Martha durante nuestros ocho años en San Pablo solía "tener un accidente" justo en el salón y mojarse. Este comportamiento vergonzoso sucedió hasta que nos graduamos del octavo grado, y sin embargo *NUNCA* se le concedieron "privilegios especiales" para ir al baño en momentos fuera del horario asignado a nuestra clase. En retrospectiva, era descorazonador ver cómo Martha era tratada por las monjas considerando su evidente problema físico.

Cuando finalmente llegaba la hora asignada a tu clase para usar "los servicios", entonces los 35 más o menos teníamos que hacer fila en silencio en el pasillo frente a la puerta del baño (al igual que

could be choking of thirst in the classroom, but you could NEVER just go and get a drink at the water fountain in front of either of the two lavatories until it was *your* class's turn to do so . . . once in the morning, and once in the afternoon. . . . Going at any other time simply was NOT allowed.

For the boys it was slightly different: we had to quietly walk in a row to the Boys Room (directly beneath the Girls Room) and line up silently just as the girls had to do. However, since we were males, it was apparently unseemly for a nun to watch the boys use the stalls in the Boys Room. The rooms were outfitted with the same four toilet stalls and the same four sinks with mirrors above them exactly as the girls had in their lavatory directly above. There were no urinals. On very rare occasions the nuns did have to supervise the interior of the Boys Room, but that was only when Mr. Hake couldn't be there. Mr. Hake was our school and church janitor. He was the ONLY available adult male on our entire Catholic school campus. So, he was drafted twice per day to do the job of "supervising" the boys when they went to the lavatory with their class. Mr. Hake was a huge, bald-headed, heavy and very tall man, who looked like an Anglo Sumo wrestler. Not a single boy in our school dared to challenge Mr. Hake's nun-endorsed authority. And besides, even if Mr. Hake were inclined to be lenient or kind to us boys, you could be assured that Sister was leaning over the railing at the top of the open staircase (while simultaneously watching all of the girls in her class) to *be sure* we boys were being quiet, fast, and obedient in our bathroom-going procedures with Mr. Hake supervising. NO provisions were made for copious urination nor for slow defecation. ALL boys had only a brief minute or two to get into the lavatory, use it, wash hands at the sink, and quickly leave the lavatory and go immediately to the drinking fountain just outside the doorway so that the next four boys could enter. There were punishments for non-conformity in these bathroom use procedures. Furthermore, we boys had no doubt that Mr. Hake would "blow the whistle" to Sister and tell on any of us who did anything the least bit slowly, incorrectly, or wrong. After-school detention was filled with boys who misused their bathroom

la fila en el confesionario en Iglesia). *Todos* íbamos. A NADIE se le permitía quedarse en el aula. Cada hilera del salón marchaba en una fila por el pasillo hasta estar frente a las puertas del sanitario. Si estabas en los grados inferiores, las chicas tenían que ser escoltadas al piso de arriba al "Servicio de las Chicas". Si estabas en los grados "superiores" (5° a 8°), los chicos tenían que ser escoltados al piso de abajo hacia el "Servicio de los Chicos". La Hermana se paraba junto a la puerta *ABIERTA* del "Servicio de las Chicas" que tenía cuatro compartimentos y monitoreaba a cuatro niñas a la vez mientras usaban los servicios. Esto lo hacía la Hermana mientras observaba al resto de la clase haciendo fila silenciosamente esperando su turno para usar los inodoros y, al salir de la puerta del baño, tomar un poco de agua en la fuente. La misma regla se aplicaba a la fuente de agua potable como a los inodoros: podías estar muriéndote de sed en el aula, pero NUNCA podías ir simplemente a tomar agua a la fuente frente a cualquiera de los dos baños hasta que fuera el turno de *tu grupo*... una vez en la mañana, y una vez por la tarde... Ir en cualquier otro momento sencillamente NO estaba permitido.

Para los chicos era un poco diferente: nosotros teníamos que caminar tranquilamente en fila hacia el Servicio de los Chicos (justo debajo del Servicio de las Chicas) y hacer cola silenciosamente al igual que las niñas tenían que hacerlo. Sin embargo, dado que éramos varones, aparentemente era indecente que una monja vigilara a los niños usar los sanitarios en el Servicio de los Chicos. Los servicios estaban equipados con los mismos cuatro inodoros y los mismos cuatro lavabos con espejos encima de ellos exactamente igual a los que las chicas tenían en sus sanitarios encima de los nuestros. No había mingitorios. En muy raras ocasiones, las monjas tenían que supervisar el interior del servicio de los chicos, pero eso ocurría solo cuando el Señor Hake no estaba. El Señor Hake era el conserje de nuestra escuela y de la iglesia. Él era el ÚNICO hombre disponible en todo el campus de nuestra escuela católica. Entonces, era requerido dos veces al día para hacer el trabajo de "supervisión" de los chicos cuando iban al baño con su grupo. El Señor Hake era un hombre enorme, calvo, pesado y muy alto, que parecía un luchador de sumo. Ni un solo chico en nuestra escuela se atrevía a desafiar la autoridad del Señor Hake aprobada por las monjas. Y, además, incluso si el Señor Hake

time to talk, laugh, tease, or push other boys, etc., etc., etc. You had to train your body to be thirsty and to urinate at the same time every day (and that varied only depending on what time your class was assigned to use the facilities). In eight years, I never saw anyone in my class raise his/her hand to go to the lavatory (not even poor Martha). You had to wait for your classes assigned time . . . period. By the way, even with almost 300 students daily using only two tiny bathrooms, I *never* once saw graffiti, paper scraps, soap mess, nor anything out of "apple-pie order" in those bathrooms. Those bathrooms were used and kept sparkling clean by every student in that school twice per day. Also, "the good nuns" almost never left the classroom— ever—especially to go to their bathroom (which I later found out was hidden behind the principal's office on the first floor and one which was behind the tiny unmanned nurse's office directly above it on the second floor). Just amazing!!

School hours were from 8:30 A.M. until 11:15 A.M. and from 12:30 P.M. until 3:10 P.M. every day (except for Catholic feast days and on every Wednesday afternoon). Wednesday afternoons students were dismissed early at 2:30 P.M. so that the poor unfortunate Catholic children who (sadly) attended public school, came to attend religious classes and had to use OUR desks. Strategically, we Saint Paul's students had to leave early so we wouldn't encounter these public school children coming into our building. We were always reminded by the "Good Sisters" to neaten our under-seat book storage areas and to be certain our belongings were secure from the roaming hands of the public school children who would be there after we left the building. The implication was that Catholic or not, those "poor" unfortunate savage "public schoolers" would steal our belongings since they hadn't the superior training in moral comportment that we "Catholic schoolers" had developed because WE attended Catholic school. Every Wednesday, we lived in fear of being robbed by those unfortunate wretches from public school who came for religious instruction (how ironic). Oddly, there was *never* a reported incident of robbery that I ever heard of in all my eight years at St. Paul's; there was only the onus of

tendía por ser indulgente o amable con nosotros los chicos, sin duda la Hermana estaba inclinaba sobre el barandal en la parte superior de la escalera abierta (mientras observaba simultáneamente a todas las chicas de su clase) para *asegurarse* de que los niños estuviéramos callados, fuéramos rápidos y obedientes en nuestros trámites para ir al baño con la supervisión del Señor Hake. NO se tomaban previsiones para la micción copiosa ni para la defecación lenta. TODOS los niños tenían solo un breve minuto o dos para entrar al baño, usarlo, lavarse las manos en el lavabo, y rápidamente salir del baño y de inmediato ir a la fuente de agua potable justo afuera de la puerta para que los siguientes cuatro niños pudieran entrar. Hubo castigos por el descontento con estos procedimientos pare el uso del baño. Además, los chicos no teníamos ninguna duda de que el Señor Hake "sonaría el silbato" a la Hermana y nos acusaría si cualquiera de nosotros había hecho algo, en lo más mínimo, de modo lento, incorrecto o equivocado. La detención de castigo después de la escuela se llenaba de niños que habían usado mal su tiempo en el baño para hablar, reír, burlarse o empujar a otros niños, etc., etc., etc. Teníamos que entrenar nuestro cuerpo para tener sed y orinar a la misma hora todos los días (y eso variaba solo dependiendo de la hora que se le asignaba a tu grupo para usar los servicios). En ocho años, nunca vi a nadie en mi clase levantar la mano para ir al sanitario (ni siquiera a la pobre Martha). Teníamos que esperar la hora asignada al grupo... punto. Por cierto, incluso con casi 300 estudiantes al día usando solo dos servicios pequeños, *nunca* vi grafiti, pedazos de papel, jabón embarrado, o algo fuera de lugar en esos baños. Esos sanitarios se usaban y se mantenían relucientes por cada estudiante en la escuela dos veces al día. Además, "las buenas monjas" casi nunca salían del salón de clases, especialmente para ir su baño (que tiempo después descubrí que estaba escondido detrás de la oficina del director en el primer piso y uno que estaba detrás de la pequeña enfermería vacía justo arriba en el segundo piso. ¡¡Simplemente increíble!!

El horario escolar era de 8:30 a 11:15 en la mañana y de 12:30 a 3:10 por la tarde, todos los días (excepto los días festivos católicos y todos los miércoles por la tarde). Las tardes de los miércoles, los estudiantes de la escuela católica salíamos temprano, a las 2:30 p.m. para que los pobres niños católicos desafortunados que (tristemente)

being a Catholic child in a public school that we Catholic schoolers had meanly emblazoned on them.

For my friend, Joey, and me there was one exception to our strictly unchanging school schedule. Every Thursday during our 7th and 8th grade years, Joey and I were allowed to leave school at 2:30 P.M. so that we could catch the city bus to go to our special French classes. The French classes were offered at the public Children's Museum "far away" on 101st Street in North Troy. The trip required my friend and I to take *two* separate buses to get there, and which took about one hour in order to arrive on time for our class. The French classes were FREE! Joey's mother, our school nurse, felt we both needed a foreign language class and had convinced the school principal to give such good students as Joey and me the opportunity to learn something which our parochial school didn't offer. It turned out to be a real blessing for me because it readied me for more successful years studying French in high school and college. Further fortuitous (while unforeseen by me) was that French fluency became pivotal only a few years later as I was working and doing my doctoral work in Paris, France.

Despite the very rigid set of rules that we lived by (or perhaps because of them), we Catholic elementary school baby boomers were certainly well-prepared academically for higher education in the high schools and colleges of our choice. The no-nonsense approach to education that we experienced at St. Paul the Apostle Elementary School taught us how to be organized, hard-working students and ready for more advanced classes in History, Science, Mathematics and Geography. Even though personal self-expression and independent thinking weren't honored, our Catholic elementary school had fully instructed us in all the compulsory subjects of the day and had shown us how to study to our best advantage. Many of us, although poor, were fortunate enough to have families who augmented our education with further study on our own with our families in the fields of music, art, and languages.

And even though today in the 21st century, many people are questioning the value and validity of the Catholic Church and

asistían a la escuela pública, tomaran "clases de religión" y usaran *NUESTROS* escritorios. De manera estratégica, los estudiantes de San Pablo teníamos que irnos temprano para no encontrarnos con estos niños de escuelas públicas que entraban a nuestro edificio. Las "Buenas Hermanas" siempre nos recordaban que cuidáramos nuestras áreas de almacenamiento de libros debajo del asiento y que nos aseguráramos de que nuestras pertenencias estuvieran seguras de las manos curiosas de los niños de la escuela pública que estarían allí después de que saliéramos del edificio. La implicación era que católicos o no, esos "pobres" desafortunados y salvajes "escolares públicos" robarían nuestras pertenencias ya que no tenían el entrenamiento superior en comportamiento moral que nosotros los "escolares católicos" habíamos desarrollado pues *NOSOTROS* asistíamos a la escuela católica. Todos los miércoles vivíamos con el temor de que nos robaran esos desafortunados miserables de la escuela pública que venían para recibir instrucción religiosa (qué irónico). Extrañamente, *nunca* se informó de un incidente de robo del que haya oído hablar en todos los ocho años en San Pablo; solo era la culpa de ser un niño católico de una escuela pública que nosotros, los estudiantes católicos, les habíamos atribuido de forma mezquina.

Para mi amigo Joey y para mí había una excepción en el estrictamente invariable horario escolar. Cada jueves durante los años de 7° y 8° grado se nos permitía a Joey y a mí salir a las 2:30 de la tarde para que pudiéramos tomar el autobús e ir a nuestras clases especiales de Francés. Las clases de francés se impartían en el Museo Público de los Niños, ubicado "muy lejos" en la calle 101 al norte de Troy. El viaje requería que mi amigo y yo tomáramos dos autobuses distintos para llegar a la clase y nos tomaba una hora llegar a tiempo. ¡Las clases eran GRATUITAS! La mamá de Joey, enfermera en la escuela, sintió que Joey y yo necesitábamos tomar una clase de lengua extranjera y había convencido al director de dar a tan buenos estudiantes como Joey y yo la oportunidad de aprender algo que la escuela parroquial no ofrecía. Resultó ser una gran bendición para mí porque me preparó para más años exitosos de estudio de francés en la preparatoria y en la universidad. Más fortuito todavía (aunque no lo había previsto) resultó que la fluidez en francés era fundamental solo unos años más tarde mientras trabajaba y hacía mis estudios doctorales en París, Francia.

its private schools, there is no doubt in my mind that even former Catholic students who have since abandoned the Catholic religion and its trappings, had had some excellent moral and educational experiences in their days as young people in those post WWII years in the United States. In any event, the Catholic school experience is one that will *NOT* soon be forgotten.

A pesar del conjunto muy rígido de reglas que normaban nuestra vida (o tal vez gracias a ellas), los *baby boomers* de la educación básica católica estábamos ciertamente bien preparados académicamente para la educación posterior en las escuelas preparatorias y las universidades de nuestra elección. El enfoque de la educación sin tonterías que experimentamos en la Escuela de Educación Básica San Pablo Apóstol nos enseñó cómo ser estudiantes organizados, trabajadores y listos para clases más avanzadas en Historia, Ciencias, Matemáticas y Geografía. A pesar de que la expresión personal y el pensamiento independiente no eran valorados, nuestra escuela católica nos había instruido completamente en todas las materias obligatorias de la época y nos había enseñado cómo estudiar para nuestra mayor ventaja. Muchos de nosotros, aunque pobres, tuvimos la suerte de tener familias que aumentaron nuestra educación con más estudios complementarios con nuestras familias en los campos de la música, el arte y los idiomas.

Y si bien en el siglo XXI muchas personas cuestionan el valor y la validez de la Iglesia Católica y sus escuelas privadas, no hay duda en mi mente que incluso los antiguos estudiantes católicos que desde entonces han abandonado la religión católica y sus trampas, habían tenido excelentes experiencias morales y educativas en sus días de juventud en los años posteriores a la Segunda Guerra Mundial en los Estados Unidos. De cualquier modo, la experiencia en la escuela católica NO será olvidada pronto.

Chapter 10

SEX, SEX, SEX . . . The Catholic High School Years

D O YOU REMEMBER *YOUR* high school years? If your high school years were in the 1950s and 1960s, you might not have entitled that chapter of memories, "SEX, SEX, SEX." Furthermore, if your high school years were in the 1950s and 1960s AND especially if you attended a Catholic high school, it could almost be *guaranteed* that you wouldn't have entitled that chapter of reminisces "SEX, SEX, SEX"!!! Perhaps, chapter titles such as this are only for getting a reader's attention and for selling books, movies, newspapers, and magazines.

Of course any guy who had graduated from high school in those repressed, distant years will tell you that "sex, sex, sex" was a topic oft discussed in the boys' locker room at school, on the bus going to away games and marching band events, and before and after every house party attended by him and his friends throughout high school. There was plenty of "talking," while just how much "doing" is a matter of cherished macho debate. Most of us Catholic high boys had been advised and counseled, warned and threatened that *SEX* was *NOT* ever to be considered before marriage. To be sure this idea of protecting our virginity was hammered home by the nuns and priests (in *loco parenti* / in our parents' stead) there were all kinds of brochures, meetings, and, yes, even films to persuade and scare us into virginal cooperation.

"A Catholic Man's Guide to Sex" and "What Every Good Christian Needs to Know" were a couple of the "informative" pamphlets we boys had been given during our "sexually informative"

Capítulo 10

SEXO, SEXO, SEXO... Los años en la preparatoria católica

¿RECUERDAN *SUS* años de la prepa? Si sus años de preparatoria estuvieron entre las décadas de 1950 y 1960, es posible que no hubieran titulado ese capítulo de sus recuerdos preparatorianos con la palabra "SEXO, SEXO, SEXO". Además, si estudiaron la preparatoria en las décadas de 1950 y 1960, Y, especialmente, si asistían a una preparatoria católica, casi podría *garantizar* que no titularían un capítulo de memorias de la preparatoria con ¡¡¡"SEXO, SEXO, SEXO"!!! Es posible que los títulos como este solo sirven para llamar la atención de los lectores y para vender libros, películas, periódicos y revistas.

Por supuesto, cualquier chico que se haya graduado de la escuela preparatoria en esos distantes años reprimidos de los años cincuenta y principios de los sesenta podrá decir que el "sexo, sexo, sexo" era un tema que se discutía con frecuencia en el vestidor de hombres en la escuela, en el autobús de transporte a juegos como equipo visitante y a eventos de la banda de música, y antes y después de cada fiesta en alguna casa a la que asistían ese chico y sus amigos durante la preparatoria. Había mucha "plática", pero cuánto en realidad se "hacía" era una cuestión de preciado debate machista. A la mayoría de nosotros los chicos católicos se nos había orientado, aconsejado, advertido y amenazado respecto a que el SEXO NUNCA debía considerarse antes del matrimonio. Para asegurarse de que las monjas y los sacerdotes (en "*loco parenti*"/en lugar de nuestros padres) habían martillado en nuestras cabezas esta idea de proteger nuestra virginidad, existía todo tipo de folletos, reuniones y, sí, incluso películas para persuadirnos y asustarnos hasta hacernos cooperar virginalmente.

meetings with the priests and religious brothers in our schools. "Are You Ready to Be One of God's Soldiers?" and "What Every Catholic Boy Needs to Know About Sex" were the enticing titles for just two of our many man-to-man meetings and discussions led by the priests in our school-sanctioned "sex" workshops. And if the pamphlets and discussion groups weren't enough to make you pray for the continuation of your virginity, then the big guns were brought in: films about sex! The most noteworthy of these during my years in Catholic high school was my favorite all-time film: *Phoebe: A Girl of the Streets*. Even though I had lots of female friends and three sisters, I never once heard what happened at the girls' meetings about sex which were led by the nuns. All I know is that there was *NOTHING* ever even remotely referring to sex in any of these pamphlets, or at any of the meetings, and not even in *Phoebe: A Girl of the Streets*. Nothing.

And, in case you are thinking that I am just an urbane and jaded 21st-century adult. Let me tell you what my own mother told me about her "sex education" by the priests in 20th-century America: After five or six pregnancies (besides having six children my mother had also endured several miscarriages . . . can you imagine?), my father and even my mother (in her stalwart Catholic beliefs) wanted to prevent or, at least, *limit* the number of future children born as a result "of the connubial bliss" of their Christian marriage. For Catholics in those days, ANY form of birth control was a mortal sin and condemned by the Catholic Church. However, my mother had heard (probably from the women of the Altar Rosary Society or some other old maiden ladies in our church) that *the rhythm method* was condoned by the church. Anyway, with this wonderful phrase "the rhythm method" in her head, my thirty-five year old, perpetually pregnant mother (who despite all these pregnancies always looked tall, trim and beautiful) decided to go to talk to the parish priest and get advice on how a good Catholic woman carried out this "rhythm method."

When I was a child at the end of my elementary school years, I was getting pretty fed up with the constant lack of privacy

"Una guía sexual para el hombre católico" y "Lo que todo buen cristiano necesita saber" eran un par de folletos "informativos" que a los chicos nos habían dado durante nuestras reuniones de "temática sexual" con los sacerdotes y hermanos religiosos en nuestras escuelas. "¿Estás listo para ser un soldado de Dios?" y "Lo que todo chico católico necesita saber sobre el sexo" eran los atractivos nombres de dos de nuestras muchas reuniones y discusiones de hombre a hombre dirigidas por los sacerdotes en nuestros talleres "sexuales" aprobados por la escuela. Y si los folletos y los grupos de discusión no eran suficientes para hacerte rezar por la conservación de tu virginidad, entonces se sacaba la artillería pesada: ¡películas sobre sexo! La más notable de todas durante mis años en la preparatoria fue mi película favorita de todos los tiempos: ¡*Phoebe, una chica de la calle*! A pesar de que tenía muchas amigas y tres hermanas, nunca me enteré de lo que sucedía en las reuniones sobre sexo que dirigían las monjas para las chicas. ¡Todo lo que sé es que NADA se refería remotamente al sexo en ninguno de estos folletos o en alguna de las reuniones, y ni siquiera en ¡*Phoebe, una chica de la calle*! Nada.

Y, en caso de que estén pensado que no soy más que un adulto del siglo XXI con aires de superioridad y cansado, permítanme relatar lo que mi propia madre me contó acerca de su "educación sexual" otorgada por parte de los sacerdotes en los Estados Unidos del siglo XX: después de cinco o seis embarazos (además de tener seis hijos, mi madre también tuvo varios abortos involuntarios... ¿se imaginan?), mi padre e incluso mi madre (desde sus firmes creencias católicas) querían prevenir o, al menos, *limitar* el número de futuros hijos nacidos de "la felicidad connubial" de su matrimonio cristiano. Para los católicos de aquellos días, CUALQUIER forma de control natal era un pecado mortal y era condenado por la Iglesia Católica. Sin embargo, mi madre había escuchado (probablemente de las mujeres de "La Sociedad del Altar y el Rosario" o de otras viejas damas solteras de nuestra iglesia) que el *método del ritmo* era tolerado por la iglesia. De todos modos, con esta maravillosa frase "el método del ritmo" en su cabeza, mi madre, embarazada perpetua de treinta y cinco años, (y a pesar de todos estos embarazos siempre se veía alta, delgada y hermosa) decidió ir a hablar con el sacerdote de la parroquia para recibir consejos sobre cómo una buena mujer católica llevaba a cabo este "método del ritmo".

and space at The Embassy because of the never-ending onslaught of new babies. Many of my friends and neighbors had a lot of children, too, but none had so many children as we seemed to have. So, as a pre-teen boy of twelve years old or so, I got brave enough one day to ask my mother, "Mother, why do WE have so many babies?" My Mother's answer was simply (and I quote directly her words in English), "God just keeps sending the babies." To which I responded in all honesty, "But why does He keep sending them *here*?! (Actual quotes; and thus endeth the sex "conversation.")

It wasn't until years later, when I was a young adult, that I, once again, asked my mother why she and Dad had had so many children, especially when they couldn't afford more in the household. Feeling a bit shame-faced, my mother confided in me and said she had tried to use the rhythm method at one point in her baby-besieged life. She told me that after several embarrassing meetings with our parish priest at St. Paul's Parish Rectory, she had learned to do the rhythm method *exactly* as our parish priest had told her. It was a "method" condoned by Holy Mother Church and explained in detail by our parish priest, so my mother felt confident that she was NOT offending her precious religion NOR was she going to have to deal with any more unwanted pregnancies. She and my father were ecstatic that a solution to their dilemma had been reached. Nine months later, my mother gave birth to another healthy baby boy! How was this possible?

My mother told me that she and my dad religiously (pun intended) followed the rhythm method as directed by the priest. Unfortunately, the priest had told her the exact opposite technique and my parents had sex when my mother was the most fertile. She told me that she didn't find *that* out until many years later (after several more pregnancies). My poor Catholic mother wasn't even suspicious at the time that she was doing "it" wrong. Why? Well, look at the religion. Why would you even think there was a problem when the ENTIRE Catholic religion is based on "The Virgin Birth." See?

Well, as it turned out, those same priests were leading the

Cuando yo era jovencito, al final de mis años de escuela primaria, me empezaba a hartar de la constante falta de privacidad y espacio en La Embajada debido a la interminable embestida de nuevos bebés. Muchos de mis amigos y vecinos también tuvieron muchos hijos, pero al parecer ninguno tenía tantos hijos como nosotros. Entonces, ya todo un preadolescente de aproximadamente doce años, un día tuve el valor de preguntarle a mi mamá: "Madre, ¿por qué TENEMOS tantos bebés?" La respuesta de mi madre fue simple (y cito directamente sus palabras, traducidas del inglés): "Dios sigue enviando bebés". A lo que respondí con toda honestidad: "Pero, ¡¿por qué sigue enviándolos *aquí*?! (Citas reales y así fue como terminó la "conversación" sobre SEXO).

No fue sino hasta años más tarde, cuando era un adulto joven, que una vez más le pregunté a mi madre por qué ella y papá habían tenido tantos hijos, especialmente cuando no les alcanzaba para mantener a más en la casa. Sintiéndose un poco avergonzada, mi madre se sinceró y me dijo que había tratado de usar el método del ritmo en un momento de su vida sitiada por bebés. Me contó que después de varias reuniones vergonzosas con nuestro párroco en la rectoría de la Parroquia de San Pablo, había aprendido a usar el método del ritmo *exactamente* como nuestro párroco le había dicho. Era un "método" tolerado por la Santa Madre Iglesia y explicado en detalle por nuestro párroco, por lo que mi madre se sentía segura de que NO estaba ofendiendo a su preciosa religión y NO tendría que lidiar con más embarazos no deseados. Ella y mi padre estaban encantados de que se hubiera encontrado una solución a su dilema. ¡Nueve meses después mi madre dio a luz a otro saludable bebé! ¿Cómo pudo ser?

Mi madre me dijo que ella y mi padre religiosamente (juego de palabras intencional) siguieron las instrucciones del método del ritmo que el sacerdote había indicado. Desafortunadamente el sacerdote le había explicado exactamente la técnica opuesta y mis padres tenían relaciones sexuales cuando mi madre era más fértil. Ella me dijo que no se dio cuenta hasta muchos años después (después de varios embarazos más). Mi pobre madre católica ni siquiera sospechaba en aquel momento que lo estaban "haciendo" mal. ¿Por qué? Pues hay que ver la religión. Por qué se creería que hay algún problema cuando la religión católica en su totalidad se basa en "El nacimiento virginal". ¿Lo ven?

"Sex Lectures" and "Sex Discussion Groups" for all of us high school boys. So, by fourteen or fifteen years old, I was now ready to hear some *REAL* facts and information about sex. I was sure that these high school-level meetings weren't going to be as lame and evasive as the two or three sex lectures the priests had already given us back at Saint Paul's School in seventh and eighth grade. I was very wrong—they were lamer and more evasive. Even actual Diocesan-endorsed films like *Phoebe: A Girl of the Streets* seemed as stupid and innocuous as some shop-from-home idiotic daytime television show. Just stupid.

With the unmitigated failure of these "sex education events" in Catholic high school, you might wonder why more Catholic high school students didn't get pregnant or, at least, have more sex. You, dear reader, are either a non-Catholic OR you are so old that you've forgotten what our lives were like half a century or more ago. The cornerstone of Catholic moral education was: MIS-information and fear!!!! Very basic. And, I was the standard bearer for all the fear that Catholic education could instill in us. (Remember the "buying pigs and babies" Lenten incident in a previous chapter?) Well, now I had had six or eight more years of reinforced fear and misinformation. Oh, don't think I loved Catholic education any less. As a matter of fact, I believed in and loved everything that I had learned and was learning during my intense Catholic education. If Holy Mother Church said, "NO SEX," then "NO SEX" it was. My religious fervor at the time, combined with my strict upbringing at The Embassy ensured there would be NO SEX!!!

And, believe me, I was not alone trapped in the net of NO SEX. Oh, sure, there were dozens of tough guys who boasted in the locker room about their sexual achievements. And there was no end to the explicit description of "wait till next Saturday night" and what the braggart was going to do on his date with the prom queen on that weekend. It often turned out that most of those sexual encounter dates never happened. At school, as Monday came around, you found out that that particular Saturday night of your

Pues resultó que esos mismos sacerdotes dirigían las "Conferencias sexuales" y los "Grupos de discusión sexual" para todos los chicos de preparatoria. Por eso a los catorce o quince años yo ya estaba listo para escuchar algunos hechos REALES e información verdadera sobre el sexo. Estaba seguro de que estas reuniones de nivel preparatoria no serían tan inútiles y evasivas como las dos o tres conferencias sexuales que los sacerdotes ya nos habían dado en la escuela de San Pablo en séptimo y octavo grado. Estaba muy equivocado —eran más inútiles y más evasivas—. Incluso las mismas películas, respaldadas por la Diócesis, como *Phoebe: una chica de la calle*, parecían tan estúpidas e inocuas como un tonto programa diurno de ventas por televisión. Simplemente estúpido.

Con el fracaso absoluto de estos "eventos de educación sexual" en la preparatoria católica, uno se preguntaría por qué no quedaron embarazadas más estudiantes católicas o, al menos, tuvieron más relaciones sexuales. Ustedes, queridos lectores, puede que no sean católicos O puede que sean TAN viejos que han olvidado cómo eran nuestras vidas hace más de medio siglo. La piedra angular de la educación moral católica era: ¡la DES-información y el miedo! Muy simple. Y yo mismo era el abanderado de todo el miedo que la educación católica podía inculcarnos. (¿Recuerdan el incidente de Cuaresma de "comprar bebés y pianos" en un capítulo previo?) Bueno, había tenido seis u ocho años más de reforzamiento de todo ese miedo y esa desinformación. Pero no crean que me gustara menos la educación católica. De hecho, creía y amaba todo lo que había aprendido y estaba aprendiendo durante mi intensa educación católica. Si la Santa Madre Iglesia decía "NADA DE SEXO", entonces "NADA DE SEXO". ¡Mi fervor religioso en ese momento, combinado con mi estricta crianza en La Embajada me aseguraron que NO HABRÍA SEXO!

Y, créanme, no estaba yo solo atrapado en la red de NADA DE SEXO. Oh, claro, había docenas de tipos rudos que se jactaban en el vestidor sobre sus logros sexuales. Y eran infinitas las descripciones explícitas de "espera al próximo sábado por la noche" y lo que el fanfarrón iba a hacer sexualmente en su cita con la reina del baile ese fin de semana. A menudo resultaba que la mayoría de esas citas sexuales nunca ocurrían. En la escuela, al llegar el lunes descubríamos que ese particular sábado por la noche en que ocurriría el supuesto evento

buddy's alleged adventure with his prom queen date, had devolved into a different story. The prom queen had been in the hospital, for instance, having her appendix taken out instead of having sex with your bragging buddy. In a Catholic high school full of kids from local parish Catholic elementary schools (most of whose kids had known each other and their families for years and years), it wasn't very hard to verify just how truthful these pre-marital sex boasts really were. Often, they simply didn't happen.

Besides the years and years of inculcation of fear and guilt by our Catholic school education, pre-marital sex for some just wasn't possible. "Why?" you ask. Because the nuns, priests, religious brothers, lay teachers, and our parents kept us so busy with church events, school work, family obligations, sports and extra-curricular events, we simply didn't have the time, money, or energy to carry out even our simplest intimate plans or desires!! As Catholic high school students in those booming years of the 1960s, there was an overwhelming demand on our time, money, and energy. World War II was over. Our baby boomer generation had all the opportunities (and challenges) of a post-war, financially prosperous, and open-ended, hectic, space-race life! We American kids (rich or poor; Catholic or not) had to work hard and grab onto this new and exciting fast-paced life!!! And we did.

The generations of our parents and grandparents couldn't even have imagined what life would be like in the U.S. after WWII. Cars, suburbs, women working outside the home, money, credit, college opportunities for all; it was unprecedented. And to attain all of those promises of our generation we baby boomers (kids born from about 1947 to about 1962) had to work hard and compete with a tremendous number of other kids of our same era.

Yes, the promise was there. Yes, the rewards were staggeringly fantastic. But, also, the cost in money and effort was tremendous! As for me, *Effort* was my middle name. I can frankly say I put in more effort in anything I tried to accomplish than the average teenager that I knew in those days. Coming from such a poor family, I didn't have the slightest idea where the "money" was

sexual del amigo en su cita con la reina del baile, ella había estado hospitalizada porque le habían sacado el apéndice en lugar de tener relaciones sexuales con el fanfarrón compañero. En una preparatoria católica llena de chicos provenientes de las escuelas primarias y secundarias católicas locales de la parroquia (chicos que en su mayoría se conocían y habían conocido a sus familias por años y años), no era muy difícil confirmar qué tan verídicas eran esas presunciones de sexo prematrimonial. A menudo simplemente no sucedían.

Además de los años y años en que nuestra educación escolar católica nos inculcó miedo y culpa, el sexo premarital simplemente no era posible. "¿Por qué?", se preguntarán. Debido a que las monjas, sacerdotes, hermanos religiosos, maestros laicos y nuestros padres nos mantenían tan ocupados con los eventos de la iglesia, el trabajo escolar, las obligaciones familiares y los deportes y eventos extracurriculares, que simplemente no teníamos el tiempo, el dinero ni la energía para ¡¡llevar a cabo siquiera nuestros planes y deseos íntimos más simples!! Como estudiantes católicos de preparatoria en esos años de auge de la década de 1960, había una demanda abrumadora de nuestro tiempo, dinero y energía. La Segunda Guerra Mundial había terminado. ¡Nuestra generación de *baby boomers* tenía todas las oportunidades (y desafíos) de una vida de posguerra, económicamente próspera y con una frenética carrera espacial de final incierto! ¡¡¡Los chicos estadounidenses (ricos o pobres, católicos o no) teníamos que trabajar duro y aprovechar esta nueva y emocionante vida acelerada!!! Y lo hicimos.

Las generaciones de nuestros padres y abuelos ni siquiera podían haber imaginado cómo sería la vida en los Estados Unidos después de la Segunda Guerra Mundial. Autos, suburbios, mujeres trabajando fuera del hogar, dinero, crédito, oportunidades universitarias para todos; no había precedentes. Y para alcanzar todas esas promesas de nuestra generación, los *baby boomers* (niños nacidos entre 1947 y 1962) tuvimos que trabajar mucho y competir con un gran número de chicos de la misma época.

Sí, la promesa estaba ahí. Sí, las recompensas eran asombrosamente fantásticas. Pero, además, ¡el costo en dinero y esfuerzo era tremendo! En cuanto a mí, *Esfuerzo* era mi segundo nombre. Puedo decir francamente que puse más esfuerzo en todo lo que traté

going to come from, but as for the "effort," I could and did put out a lot of hard work and commitment.

You've heard of teenagers being yelled at by their parents: "It's very late! Turn off the TV and go to bed!" On the contrary, in my case during all my high school years my parents would call out, "Stefano, it's very late!! Stop studying and go to bed." I even had the gall to respond in all sincerity, "I will. I only have two more chapters of Latin verbs to study!" No joke. I had to be told to stop studying and go to bed. And *no one* in my family would ever sleep late in the morning. We all got up at 5 A.M. , took quick turns sharing our well-worn bathroom, ate a big breakfast (usually of sugary cold cereal and whole milk), and scooped up our books to get to school on time. As a matter of fact, 97% of my life as an adult I persisted in going to bed by 9 P.M. and getting up for work or school by 5 A.M. . . . . Which is true even today!!!

Serving a dozen or more neighborhood Catholic parishes in our city, our not-so-local Central Catholic High School was over a half-hour bus ride away from our Embassy neighborhood. I couldn't have afforded the twice daily public bus fare, but as already noted, it was a time of great financial wealth and optimism in the U.S. and locally our parish schools provided every student with a FREE roll of enough bus tokens to go back and forth to school for an entire month! That benefit was unbelievably wonderful for poor kids like us in The Embassy, my brother and sister and me. FREE!! Every morning there was a free ride provided for us to Catholic Central High School. The parish provided a big yellow rented school bus to take all of its elementary school graduates to the Catholic high school campus a few miles to the north. All we kids had to do was show up at 7:30 A.M. in front of our former parish Catholic elementary school and the bus would whisk us off to high school. To return home, we simply left our high school classrooms from one of the ten main exits and dashed to the curb, where (for the cost of one metal bus token the size of a nickel) a city bus waited to zip you back home to your own neighborhood. If, however, you had already used up all of your bus tokens to

de alcanzar que el adolescente promedio que conocía en esos días. Al provenir de una familia tan pobre, no tenía la menor idea de dónde vendría el "dinero", pero en cuanto al "esfuerzo", pude poner y puse mucho trabajo duro y compromiso.

Han escuchado que hay padres que gritan a sus hijos adolescentes: "¡Es muy tarde! ¡Apaga la televisión y vete a dormir!" Por el contrario, en mi caso, durante todos mis años de preparatoria, mis padres me gritaban: "¡Stefano, es muy tarde! Deja de estudiar y vete a la cama". Incluso tuve el valor de responder con toda sinceridad cosas como: "Ya voy. ¡Solo tengo que estudiar dos capítulos más de verbos latinos!" No es broma. Tenían que decirme que dejara de estudiar y que me acostara. Y *nadie* en mi familia se levantaba tarde al día siguiente. Todos nos levantábamos a las 5 de la mañana, nos turnábamos rápidamente para compartir nuestro muy deteriorado baño, tomábamos un gran desayuno (generalmente de cereales azucarados y fría leche entera), y recogíamos nuestros libros para llegar a la escuela a tiempo. De hecho, el 97% de mi vida como adulto insistí en acostarme a las 9 de la noche y levantarme para el trabajo o la escuela a las 5 a.m.... ¡¡¡Lo cual ocurre hasta el día hoy!!!

Debido a que tenía que atender a una docena o más de parroquias católicas de distintos vecindarios en nuestra ciudad, nuestra preparatoria católica central no tan local estaba a más de media hora en autobús desde el vecindario de nuestra Embajada. No podría haber pagado la tarifa de autobús dos veces al día, pero como ya se señaló, era un momento de gran riqueza financiera y optimismo en los Estados Unidos y localmente, nuestras escuelas parroquiales proporcionaban a cada estudiante un tubo GRATUITO con suficientes fichas de autobús para ir y regresar a la escuela ¡para todo el mes! Este beneficio era increíblemente maravilloso para estudiantes pobres como nosotros en La Embajada, mi hermano, mi hermana y yo. ¡¡¡GRATIS!!! Todas las mañanas había un viaje gratuito que nos era proporcionado por la Preparatoria Central Católica. La parroquia proporcionaba un gran autobús escolar amarillo alquilado para llevar a todos sus graduados de la escuela de educación básica al campus de la escuela preparatoria católica a pocos kilómetros al norte. Todo lo que los chicos preparatorianos teníamos que hacer era presentarnos a las 7:30 a.m. frente a nuestra antigua escuela de educación básica católica parroquial

travel somewhere on the weekend, then, for sure, you would not have enough tokens to use to finish out the month. Then you would have to pay 5¢ to ride home on the brown Fifth Avenue bus line or pay 15¢ (which was *a lot* of money in those days) to ride the United Traction Company city bus, OR you would have to walk home!! I remember walking home those few miles some afternoons at the end of the month whenever: a) I had already used my bus tokens for a Saturday excursion or two, OR b) because my dismissal from my last class was too late for me to catch the city buses which had lined up around our school's city block to take us home.

If a student were dismissed too late to take one of the 22 city buses that lined up all around the huge city block of our Catholic high school campus, then there was a special procedure to follow. He would have to walk five city blocks toward the river and wait on the street corner for a regular city bus on its normal bus route. Then the hapless student would have to pay one metal token (or 15¢ cash if he didn't have any tokens left), ask for a paper transfer, and ride for over half an hour on the regular city bus to downtown. Then one had to wait for 10 or 15 more minutes to use his paper transfer to take *another* bus up the hill, for instance, to our neighborhood. Furthermore, the paper "Transfer/ Passes" were time sensitive. That is to say, that if you had a paper bus transfer and didn't use it within a very few minutes, then the pass was invalid, the subsequent bus driver would *not* accept the transfer, and you would have to pay the full fare of fifteen cents all over again. Geez!!! When we took the after-school public bus to downtown from school, it was always amazing to get off the bus in the center of Troy and behold a sea of gray Catholic high school uniforms throughout the center of town, as well as a blue mass of The LaSalle students' military uniforms. Missing the regular after-school 3:15 P.M. bus was a real "pain in the neck," especially for us students who had to stay after school for one activity or another. Sometimes we were SO late being dismissed that we had the rare and (to us) startling experience of witnessing dozens of our nun teachers (dressed in their full, long-gowned nun regalia) hopping

y el autobús nos llevaría rápidamente a la preparatoria. Para regresar a casa, simplemente salíamos de nuestras aulas hacia una de las diez salidas principales y nos apresurábamos a la acera donde (por el costo de una ficha de autobús de metal del tamaño de una moneda de cinco centavos) un autobús de la ciudad esperaba para llevarnos como de rayo de regreso a casa en nuestros vecindarios. Sin embargo, si alguien ya había usado todas sus fichas de autobús por viajar a algún otro lugar durante el fin de semana, en consecuencia, seguramente no tendría suficientes fichas para terminar el mes. Entonces tendría que pagar cinco centavos para viajar a casa en la línea de autobús de la Quinta Avenida color café O pagar quince centavos (que era *mucho* dinero en aquellos días) para viajar en el autobús urbano de la Compañía de Tracción Unida. O ¡¡tendría que caminar a casa!! Recuerdo haber caminado a casa esos pocos kilómetros algunas tardes al final del mes porque a) ya había usado mis fichas de autobús escolar para uno o dos viajes en autobús el sábado, O b) porque la salida de mi última clase era demasiado tarde para que tomara los autobuses urbanos que se alineaban alrededor de la cuadra de nuestra escuela preparatoria para llevarnos a casa.

Si a un estudiante lo dejaban salir demasiado tarde para tomar uno de los veintidós autobuses urbanos que se alineaban alrededor de la gran cuadra del campus de nuestra escuela preparatoria católica, entonces había que seguir un procedimiento especial. Ese estudiante tendría que caminar cinco cuadras hacia el río y esperar en la esquina de la calle un autobús regular de la ciudad en su ruta normal. Después, el desafortunado estudiante tendría que pagar con una ficha de metal (o 15 centavos en efectivo si no le quedaba ninguna ficha), solicitar un boleto de transbordo y viajar durante más de media hora en el autobús regular de la ciudad al centro. Entonces tendría que esperar 10 o 15 minutos para usar su boleto de transbordo para tomar *otro* autobús cuesta arriba, por ejemplo, a nuestro vecindario. Además, el boleto de transbordo tenía tiempo límite. Es decir, si se tenía un boleto de transbordo para el autobús y no se usaba en pocos minutos, entonces el pase era inválido, el conductor del siguiente autobús de transbordo *no* aceptaría el boleto y se tendría que pagar la tarifa completa de quince centavos otra vez. ¡Rayos! Cuando tomábamos el autobús urbano después de clase desde la escuela hacia el centro, siempre era

into the backs of big station wagons to be delivered back to their Mother Houses where they assumedly lived and were evidently going to correct our school work and to prepare another day's full schedule of academic activities and tests.

About fifty of us boys and girls had marching or orchestra band practice in the band building way up on the hill on our school campus far away from the main buildings. If band practice ended late, you'd miss your bus. And since band practice was the last period of the day, many of my classmates and I missed the regular 3:15 P.M. lineup of buses that was conveniently located right in front of the main school building. For the band kids who lived in nearby parishes, like Saint Augustine's or Saint Bridget's, it wasn't a big problem. But for me, who was the sole bandmember from my home parish school of Saint Paul's, it was a very long walk *alone* back home to The Embassy on such forlorn late afternoons.

Further complicating things, I regularly had to use my bus tokens for two important weekly trips in addition to school. Every Tuesday night during my first three years of high school, I also used bus tokens to go to and from my judo classes!!! These classes were held in an old warehouse down by the river not too far from my Grandfather's furniture store in downtown Troy. My judo class was attended by about twenty other high school boys whom I didn't know because they all seemed to be from the public high school. The class lasted from 7 P.M. until 9 P.M. As class ended, I had to change out of my *gi* (the judo uniform which one wears when sparring with the sensei/teacher), and hustle out alone (most of the other boys were picked up by car) and head four blocks to catch one of the last city buses to take me up the hill, home to The Embassy about a half-hour ride away. At that weeknight hour, the dark and deserted city streets made for a creepy and uncomfortable lonely dash to the bus stop—especially in winter when the wind whipped off the frozen river and chilled me to the bone. I was usually the only person at the bus stop and on the bus at that hour of the night on a Tuesday.

The other weekly occurrence which necessitated me using

maravilloso bajarse del autobús en el centro de Troy y ver un mar de uniformes grises de la preparatoria católica a lo largo del centro de la ciudad además de una masa azul de uniformes militares de los estudiantes de LaSalle. Perder el autobús regular a la salida de la escuela a las 3:15 p.m. era un verdadero "dolor de cabeza", especialmente para nosotros los estudiantes que teníamos que quedarnos después de la escuela para una u otra actividad. Algunas veces nos dejaban salir TAN tarde que teníamos la rara y (para nosotros) sorprendente experiencia de presenciar que docenas de nuestras maestras religiosas (ataviadas con sus largas y completas galas de monja) saltando al asiento trasero de grandes vagonetas para ser llevadas a sus Casas Madre donde supuestamente vivían y evidentemente iban a calificar nuestro trabajo escolar y a prepararse para un día más de horario completo de actividades académicas en el aula y exámenes).

Alrededor de cincuenta chicas y chicos teníamos ensayos de banda de marcha y de orquesta en el edificio de la sala de música en la colina del campus escolar, lejos de los edificios principales. Si la clase o práctica de la banda terminaba tarde, perdíamos el autobús. Como la práctica de banda de marcha era en el último módulo del día, muchos de mis compañeros y yo perdíamos la alineación regular de autobuses a las 3:15 p.m. que estaban convenientemente ubicados justo en frente del edificio principal de nuestra escuela. Para los chicos de la banda que vivían en parroquias cercanas, como San Agustín o Santa Brígida, no era un gran problema. Pero para mí, que era el único miembro de la banda que venía de mi escuela parroquial de San Pablo, era una caminata muy larga en *solitario* de regreso a La Embajada en esas tardes desoladas.

Para complicar más las cosas, yo tenía que usar con regularidad mis fichas de autobús para dos importantes viajes semanales además de la escuela. ¡¡¡Todos los martes por la noche durante mis primeros tres años de preparatoria también usé mis fichas de autobús para ir y volver de mis clases de judo!!! Estas clases se llevaban a cabo en un antiguo almacén cerca del río, no muy lejos de la tienda de muebles de mi abuelo, en el centro. A mi clase de judo asistían alrededor de 20 chicos preparatorianos más a quienes no conocía porque todos eran al parecer de la preparatoria pública. La clase duraba de 7 p.m. a 9 p.m. Cuando terminaba la clase, yo tenía que cambiarme mi *gi* (el uniforme

up precious bus tokens was going to my Saturday morning guitar lesson. I already knew how to play the piano, trumpet and baritone horn. I could read music and I loved being part of the marching band and the high school orchestra. However, the piano, the trumpet, and the baritone horn were *NOT* "cool" instruments in the 1960s! What was cool in the 1960s was the guitar. I wanted to play modern hip songs just like The Beatles or the really neat guys in school who played the guitar at parties and high school gatherings. This interest compelled me to hire a private guitar teacher; so every Saturday morning I showed up promptly for my one-hour private lesson which was held in a tiny, smelly room upstairs of a music store which was located right across the street from the well-known Proctor's Theater on 4th Street in the center of town. I loved learning to play that guitar; it made me feel so modern and "with it."

As it was, every Saturday morning I had to pay The Troy Record Newspaper Company for my daily big bundle of over 60 newspapers which I delivered to all of my customers in my neighborhood every day after school. Since my newspaper customers usually paid me their 42¢ per week in coins, I had a huge paper bag full of heavy rolled coins (the rolling chore occupying every Friday evening) to bring to downtown Troy to pay to my newspaper route manager. Because of all this money and because I was carrying my cheap six-string guitar in its inexpensive cloth case, I hesitated to walk to downtown. I hesitated because I was alone and because I would have had to pass some rather sketchy neighborhoods where I feared being waylaid and robbed by some local hoodlums. Instead, I chose to use one of my precious bus tokens to ride the city bus. Later, after paying my newspaper bill and after having my guitar lesson, I usually walked back up the long hill to home in order to save at least one bus token.

Somehow, I managed to pay for *both* my judo lessons and my guitar lessons by myself by just using the profits from my big paper route and various income from other little jobs I had such as shoveling snow for neighbors and assorted other

de judo que uno se pone cuando entrena con el sensei/maestro), y salía de prisa solo (a la mayoría de los demás muchachos los recogían en coche) y avanzaba cuatro cuadras para tomar uno de los últimos urbanos que me llevarían cuesta arriba a mi casa en La Embajada a una media hora de trayecto. A esa hora nocturna entre semana, las calles oscuras y vacías de la ciudad provocaban que echara una carrera espeluznante e incómoda a solas hasta la parada —especialmente en invierno cuando el viento azotaba el río congelado y me enfriaba hasta los huesos—. Yo era comúnmente la única persona en la parada del autobús y en el autobús mismo los martes a esa hora de la noche.

El otro acontecimiento semanal que me obligaba a usar valiosas fichas de autobús era asistir los sábados a mi clase matutina de guitarra. Yo ya sabía tocar el piano, la trompeta y el cuerno barítono. Yo podía leer música y me encantaba formar parte de la banda de marcha y de la orquesta de la preparatoria. ¡No obstante, el piano, la trompeta y el barítono NO eran instrumentos de moda en los años 60! Lo que era padre en la década de 1960 era la guitarra. Yo quería tocar canciones modernas y actuales como The Beatles o los chicos realmente agradables de la escuela que tocaban la guitarra en fiestas y reuniones de la prepa. Este interés me orilló a contratar un maestro de guitarra particular. Así que todas las mañanas de los sábados me presentaba puntualmente a mi clase privada de una hora que se realizaba en una habitación diminuta y apestosa en el segundo piso de una tienda de música ubicada frente al muy conocido cine Proctor en la calle 4 del centro de la ciudad. Me encantaba aprender a tocar guitarra, me hacía sentir tan moderno y "en onda".

Así como estaban las cosas, todas las mañanas de los sábados tenía que pagar a la Compañía de Periódicos Registros de Troy por mi gran paquete diario de más de 60 periódicos que entregaba a todos mis clientes en el vecindario cada día después de la escuela. Ya que mis clientes de periódicos normalmente me pagaban sus 42 centavos en monedas, yo tenía que llevar al centro de Troy una enorme bolsa de papel llena de pesados rollos de monedas (la tarea de envolver las monedas en rollos me ocupaba todas las noches de los viernes) para pagar al administrador de mi ruta de entrega de periódicos. Como llevaba todo ese dinero y cargaba mi guitarra barata de seis cuerdas en su económico estuche de tela, dudaba en caminar al centro. Dudaba

endeavors. Just amazing in retrospect!!

There were about two thousand Catholic students in my high school in those 1960's baby boomer days, so it made sense to have the buses go to the students rather than the other way around. Missing the bus at 3:15 P.M. dismissal meant a walk home of about two or three miles. A walk of two or three miles would *not* have been such a hardship except for the hilly and desolate terrain between the location of my Catholic High School and the location of The Embassy.

Getting around on foot in those busy city streets meant traversing several dozen blocks and one major steep hill—requiring over an hour and a half to get home. Not good. However, if I took the shortcut through the enormous and historically famous one-mile long Oakwood Cemetery on the hill behind our high school, *then* I could be home from school to do my afternoon paper route within an hour. Two drawbacks: 1) walking in all kinds of weather and especially by yourself in the gloom of an autumn or winter late afternoon through a huge wooded and desolate cemetery was pretty darn creepy. To make my cemetery walk more productive and less useless, often I went right by the Robertson Family plot of my paternal grandmother. I tried to use the trip as a time to visit their gravesites and pray *for* and pray *to* them. And, 2) being the overachiever-type student that I was, I invariably had to carry a huge heavy duffel bag filled with half a dozen textbooks to study from and with which to do my homework that night. Believe me, after the first fifteen minutes carrying that heavy bag of books along those old gravel roads in the cemetery, it got quite exhausting. Oh, and of course, since my marching band class was the last class of the day, I often had to lug my musical instrument as well. Since band was held in a building on the hill far away from our main high school building, it made sense to me, rather than going back down the hill to stow my musical instrument in my homeroom classroom, to climb up the hill to the cemetery from there!! Smart, efficient—but so tiresome.

By the way, *none* of our expensive school-owned band instru-

porque iba solo y porque hubiera tenido que pasar por algunos barrios de mala fama en los que temía que algunos rufianes del rumbo me asaltaran y me robaran. Como alternativa, elegía usar una de mis preciosas fichas para tomar el urbano. Más tarde, después de pagar mi cuenta de periódico y después de tener mi clase de guitarra, con frecuencia caminaba cuesta arriba hacia mi casa con el propósito de ahorrar al menos una ficha de autobús.

De alguna manera me las arreglaba para pagar por mí mismo mis clases de judo y mis lecciones de guitarra usando las ganancias de mi ruta de entrega de periódicos y de ingresos variados de otros trabajitos que tenía, como palear la nieve de los vecinos y otros esfuerzos múltiples. ¡Simplemente increíble en retrospectiva!

Había alrededor de dos mil estudiantes católicos en mi escuela preparatoria en esos días de *baby boomers* de 1960, por lo que tenía sentido que los autobuses fueran por los estudiantes en lugar de hacerlo al revés. Perder el autobús a la salida de las 3:15 significaba una caminata a casa de aproximadamente 3 o 4 kilómetros. Esta caminata *no* hubiera sido tan pesada de no ser por el terreno montañoso y desolado entre la ubicación de mi escuela preparatoria católica y la de La Embajada.

Si caminaba por las concurridas calles de la ciudad significaba que atravesaría varias docenas de cuadras y una gran colina empinada —lo que requería más de una hora y media para llegar a casa—. No estaba bien. Sin embargo, si tomaba el atajo a través del enorme e históricamente famoso Cementerio Oakwood de un kilómetro y medio de largo en la colina detrás de nuestra preparatoria, *entonces* podría estar en casa después de la escuela para hacer mi ruta vespertina de entrega de periódicos en el lapso de una hora. Dos inconvenientes: 1) Era bastante espeluznante caminar en todo tipo de clima y especialmente solo en la penumbra de una tarde de otoño o invierno a través de un enorme cementerio boscoso y desolado. Para hacer mi caminata por el cementerio más productiva y menos inútil, con frecuencia me dirigía al lote de la Familia Robertson de mi abuela paterna. Yo trataba de aprovechar el viaje como tiempo para visitar sus tumbas y rezar *por* ellos y *a* ellos. Y 2) Como era un estudiante del tipo sobresaliente, invariablemente tenía que llevar una enorme y pesada maleta de lona llena de media docena de libros de texto para estudiar y para hacer

ments were locked up in our homerooms. They were just lined up in an orderly fashion on open shelves in the back of the band room. And, when I refer to lockers, we didn't have *individually* locked lockers in which to secure our coats, books, and private items. Because there were so many of us baby boomer students in our Catholic high school, there was very little space and very few lockers. Even though our school consisted of four buildings on a big campus of several acres, every single kid had to share his locker with another boy from his homeroom class. Expectedly, boys only shared their lockers with other boys and girls shared their lockers with girls! Even in such matters as sharing lockers, cohabitation of the sexes was *NOT* allowed . . . ever. The nuns felt that the very implication of sharing something as intimate as a general school locker led to "impure" thoughts and thus was to be avoided at all costs! Remember: *no sex!* Still more startling than just sharing a locker was sharing one with a stranger (we students didn't choose our locker partner; pairs were assigned by our nun or priest homeroom teacher). Also, absolutely incredibly, was that, although there were almost 2,000 students from dozens of schools in attendance at our Catholic school, many of the lockers *did not* have locks!! Locks for lockers were deemed expensive and we were young *Catholic* students sharing lockers with fellow Catholic students. It was believed by many of the nuns that locks weren't needed. The understanding was that good Catholic students would never steal from someone, especially a fellow Catholic student. You know what?; they were right. Incidences of stealing, fighting, cheating, and the like (at least in school during school hours) were so rare that when such a thing did happen, it was *BIG* news all over school. The perpetrator of such a sin was practically shunned for the duration of his time at the school. But more likely than not, he was expelled from our midst by our very strict Priest-Principal.

Everything in our school universe was carefully overseen, regulated and controlled by our nuns and priest teachers and administrators. Even our Catholic high school female cheerleaders, for example, wore heavy, figure-masking wool uniforms in our

mi tarea esa noche. Créanme que después de los primeros quince minutos cargando esa pesada bolsa de libros a lo largo de esos viejos caminos de grava en el cementerio, se volvía bastante agotador. Ah y, por supuesto, como mi clase de banda de música era la última clase del día, a menudo también tenía que llevar mi instrumento musical a casa. Dado que el ensayo de la banda se realizaba en el edificio en la colina alejada de nuestro edificio principal de la preparatoria, ¡¡tenía más sentido para mí que en lugar de bajar la colina para poner mi instrumento musical en el espacio de almacenamiento en mi salón de clases, yo subiera la colina hasta el cementerio desde allí!! Listo, eficiente —pero muy cansado—.

Por cierto, *ninguno* de nuestros costosos instrumentos de banda propiedad de la escuela se guardaban bajo llave en nuestras aulas de clase. Estaban alineados de manera ordenada en estantes abiertos al fondo del salón. Y cuando me refiero a casilleros, estos no se cerraban *individualmente* con llave para asegurar nuestros abrigos, libros y artículos personales. Debido a que había muchísimos estudiantes *baby boomers* en nuestra preparatoria católica, había muy poco espacio y muy pocos casilleros. A pesar de que nuestra escuela constaba de cuatro edificios en un gran campus de varias hectáreas, cada estudiante tenía que compartir su casillero con otro estudiante de su salón de clases. ¡Se esperaba que los chicos compartieran su casillero con chicos y las chicas compartieran sus casilleros con chicas! Incluso en asuntos tales como compartir casilleros, *NO* se permitía la cohabitación de los sexos... nunca. Las monjas sentían que la sola implicación de compartir algo tan íntimo como un casillero general de la escuela podría conducir a pensamientos "impuros" y, por lo tanto, ¡debía evitarse a toda costa! Recuerden: *¡nada de sexo!* Algo todavía más alarmante que compartir un casillero era compartirlo con un extraño (nosotros, los estudiantes mismos, no elegíamos a nuestro compañero de casillero; nuestro maestro de aula, ya fuera sacerdote o monja, asignaba las parejas). También era absolutamente increíble que, aunque asistían a nuestra preparatoria católica central casi dos mil estudiantes provenientes de docenas de escuelas, ¡¡muchos de los casilleros *no* tenían candados!! Los candados para los casilleros eran costosos y nosotros éramos jóvenes estudiantes *católicos* que compartíamos casilleros con otros compañeros estudiantes católicos. Muchas monjas creían que los

school colors of purple and white. These uniforms had high collars, long-sleeved tops, and long, thigh-concealing skirts. When they did a "cheer," they simply walked out onto the edge of the basketball court or football field, waved their big paper purple-and-white pompoms, sweetly clapped and chanted encouraging nun-approved cheers, and then, in a very controlled manner, ran swiftly off the court or playing field. There were NO feats of unseemly gymnastics, nor undue shouting, provocative or even the slightest suggestive movements (like splits) as we had seen from the cheerleaders from the public schools at their games. The total control of students was absolute right until the last minute of our time at Catholic high school. At senior graduation, males were *only* allowed to wear white tuxedos with black ties, white shirts and black pants. The females had to wear long white gowns which had to be modeled in front of our class's nun advisors one month prior to graduation day so the gown could be approved in advance. Any senior girl's white graduation dress which did not meet with the nuns' strict code of approval had to be replaced with a more suitable "Christian gown"—that is, one which revealed NO flesh, suggested NO figure, and was fittingly plain enough to reflect a Catholic girl's humility. If the gown, no matter how expensive, failed to meet *all* those criteria and wasn't approved of by the nuns, then the unfortunate girl would *not* be allowed to graduate "from the stage" with all of her 500 fellow senior classmates.

Finishing band class late (or not having any tokens to pay for a bus ride) and knowing that I had already missed the 3:15 P.M. bus home, I often decided to just walk. I would have to walk home with my book-laden gym bag *and* with my band instrument in its case. Now, what instrument do you think I played? Piccolo, . . . flute, . . . clarinet? Oh no; not me. My instrument of choice was the trumpet! Sadly, the band didn't need another trumpet, though, so the instrument that the bandleader, Mr. Bosley, assigned to me to learn was the baritone horn. He assigned this huge instrument to me because I was a strapping 6-foot 3-inches tall, strong, healthy guy. The baritone horn is gigantic. It is second in size and weight only to

222

candados no eran necesarios. Estábamos en el entendido de que los buenos estudiantes católicos nunca le robarían a nadie, especialmente a un compañero estudiante católico... Y ¿saben qué?, tenían razón. La incidencia de robos, peleas, estafas, y similares (al menos en la escuela durante el horario escolar) era tan escasa que cuando tal cosa sucedía, se convertía en una GRAN noticia en toda la escuela. El autor de tal pecado era prácticamente esquivado durante el tiempo que permanecía en la preparatoria. Pero lo más probable es que nuestro muy estricto sacerdote-director expulsara de nuestro entorno a ese estudiante.

Cada cosa era cuidadosamente supervisada, regulada y controlada por nuestros maestros y administradores, todos ellos monjas y sacerdotes. Incluso nuestras chicas porristas de la escuela preparatoria católica, por ejemplo, vestían pesados uniformes hechos de lana que encubrían sus figuras bajo los colores púrpura y blanco de nuestra escuela. Estos uniformes de porrista tenían cuellos altos, blusas de manga larga y faldas largas que ocultaban los muslos. Cuando echaban una "porra", solo caminaban al borde de la cancha de basquetbol o del campo de futbol, agitaban sus grandes pompones de papel color púrpura y blanco, aplaudían dulcemente y coreaban vítores alentadores aprobados por las monjas, y después, de manera muy controlada, corrían rápidamente fuera de la cancha o del campo de juego. No había hazañas de gimnasia inapropiada, ni gritos indebidos, ni movimientos provocativos o siquiera ligeramente sugerentes (como hacer un split con las piernas) de la forma en que habíamos visto hacer a las porristas de las escuelas públicas en sus juegos. El control total de los estudiantes era absoluto, hasta el último minuto de nuestro tiempo en la escuela preparatoria católica. Para la ceremonia de graduación, a los hombres *solo* se les permitía usar esmoquin blanco con corbata negra, camisa blanca y pantalón negro. Las mujeres tenían que usar largos vestidos blancos que tenían que ser modelados frente a las monjas asesoras de nuestro grupo un mes antes del día de graduación para que el vestido fuera aprobado con antelación. Cualquier vestido blanco de graduación que no cumpliera con el estricto código de aprobación de las monjas tenía que ser reemplazado por un "vestido cristiano" más adecuado —es decir, uno que NO revelara la piel NI la figura, y que fuera lo suficientemente simple como para reflejar la humildad de una chica católica—. Si el vestido, por costoso que fuera,

223

the Volkswagen Bug-sized tuba!! YIKES!!! Can you imagine? At the end of a long hard day at school, I had to carry both a large duffle bag full of heavy books, as well as that gigantic instrument in its coffin-sized black, hard plastic carrying case over two miles from school to my house!! This incredible feat also included plodding up the steep hill behind school, walking through the mile-long cemetery and then dragging those two big burdens eight more city blocks to The Embassy. Then, when I got home, I had just enough time to begin the delivery (on foot) of my sixty-customer paper route over a four-city block area!

When the newspapers had been delivered, I rushed home and ate dinner with the family, did my household chores, completed three or four hours of nightly homework, took my bath and got ready for bed. What kid has the time to think about SEX?! I barely had enough strength left in me to brush my teeth!

There you have it. That was part of the church and school's plan to keep us virginal: keep us very busy and work us to death. It was a plan that certainly worked on me! And, as different as I was then from teenagers now, I was actually quite a typical representation of high school kids of my era . . . especially in Catholic high school.

That's how it went for all of my years of high school. Up at 5 A.M.; travel to school; take eight periods of New York State Regents classes (college-prep level advanced classes), go to marching band practice, go to gymnastics or track practice, or go to a Latin Club meeting, or go to rehearsal for my part in one of the school plays of that semester, or meet with the volunteers to decorate for Friday's dance, or attend a late after-school meeting to be sure the monthly school paper was printed on time. Busy? Involved? Studious? Responsible? During my four years in high school, I attended every sports event, every school dance, every concert, every play, and every school/club-sponsored event. Sometimes I was actually part of the play, sports event, concert or dance. I either prepared it, hosted it, or was in it. In retrospect, I don't even know how I had the time to do so many things . . . and to do them well! When I told you that I made an effort; I meant I made a superhuman *effort*!! And I loved

no cumplía con *todos* esos criterios y no era aprobado por las monjas, entonces a la desafortunada chica *no* se le permitiría graduarse en "el escenario" junto a sus 500 compañeros de generación.

Con frecuencia, cuando terminaba tarde la práctica de banda (o cuando no tenía fichas para pagar el viaje en autobús) y sabía que ya se me había ido el camión de las 3:15 p.m. simplemente decidía caminar. Tendría que caminar a casa con mi pesada maleta cargada de libros y con mi instrumento musical en su estuche. Y ¿qué instrumento crees que tocaba? ¿Flautín... flauta... clarinete? No, para nada. ¡Mi instrumento por elección era la trompeta! Desafortunadamente, la banda no necesitaba otra trompeta así que el instrumento que me asignó el líder de la banda, el Señor Bosley, fue el cuerno de barítono. Me asignó ese enorme instrumento porque yo era un muchacho fornido, saludable y fuerte de un metro y 92 centímetros de estatura. El cuerno de barítono es gigantesco. ¡Es el segundo en tamaño y peso solo por detrás de la tuba que es del tamaño de un vocho! ¡CIELOS! ¿Se imaginan? ¡Al final de un día largo y pesado en la escuela, tenía que cargar esa gran bolsa de lona llena de pesados libros además de ese gigantesco instrumento en su estuche de plástico duro negro del tamaño de un ataúd, desde la escuela hasta mi casa, a más de tres kilómetros! Esta increíble odisea también incluía caminar pesadamente cuesta arriba por la empinada colina detrás de la escuela, atravesar el cementerio de un kilómetro y medio de largo y luego arrastrar esas dos grandes cargas ocho cuadras más hasta La Embajada. ¡Para cuando llegaba a casa, tenía apenas suficiente tiempo para comenzar la entrega (a pie) de mi ruta de sesenta compradores de periódicos en un radio de cuatro cuadras urbanas!

Cuando había entregado los periódicos, me apresuraba a casa y cenaba con la familia, hacía mis quehaceres domésticos, completaba tres o cuatro horas de tarea nocturna, me bañaba y me preparaba para dormir. ¡¿Qué chico tiene tiempo para pensar en SEXO?! ¡Apenas me quedaban fuerzas para lavarme los dientes!

Ahí tienes. Eso era parte del plan de la iglesia y la escuela para mantenernos virginales: mantenernos muy ocupados y hacernos trabajar hasta morir. ¡Era un plan que ciertamente funcionó conmigo! Y a pesar de lo diferente que yo era entonces de los adolescentes de ahora, en realidad era una representación bastante típica de los jóvenes

everything I did! I was happy and proud to do it.

With the "effort" part of the formula taken care of, now there was the little matter of the other half of the formula: MONEY. My child-overwhelmed family had no money and I barely had enough money (from my paper route and my dozens of other little jobs) to provide myself with the most basic of necessities. Before the age of sixteen, I was the king of finding ways to earn money. I mowed lawns (with old-fashioned, non-power push mowers), I cleaned out people's garages and cellars, and I walked people's dogs. I even had a unique self-created job where I went to the two barbershops in our Embassy neighborhood and took orders from the barbershop customers for cups of coffee. I would then go to our neighborhood luncheonette, buy the coffees, deliver them to the barbershop owners and their customers, and collect the money (and my tips) for all those cups of coffee. Everyone in the neighborhoods nearest The Embassy knew me from all these jobs that I did. These jobs would lead to *other* job offers (like raking, painting, moving furniture, or even washing and waxing automobiles). I loved it. I loved getting to know all those people and I *loved* earning money. "Sex, sex, sex," couldn't have easily been squeezed into a schedule like that . . . and it wasn't!!

All those hard jobs at which I slaved and sweated really didn't pay much. Folks in my neighborhood just didn't have much money either, so we pre-teens and teenagers weren't paid much as well. While all those jobs kept kids like me in shoes, bus money, and an occasional special clothes purchase or recreational expense, it certainly wasn't enough to pay for any big purchases, extensive traveling, or, certainly not enough to pay for college! I *knew* I wanted to go to college, but how could I ever afford to pay the tuition? I had done my part. I had made the effort to study hard and do well in school, but all the effort in all the world doesn't mean cash money!

Well, there must be an all-seeing and merciful God, because I *did* manage to get money—lots of money. Once I turned sixteen years old, my dozens of little jobs were soon augmented by real

preparatorianos de mi época... especialmente en la escuela católica.

Así transcurrieron todos mis años de preparatoria. Levantarme a las 5 a.m.; trasladarme a la escuela; tomar ocho períodos de clases del programa estandarizado *Regents* del Estado de Nueva York (clases avanzadas de nivel universitario), ir a la práctica de la banda de música, ir a la práctica de gimnasia o atletismo, o ir a una reunión del Club de Latín, o ir al ensayo de mi personaje en una de las obras escolares de ese semestre, o reunirme con los voluntarios para decorar para el baile del viernes, o asistir a una reunión tardía después de clases para asegurarme de que el periódico escolar mensual se imprimiera a tiempo. ¿Ocupado? ¿Involucrado? ¿Estudioso? ¿Responsable? Durante mis cuatro años[8] en la escuela preparatoria, asistí a cada evento deportivo, cada baile escolar, cada concierto, cada obra de teatro y cada evento patrocinado por la escuela o por el club. A veces, de hecho, formaba parte de la obra de teatro, del evento deportivo, del concierto o del baile. Ya sea que yo preparara, organizara, o participara en los eventos. En retrospectiva, ni siquiera sé cómo tuve el tiempo para hacer tantas cosas... ¡y hacerlas bien! ¡Cuando les decía que me esforcé quise decir que hacía un *esfuerzo* sobrehumano! ¡Y me encantaba todo lo que hacía! Era feliz y estaba orgulloso de hacer todo eso.

Una vez resuelta la parte de la ecuación relativa al "esfuerzo", ahora restaba el pequeño detalle de la otra parte de la fórmula: el DINERO. Mi familia abrumada por hijos no tenía dinero y yo apenas tenía lo suficiente (de mi reparto de periódicos y mis docenas de otros trabajitos) para satisfacer mis necesidades más básicas. Antes de los dieciséis años, yo era el rey de hallar las maneras de ganar dinero. Cortaba el césped (con podadoras mecánicas anticuadas), limpiaba los garajes y las bodegas de la gente, y era paseador de perros. Incluso tuve un trabajo inventado por mí mismo en el que iba a las dos peluquerías en nuestro vecindario de La Embajada y tomaba pedidos de tazas de café a los clientes de las peluquerías. Luego iba al merendero de nuestro vecindario, compraba los cafés, los entregaba a los dueños y clientes de la barbería y recogía el dinero (y mis propinas) de todas esas tazas de café. Todos en los vecindarios más cercanos a La Embajada me conocían por los trabajos que hacía. Estos trabajos conducirían a otras ofertas de trabajo (como rastrillar, pintar, mover muebles o incluso

227

---

[8] N. de la T. El autor se refiere a un sistema educativo donde se cursan cuatro años de preparatoria.

paid-by-the hour jobs. It was like a miracle—manna from heaven. Back in the 1960s after President Kennedy was assassinated, the administration of Lyndon Johnson and his Vice President, Hubert Humphrey, had begun to initiate "affirmative-action" programs for "families with restricted means." What this meant was that jobs and programs were made available for underprivileged kids like me from poor families! HOORAY! Just in time; I needed it.

It didn't take long for the nuns and priests at my Catholic high school to size up which kids were from "families with restricted means." Because of dreams of going to college, I was so desperate to earn money that I would have waved my arms, shouted out, and jumped up-and-down in front of them to get their attention in case they missed me as one of the kids from "families with restricted means." Turns out, my name, apparently, was at the top of their list. All my teachers, coaches, instructors, and counselors made sure that I was going to get every scholarship, government job, and low-cost loan that the government had made available.

My effort had paid off, and now the money was fast forthcoming! It seemed like a miracle for someone like me who had lived "without" for so many years as a child. Even though I kept my newspaper route and several of my other jobs through most of my high school years, I also immediately began to take advantage of job offers for us disadvantaged kids. I always "called a spade a spade" and I wasn't going to let any sense of false pride keep me from taking advantage of these government programs. My hardworking father and grandfather paid taxes to the U.S. government, and I had every intention of getting something out of that tax money. I was desperate to go to college and *nothing* was going to keep me from going . . . certainly not false pride.

The first big cash opportunity that I was able to take advantage of came two months after my sixteenth birthday (that birthday is now way over half a century ago). There were federal jobs in the local Watervliet Arsenal for "needy" students and I qualified to fill one of those jobs. We were to be paid the new minimum wage of $1.60 per hour—and $1.60 per hour seemed

lavar y encerar automóviles). Me encantaba. Me encantó conocer a todas esas personas y me *encantó* ganar dinero. El "Sexo, sexo, sexo" habría necesitado de calzador para poder incluirlo en un horario como el mío... ¡por eso no lo incluí!

Todos esos trabajos pesados en los que me esclavizaba y que me hacían sudar la gota gorda realmente no daban muchas ganancias. La gente del vecindario no tenía mucho dinero, por lo que nosotros, preadolescentes y adolescentes, tampoco recibíamos gran pago. Así que todos esos trabajos nos permitían a los chicos como yo tener zapatos, dinero para el autobús y para una compra ocasional de ropa especial o gastos en diversiones, pero ciertamente no era suficiente para pagar grandes compras, viajes extensos y, ciertamente, no era suficiente para pagar ¡la universidad! Yo *sabía* que quería ir a la universidad, pero ¿cómo podría pagar la matrícula? Había hecho mi parte. ¡Había hecho el esfuerzo de estudiar mucho y tener éxito en la escuela, pero ni todo el esfuerzo del mundo se traduce en dinero en efectivo!

Pues debe haber un Dios misericordioso y que todo lo ve, porque *logré* conseguir dinero —mucho dinero—. Una vez que cumplí dieciséis años, mis docenas de pequeños trabajos pronto se vieron mejorados por trabajos de verdad pagados por hora. Fue como un milagro —maná caído del cielo—. Allá en la década de 1960, después del asesinato del presidente Kennedy, la administración de Lyndon Johnson y su vicepresidente, Hubert Humphrey, habían comenzado a implementar programas de "acción afirmativa" para "familias con medios restringidos". ¡Esto significaba que los trabajos y los programas estaban disponibles para chicos desfavorecidos como yo de familias pobres! ¡VIVA! Justo a tiempo; Lo necesitaba.

A las monjas y a los sacerdotes de mi preparatoria católica no les llevó mucho tiempo determinar qué niños eran de "familias con medios restringidos". Gracias a mis sueños de ir a la universidad, estaba tan desesperado por ganar dinero que habría agitado los brazos, gritado y saltado de un lado a otro para llamar su atención en caso de que me ignoraran como uno de los niños pertenecientes a "familias con medios restringidos". Resulta que mi nombre, aparentemente, estaba en el primer lugar de su lista. Todos mis maestros, entrenadores, instructores y consejeros se aseguraron de que yo obtuviera todas las

229

like a fortune to me back then. I felt that if I were going to earn so much money per hour then I would have to work very, very hard and very, very fast. I remember that my older male colleagues with whom I was first assigned, often told me to "Slow down, Stefano. You're going to work yourself right out of a job." I was so happy to have that job that I just couldn't slow down and just couldn't work at a normal pace. I wanted to *prove* that I was worthy of the job and happy to have it. We young teenagers would work all summer in the many factories or maintaining the grounds on the over one-hundred acre walled and guarded arsenal campus.

The Embassy was located across the river and up the hill from the very busy federal arsenal in the city of Watervliet, New York! To save money, I even walked the three miles to work every morning (which included crossing the bridge over the Hudson River). After work, I usually got a ride from one of the men I worked with, going back across the river and up the hill to within a few blocks of The Embassy. It was a long day.

The Watervliet Arsenal was a busy industrial complex where cannon, other arms, and munitions were being made to be sent to the American soldiers fighting in Vietnam. My older brother, Fred, was fighting as a very young American soldier somewhere in Vietnam, and I was committed to preparing the supplies and armaments, helping pack and ship them to him from New York to Vietnam. Whenever I was loading freight into the big trucks on the shipping dock at Building 20, I often wondered if this particular box of munitions would be seen and used by my brother fighting so far away. I was worried about him, and I felt this was all I could do to help him.

It was quite hard work and certainly an eye-opening experience! For two summers, I worked on the roads and grounds crew at the Arsenal. During the school year however, I worked after classes, on weekends, and on school vacations at all sorts of tough, dirty (but interesting) jobs such as in department stores and other factories, often doing janitorial work as part of my duties. By the time I was ready to graduate from high school I had enough money

becas, trabajos gubernamentales y préstamos de bajo costo que el gobierno había puesto a disposición.

¡Mi esfuerzo había valido la pena, y ahora el dinero estaba llegando rápido! Parecía un milagro para alguien como yo que había vivido "careciéndolo" durante tantos años de mi infancia. A pesar de que mantuve mi ruta de entrega de periódicos y varios de mis otros trabajos durante la mayor parte de mis años preparatorianos, también comencé a aprovechar de inmediato las ofertas de trabajo para nosotros los "chicos desfavorecidos". Siempre llamé a las cosas por su nombre y no iba a permitir que ningún sentimiento de falso orgullo me impidiera aprovechar esos programas gubernamentales. Mi padre y abuelo, hombres trabajadores, pagaban impuestos al gobierno de los Estados Unidos y yo tenía toda la intención de obtener algo de ese dinero de impuestos. Estaba ansioso por ir a la universidad y *nada* me impediría ir... y mucho menos el falso orgullo.

La primera gran oportunidad de dinero en efectivo que pude aprovechar llegó dos meses después de mi decimosexto cumpleaños (desde ese cumpleaños ya pasó más de medio siglo). Había trabajos federales en el Arsenal de Watervliet para estudiantes "necesitados" y yo califiqué para ocupar uno de esos trabajos. Se nos pagaría el nuevo salario mínimo de un dólar con sesenta centavos por hora —y un dólar con sesenta centavos me pareció una fortuna en ese entonces—. Sentía que si iba a ganar tanto dinero por hora, tendría que trabajar muy muy duro y muy muy rápido. Recuerdo que mis compañeros varones más grandes que yo del área donde me asignaron por primera vez a menudo me decían "Bájale, Stefano. Te vas a correr tú mismo del trabajo". Estaba tan feliz de tener ese trabajo que no podía bajar la velocidad y no podía trabajar a un ritmo normal. Quería *demostrar* que me merecía el trabajo y estaba feliz de tenerlo. Los jóvenes adolescentes trabajaríamos todo el verano en las muchas fábricas o mantendríamos los terrenos de las instalaciones del arsenal, amurallado y vigilado en sus más de cuarenta hectáreas.

¡La Embajada estaba ubicada al otro lado del río y colina arriba desde el muy concurrido arsenal federal en la ciudad de Watervliet, Nueva York! Para ahorrar dinero, incluso caminaba los cinco kilómetros al trabajo todas las mañanas (que incluían cruzar el puente sobre el Río Hudson). Al salir del trabajo, uno de los hombres

saved to pay for my basic expenses. I also had earned enough college scholarships and lined up enough no-interest federal loans to be sure I could pay for my next four years in undergraduate school.

It was time that I went away to live at college; The Embassy would continue on without me.

con los que trabajaba generalmente me daba un aventón, cruzábamos el río y subíamos la colina para dejarme a unas pocas cuadras de La Embajada. Era un día largo.

El Arsenal de Watervliet era un complejo industrial atareado donde se fabricaban cañones, otras armas y municiones para enviarlas a los soldados estadounidenses que luchaban en Vietnam. Mi hermano mayor, Fred, estaba luchando en algún lugar de Vietnam, como un joven soldado estadounidense y yo estaba comprometido a preparar los suministros y armamentos, ayudaba a empacarlos y se los enviábamos desde Nueva York hasta Vietnam. Cada vez que llenaba la carga en los grandes camiones en el muelle de embarque del Edificio 20, a menudo me preguntaba si mi hermano en combate en un lugar lejano vería y usaría esa misma caja de municiones. Estaba preocupado por él, y sentía que esto era todo lo que podía hacer para ayudarlo.

¡Era un trabajo bastante pesado y una experiencia reveladora! Por dos veranos trabajé en el equipo de carreteras y terrenos del Arsenal de Watervliet. Durante el año, no obstante, trabajaba después de la escuela, los fines de semana y durante las vacaciones escolares en todo tipo de trabajos difíciles, sucios (pero interesantes), como en grandes almacenes y otras fábricas, a menudo haciendo trabajos de limpieza como parte de mis deberes. Cuando estaba listo para graduarme de la preparatoria tenía suficiente dinero ahorrado para pagar mis gastos básicos. También había obtenido suficientes becas universitarias y acumulé suficientes préstamos federales sin intereses para asegurarme de poder pagar mis próximos cuatro años universitarios de la licenciatura.

Era tiempo de que me marchara a vivir en la universidad; La Embajada continuaría sin mí.

Chapter 11

Fun Family Activities à la the 1950s

AS HARD-WORKING AND STUDIOUS as were all the residents of The Embassy, their neighbors, and their fellow church and school friends, there were also some regular fun activities for all of us as well. Life wasn't only hard work, studying, and religious activity.

Since winter in the 1950s in Upstate New York seemed to last six months of the year, we made SURE that we had plenty of fun winter activities to distract us from the intensity of all that snow and cold weather. Of course, winter activities like everything else at The Embassy had to be family-oriented and entail absolutely NO outlay of cash. So we didn't whisk off to San Moritz or some other Swiss resort for a week of family skiing, nor did we expect a trained staff of cooks to have pots of delicious hot fondue ready for us when we finished a day on the slopes.

We did have fun, however, in our wide-open world of cold snow! My father's favorite winter weekend activity was bringing Mother and ALL six of us little children to our neighborhood city park. It was a huge park covering dozens of acres and located only a four-block walk up the hill from The Embassy. In the summer, Frear Park was a well-known golf course and picnic spot with a playground for little children. In the winter, however, those wide-open, long hills covered with several feet of fresh white snow were perfect hills for tobogganing!!!

For little kids like us, dragging that gigantic six-foot long, heavy wooden toboggan up those hills was just too difficult. But for

Capítulo 11

Diversión familiar al estilo de los años 50

A UNQUE TODOS LOS RESIDENTES de La Embajada éramos trabajadores y estudiosos, al igual que nuestros vecinos, compañeros de la iglesia y amigos de la escuela, también había actividades divertidas para todos con regularidad. La vida no solo era trabajo duro, estudio o actividades religiosas.

Como el invierno en los años 50 en el norte del estado de Nueva York parecía durar seis meses del año, nos asegurábamos de tener muchas actividades invernales entretenidas para distraernos de la intensidad de toda esa nieve y del clima frío. Por supuesto que, como todo en La Embajada, las actividades de invierno tenían que ser para toda la familia y de ninguna manera debían requerir el desembolso de efectivo. Así que no corríamos a San Mauricio o a algún otro complejo vacacional suizo para pasar una semana de esquí familiar, ni esperábamos que cocineros capacitados tuvieran ollas de deliciosa fondue lista para nosotros cuando terminaba un día en las pistas.

Sin embargo, ¡sí que nos divertíamos en nuestro mundo abierto a la fría nieve! Mi padre tenía como actividad favorita de fin de semana invernal llevarnos a Madre y a TODOS, los seis niños pequeños, al parque urbano de nuestro vecindario. Era un enorme parque que abarcaba decenas de hectáreas y estaba ubicado a solo cuatro cuadras cuesta arriba de La Embajada. En el verano, el Parque Frear era un conocido campo de golf y un lugar de día de campo con área de juegos para niños pequeños. Pero en el invierno esas largas colinas abiertas y cubiertas con varios metros de nieve blanca y fresca eran perfectas para ¡¡¡deslizarnos en trineo!!!

Para los niños pequeños como nosotros era demasiado difícil arrastrar cuesta arriba ese gigantesco y pesado trineo de madera de dos

my strong, young father, it was nothing at all. As a matter of fact, as the day progressed and one or more of us little kids got too tired to tramp through the deep snow all the way back up the hill to the top of the hill after each toboggan run, he often gladly let one or more of us little kids sit on the toboggan and he pulled us all the way to the top! Amazing! Dad and Mother were tireless! They taught us how to board the toboggan one behind the other and to "scrunch up" so we had room for our whole family of six or more persons for each run.

Steering the toboggan was a matter of all of us holding onto the ropes built into the sides of the toboggan and then leaning simultaneously to the left or to the right. If we didn't work in unison then we had a "ditching event" where the toboggan would bog down in the deep snow, or more dramatically, we would capsize the toboggan and all be buried under toboggan, siblings, and snow! Fabulous FUN!! Unfortunately for us little kids, too much of that type of fun resulted in very wet and very cold, tired little children. So, well before the pale afternoon winter sun began to set on the horizon, Dad and Mother made sure we were already on our way back to The Embassy. Even THAT journey home was fun since Dad and Mother pulled most of us little kids on the toboggan down the hill to The Embassy. The streets in those days weren't plowed down to the pavement and usually weren't salted either like today. For that reason, a lot of drivers had to put tire chains around their two back tires in order to get traction and drive through the snowy streets. Since the city streets in those days were perpetually covered in snow and they weren't plowed and salted very thoroughly, and since there were very few cars driving on those streets, Dad and Mother were able to just pull our big wooden toboggan (loaded with little children) right down the middle of the street. So even our journey home was part of the fun!

Arriving home, we kids whipped off our wool hats, scarves, and heavy coats and hung them up on the giant hooks of the old throne-like wooden boot bench/coat rack with mirror that dominated our downstairs front entrance hall. Our boots were supposed to be

metros de largo. Pero para mi padre fuerte y joven no significaba nada en absoluto. De hecho, a medida que avanzaba el día y uno o más de nosotros los pequeños nos cansábamos de caminar todo el regreso a la cima de la colina hundiéndonos en la nieve profunda después de cada deslizada en trineo, a menudo y alegremente nos dejaba subirnos en el trineo a uno o más de nosotros ¡y nos jalaba hasta la cima! ¡Era asombroso! ¡Papá y Madre eran incansables! Nos enseñaron cómo subirnos al trineo uno detrás del otro y "encogernos" para hacer espacio para toda nuestra familia de seis o más personas en cada avalancha.

Guiar el trineo era trabajo de todos nosotros al sostenernos de las cuerdas sujetas a los lados para después inclinarnos simultáneamente hacia la izquierda o la derecha. Si no trabajábamos al unísono entonces ocurría el "efecto zanja" en el que el trineo se "atascaría" en la nieve profunda o, más dramáticamente, ¡volcaríamos el trineo y todos quedaríamos enterrados debajo del trineo, debajo de los hermanos y de la nieve! ¡¡DIVERSIÓN absoluta!! Desafortunadamente para nosotros los pequeños, demasiada diversión de ese tipo tenía como resultado niños muy cansados y muy mojados. Entonces, mucho antes de que el sol de invierno comenzara a ponerse en el horizonte de la pálida tarde, Papá y Madre se aseguraban de que ya estuviéramos en camino de regreso a La Embajada. Incluso ESE viaje de regreso a casa era disfrutable ya que Papá y Madre nos jalaban en el trineo a la mayoría de los niños pequeños cuesta abajo a La Embajada. En aquellos días, a las calles de la ciudad no se les quitaba la nieve a fondo ni se les echaba sal como ahora. Por esa razón, muchos conductores tenían que poner cadenas alrededor de sus llantas traseras para tener tracción y conducir a través de las calles nevadas. Y como en esa época las calles estaban cubiertas perpetuamente de nieve y no se limpiaban ni salaban a profundidad, además de que había muy pocos autos circulando por esas calles, Papá y Madre podían jalar nuestro gran trineo de madera (cargado de niños pequeños) justo en medio de la calle. ¡Así que incluso nuestro viaje a casa era parte de la diversión!

Al llegar a casa, los niños nos quitábamos los gorros de lana, las bufandas y los abrigos gruesos y los colgábamos en los ganchos gigantes de un viejo mueble de madera con forma de trono para guardar botas que también servía de perchero y dominaba nuestro recibidor en la entrada de la planta baja. Se suponía que nuestras botas estarían perfectamente

neatly lined up at the edge of the entrance hall radiator, but, because of our haste to get somewhere warm, the boots were usually cast down in a pile over a dark pool of melting snow somewhere NEAR to the radiator. Then we dashed for the behemoth metal radiator in The Embassy's dining room. WHY? Because our feet were so frozen that we had learned a trick to defrost them: We kids threw ourselves down on the dining room rug in front of the steaming hot radiator, laid ourselves down in a tight, neat row next to each other so that we could all fit, and then put our frozen little feet against the toasty corrugated side of the old white radiator to let the blessed heat UN-freeze our toes. Wonderful relief!!

Our radiator visit was just the beginning of our defrosting procedure. Since it was usually the weekend when Dad was off from work and we went tobogganing, that meant it was also bath night. Since we were all little kids (and The Embassy wasn't affluent enough or modern enough to have bathroom showers), we usually took our weekend baths under the supervision of our parents. The sexes never mixed at The Embassy, so usually two boys at a time or two girls at a time could share a relaxing tub of nice hot water . . . and how welcome that hot water felt after a bracing day of fun, frigid activities outside!

Upon exiting from that wonderful hot soapy tub, Mother and Dad made sure that we were all thoroughly dry and well bundled up in our warmest flannel pajamas and robes. Additionally, we were instructed to wear our heaviest wool socks to keep our feet warm against the cold of The Embassy bathroom and kitchen linoleum tile floors. (We were too poor to be able to afford slippers for so many of us kids, so we always wore one or two pairs of socks to keep our feet warm when at home during those long, cold, dark winter months). Since we at The Embassy ate our main weekend meals at noon, we didn't have to worry about "dressing for dinner" after our baths. Our late afternoon supper of soup and sandwiches (our favorite sandwiches were hot grilled cheese sandwiches) was served on the old metal-topped black and white wooden kitchen table where we all took our "assigned" seats when all of our baths had been completed.

alineadas en el borde del radiador del vestíbulo de entrada, pero, debido a nuestra prisa por llegar a un lugar caliente, las botas generalmente se arrojaban en una pila sobre un charco oscuro de nieve derretida en algún lugar CERCA del radiador. Luego corríamos hacia el monumental radiador gigante de metal en el comedor de La Embajada. ¿POR QUÉ? Debido a que nuestros pies estaban tan congelados, habíamos aprendido un truco para descongelarlos: los niños nos echábamos sobre la alfombra del comedor frente al radiador que exhalaba vapor caliente, nos acostábamos en una fila estrecha y ordenada uno junto al otro para que todos cupiéramos y luego colocábamos nuestros pequeños pies congelados sobre el costado corrugado y tostado del viejo radiador blanco para permitir que el bendito calor DES-congelara nuestros dedos de los pies. ¡¡Qué maravilloso alivio!!

Nuestra visita al radiador era solo el comienzo de nuestro proceso de descongelación. Como generalmente era el fin de semana cuando papá descansaba del trabajo y nos íbamos a andar en trineo, eso significaba que también tocaba baño nocturno. Ya que todos éramos niños pequeños (y La Embajada no era lo suficientemente próspera ni moderna como para tener duchas en el baño), generalmente nos bañábamos los fines de semana bajo la supervisión de nuestros padres. Los sexos nunca se mezclaron en La Embajada, por lo que, generalmente, dos niños a la vez o dos niñas a la vez podían compartir una relajante bañera con agua caliente... ¡y qué bien recibida era esa agua caliente después de un día estimulante de actividades frías al exterior!

Al salir de esa estupenda bañera caliente y jabonosa, Mamá y Papá se cercioraban de que todos estuviéramos completamente secos y bien abrigados con nuestras más cálidas pijamas y batas de franela. Además, se nos indicaba que usáramos nuestros calcetines de lana más gruesos para mantener nuestros pies calientes en el frío de los pisos abaldosados de linóleo del baño y la cocina de La Embajada. (Éramos demasiado pobres como para poder comprar pantuflas para tantos niños, por lo que siempre usábamos uno o dos pares de calcetines para mantener los pies calientes cuando estábamos en casa durante esos largos, fríos y oscuros meses invernales). Como en La Embajada las comidas principales de fin de semana las hacíamos al mediodía, no teníamos que preocuparnos por "vestirnos para la cena" después del baño. Nuestra cena de sopa y sándwiches al final de la tarde (nuestros sándwiches

It was already dark, so dark meant bedtime. Bedtime for us Embassy kids, especially in the winter, could be as early as 7 P.M. since we were all very early risers in the morning. We unfailingly got up at 5 A.M. in the morning because we had to wait for a turn to use the bathroom. Dad had to be on the road very early for his slow commute to General Electric Company all the way in Schenectady, and Mother had to shove that huge cold tablespoon of cod liver oil into our mouths before serving us breakfast. Further complicating things, Mother had to be sure each of the girls' long, long hair was untied from its rags, combed and brushed to a sheen before she would let her daughters leave for school.

This elaborate hair procedure for the girls was incredible. Every night before going to bed, each of my sisters lined up with a handful of old clean white rag strips in her hand and sat on Mother's lap while Mother "spooled" the long hair of my sisters onto each of the dozens of rag strips. When done, each of my sisters looked like scarecrows!

We boys teased our sisters for their "frightful" appearance with their rags, and couldn't imagine going through such hair contortions. However, at one point, we boys loved the whole hair-curling procedures of my mother for my sisters because of something called "SPOOLIES." Newly-invented Spoolies were to replace the white rag strips. They were cheap, tan soft rubber 2-inch spindles onto which the girls' hair could be wound. Spoolies were soft as rags, but much neater and less frightening looking. For us boys, Spoolies— cleverly stolen from the girls' hair accessory basket—were wonderful projectile weapons. Wow! Did we guys love to squeeze those rubber missiles between our fingers and let them fly with deadly accuracy across the room hitting the girls as they waited for Mother to curl their hair with the same Spoolies! If the girls got too loud with their protests (endangering us with the wrath or justice of our parents) then we boys could have our own "wars" using our newly-acquired spongy ammo. While cleaning the house, my mother often found Spoolies in the most bizarre locations and would chastise my older brother and me for our bad behavior.

favoritos eran sándwiches calientes de queso derretido) se servía en la vieja mesa de la cocina, de madera color blanco y negro con cubierta de metal, donde todos ocupábamos nuestros asientos "asignados" cuando habíamos terminado de bañarnos.

Para entonces ya estaba oscuro, y la oscuridad significaba que era hora de acostarse. La hora de acostarse para nosotros los niños de La Embajada, especialmente en invierno, podía ser tan temprano como las 7:00 p. m. ya que todos éramos muy madrugadores. Nos levantábamos indefectiblemente a las 5 de la mañana porque teníamos que esperar turno para usar el baño. Por su parte, papá tenía que estar muy temprano en camino para su lento viaje a la Compañía General Electric hasta Schenectady, y Madre tenía que empujar esa enorme cucharada fría de aceite de hígado de bacalao en nuestras bocas antes de servirnos el desayuno. Para complicarlo todo, Madre tenía que confirmar que cada una de las largas largas cabelleras de las niñas estuviera desenredada, sin nudos, peinada, cepillada y brillante antes de dejar que las hijas se fueran a la escuela.

Este elaborado tratamiento del cabello de las chicas era increíble. Todas las noches antes de irse a la cama, cada una de mis hermanas se hacía fila con un puñado de tiras de trapo blancas y limpias en la mano y se sentaba en el regazo de Madre mientras Madre "enrollaba" el cabello largo de mis hermanas en cada una de las docenas de tiras de trapo. Cuando terminaba, mis hermanas parecían espantapájaros.

Nosotros los chicos nos burlábamos de nuestras hermanas por su aspecto "espantoso" con sus trapos, y no podíamos imaginar pasar por tales contorsiones capilares. Sin embargo, en algún momento, a los niños nos encantaron los procedimientos completos de rizado que mi madre hacía a mis hermanas a causa de los carretes rizadores. Estos eran inventos recientes para reemplazar las tiras de trapo blanco. Eran tornillos baratos de goma suave de cinco centímetros sobre los cuales se podía enrollar el cabello de las chicas. Los carretes rizadores eran suaves como trapos pero mucho más prolijos y de aspecto menos aterrador. Para nosotros, los chicos, los carretes —que robábamos hábilmente de la canasta de accesorios para el cabello de las niñas— eran maravillosas y divertidas armas proyectiles. ¡Súper! A los chicos nos encantaba apretar esos misiles de caucho con nuestros dedos y dejarlos volar con una precisión mortal a través de la habitación ¡golpeando a las chicas

My dad's weekend tobogganing excursions were fun and tiring, but nothing so fun and exhausting as my mother's favorite weekday winter activity: ice skating on one of our city ponds!!! Now my mother was a well-educated and refined lady and always conducted herself so (in later years we kids referred to her as "the contessa" because of her regal bearing, dress, and vocabulary). However, she was also a strong and athletic young woman. Proof of this comes from a story she recounted about herself as a pre-teen living in Italy when a rowboat she was in capsized in the Bay of Naples. My mother was able to swim a very long way to shore even though some of her older companions tragically drowned because they didn't have the strength and stamina of my mother as a brave, young girl. So, even though she was raised in a formal, big-city neighborhood by her strict parents, my mother loved athletic outdoor activities.

My mother's goal of ice skating on the city pond was a real challenge and adventure for us little Embassy kids. Belden's Pond was over a mile-and-a-half south of The Embassy on Troy's East Side. Mother did not have a car. So, on almost any given winter weekday (usually a school day off because it was a holy day or a special saint's day and so we kids didn't have school), she would bundle up each of us children in as many layers of clothing as we could tolerate. We all had mittens (gloves were only for adults). We never lost our mittens because there were black stretch elastic bands with metal clips sewn into our jacket sleeves and mother made sure that all of our mittens were clipped onto our coats so they couldn't be lost (at least in theory). The final bundling procedure was wrapping a six-foot long woolen scarf around our entire head so that the lower part of our head, from our eyes to our necks was completely "bandaged" and protected from the cold. Perhaps the additional bonus of this wrapping procedure was that our usual unceasingly loud voices were well-muffled to almost whispers . . . very clever on the part of my child-overwhelmed mother.

It was a long march all the way to the pond for ice skating. My mother had a beautiful pair of new white lady's figure skates—a gift from "rich" Great-Aunt May—slung over her shoulders, and

mientras esperaban que Madre rizara su cabello con los mismos carretes! Si las chicas hacían mucho alboroto con sus protestas (poniéndonos en peligro ante la ira o la justicia de nuestros padres), entonces los niños podríamos tener nuestras propias "guerras" usando nuestra recién adquirida munición esponjosa. Mientras limpiaba la casa, mi madre a menudo encontraba esos carretes en los lugares más extraños y nos castigaba a mi hermano mayor y a mí por nuestro mal comportamiento.

Las excursiones del trineo en fin de semana de mi padre eran divertidas y agotadoras, pero nada tan divertido y agotador como la actividad invernal favorita de mi madre que hacíamos entre semana: ¡¡¡patinar sobre hielo en uno de los estanques de nuestra ciudad!!! Pues mi madre era una mujer bien educada y refinada y siempre se comportaba así (en años posteriores, los niños nos referíamos a ella como "La Condesa" debido a su porte aristocrático, vestimenta y vocabulario). Sin embargo, también era una joven mujer fuerte y atlética. Prueba de esto viene de una anécdota que ella contaba sobre sí misma cuando era una joven preadolescente que vivía en Italia y un bote de remos en el que se encontraba volcó en la Bahía de Nápoles. Mi madre pudo nadar un largo trayecto hasta la orilla a pesar de que algunos de sus compañeros mayores se ahogaron trágicamente porque no tenían la fuerza ni la resistencia de mi madre, una muchacha valiente y joven. Entonces, aunque sus padres estrictos la criaron en un vecindario elegante de una gran ciudad, a mi madre le encantaban las actividades deportivas al aire libre.

El objetivo de mi madre al patinar sobre hielo en el estanque de la ciudad era un verdadero desafío y una aventura para los pequeños de La Embajada. El estanque de Belden estaba a más de dos kilómetros al sur de La Embajada en el lado este de Troy. Mamá no tenía auto. Por lo tanto, en casi cualquier día de una semana de invierno (generalmente en un día escolar feriado o un día especial en honor a un santo, día en que los niños no teníamos escuela), nos arropaba a cada uno de nosotros en tantas capas de ropa como podíamos tolerar. Todos teníamos mitones (los guantes eran solo para adultos). Nunca perdíamos nuestros mitones porque teníamos bandas elásticas negras con broches metálicos cosidos en las mangas de nuestra chaqueta y madre se aseguraba de que todos nuestros mitones estuvieran sujetados a nuestros abrigos para que no se pudieran perder (al menos en teoría). El procedimiento final de

each of us little kids had a pair of rusty worn old black or white hockey or figure skates slung over our own shoulders imitating our mother's example. Our skates were castoff "gifts" or second-hand finds that my dad had secured for us (since "shoeing" six children with new ice skates was financially prohibitive for him in those early days), and, inevitably, our children's skates didn't fit us. They were either too big, too small, too loose or too tight to comfortably wear. No matter. Mother was going ice skating on the pond and WE (her children) were going with her. Her feeling was that it was something educational and healthful for us.

Upon arriving at the pond after our "forced march" of over a mile in the bitter cold, we could see dozens of other little kids. Some were there with their mothers, too. (Their mothers must have had the same house-law as our mother: "In the daylight—summer heat or winter cold—children played OUTSIDE!") We immediately found an old dry log at the edge of the pond. We sat down and began the ordeal of pulling off our tall, heavy rubber boots and trying to insert our feet in our poorly-fitting old ice skates. Mother assigned the older kids to help the younger kids get on their ice skates as she elegantly and artistically sailed effortlessly away onto the cleared ice of the pond to display her impressive figure-skating strength and agility. We were so proud of our talented and pretty mother. Even though she had so many children, Mother *always* looked slim, trim and sophisticatedly beautiful . . . always! We kids were awed by Mother's skill and elegance, and inspired by her to get those old skates on as fast as possible so we, too, could skate like her.

Well, a combination of exhaustion from walking all bundled up on the long pond trek, frustration at trying to insert our double-socked feet into those old skates, and the technical problem of having ill-fitted skates, soon led to further strain as we tried to skate around the edges of the partially-cleared pond. I don't know what my brothers and sisters did to try to appear like they were ice skating with the proficiency of my mother, but I (cleverly, I thought) found that by skating on the old leather uppers of my skates, I could slide and shuffle my way around the nearest edges of the pond. Fiasco! Within

arropamiento consistía en envolver una bufanda de lana de un metro y ochenta centímetros de largo alrededor de toda nuestra cabeza para que la parte inferior de nuestra cabeza, desde nuestros ojos hasta nuestros cuellos, estuviera completamente "vendada" y protegida del frío. Puede ser que la ventaja adicional de este proceso de revestimiento era que nuestras voces generalmente incesantes y fuertes se amortiguaban casi hasta los susurros... era una estrategia muy inteligente por parte de mi madre, abrumada por los hijos.

Teníamos que hacer una larga caminata hasta el estanque para patinar sobre hielo. Mi madre tenía un hermoso par de patines blancos nuevos para dama —un regalo de la "rica" tía abuela May— colgados sobre sus hombros, y cada uno de los pequeños teníamos un par de patines viejos y oxidados, blancos o negros, de hockey o de patinaje de figura colgados de nuestros propios hombros imitando el ejemplo de nuestra madre. Nuestros patines eran "regalos" desechados o hallazgos de segunda mano que mi padre había asegurado para nosotros (ya que "calzar" a seis niños con patines de hielo nuevos era financieramente prohibitivo para él en esos primeros días) e, inevitablemente, nuestros patines para niños no nos ajustaban bien. Eran demasiado grandes, demasiado pequeños, demasiado flojos o demasiado apretados para usarlos cómodamente. No importaba. Madre iba a patinar sobre hielo en el estanque y NOSOTROS (sus hijos) íbamos con ella. Ella sentía que era algo educativo y saludable para nosotros.

Al llegar al estanque (después de nuestra "marcha forzada" de más de dos kilómetros en el frío inclemente), podíamos ver a docenas de otros niños pequeños. Algunos también estaban allí con sus madres. (Sus madres deben haber tenido la misma ley doméstica que nuestra madre: "¡Con luz de día —al calor del verano o con frío del invierno— los niños juegan AFUERA!"). Inmediatamente encontrábamos un viejo tronco seco al borde del estanque. Nos sentábamos y comenzábamos la terrible experiencia de quitarnos nuestras botas de hule altas y pesadas para tratar de insertar nuestros pies en los viejos patines de hielo mal ajustados. Madre asignaba a los niños mayores la tarea de ayudar a los niños más pequeños a ponerse sus patines de hielo mientras ella navegaba sin esfuerzo, elegante y artísticamente sobre el hielo despejado del estanque para mostrar su impresionante fuerza y agilidad en el patinaje artístico. Estábamos muy orgullosos de nuestra madre

an hour or so we kids were all so frozen, frustrated, and exhausted that my mother directed us to re-assume our gigantic rubber boots and then huddle around the enormous bonfire some folks had had burning at the edge of the pond so that all of us kids could warm up. It really was cold.

Obviously we were relieved that our outdoor skating adventure was over for the day, but, on realizing we *still* had that long walk home ahead of us, the overwhelming sense of fatigue soon revisited our little selves. No problem. My mother, just like my dad, never batted an eye at adversity. (They had lived through the Depression and a World War, what was a little forced march to them?) My parents inspired us. We had to walk; and walk we would. Mother just cheerfully led the way up the steep hill from the pond and then along that endless residential street all the way to The Embassy more than a freezing cold mile away.

When we kids were home from school and it was daylight, we had to find our own winter entertainment while under the power of the "Daylight! = Outside!" rule of The Embassy. The fastest and easiest diversion was always to build a snowman. There were plenty of kids and tons of snow to build the most enormous snowman in the entire neighborhood. A quick trip upstairs to petition Grandma for a carrot for the snowman's nose and a scary foray into the dark and dirty coal bin room in our creepy cellar assured a realistic mouth, nose and eyes for our big snowman. Disrobing the youngest or meekest of our peers of his scarf or hat for our new snowman was equally fast and successful.

During the "January thaw" or the first March snowmelts, we boys, especially, loved to build substantial dams of snow and ice blocks in the street gutter in front of The Embassy. The building of these dams required engineering feats of great strength and cleverness. Since The Embassy was located at the bottom of a fairly steep hill, the melting snow water from the street above came cascading down toward us at an unbelievably fast clip. Diverting the freezing cold rushing water and encasing it in a walled dam of snow and ice was a fun task for us boys. Of course all this fun was at a price: 1) we

talentosa y bonita. A pesar de que tenía tantos hijos, Madre *siempre* se veía delgada, esbelta y sofisticadamente bella... ¡siempre! Los niños quedábamos impresionados por la habilidad y la elegancia de mamá, y nos inspiraba a ponernos esos patines viejos lo más rápido posible para que nosotros también pudiéramos patinar como ella.

Bueno, una combinación de extenuación por caminar todos arropados la larga excursión hasta el estanque, frustración al tratar de meter nuestros pies con doble calcetín en esos patines viejos, y el problema técnico de tener patines que no se ajustaban correctamente pronto causaban más agotamiento mientras tratábamos de patinar alrededor de los bordes del estanque parcialmente despejado. No sé qué hacían mis hermanos y hermanas para tratar de aparentar que estaban patinando sobre hielo con la habilidad de mi madre, pero en mi caso (ingeniosamente, según yo) descubrí que al patinar sobre la parte superior de cuero de mis patines, podía deslizarme y arrastrar los pies por los bordes más cercanos del estanque. ¡Error! En una hora más o menos, los niños estábamos tan congelados, frustrados y exhaustos que mi madre nos ordenaba que volviéramos a ponernos nuestras gigantescas botas de hule y luego nos acurrucábamos alrededor de la enorme fogata que algunas personas habían encendido a la orilla del estanque para que todos los niños pudiéramos calentarnos. Realmente hacía frío.

Obviamente nos sentíamos aliviados de que nuestra aventura de patinaje al aire libre hubiera terminado por ese día, pero, al darnos cuenta de que *todavía* teníamos por delante esa larga caminata, la abrumadora sensación de fatiga pronto volvía a nuestro pequeño ser. No había problema. Mi madre, al igual que mi padre, nunca se paralizó ante la adversidad. (Ellos habían sobrevivido la depresión y una Guerra Mundial, ¿qué era una pequeña marcha forzada para ellos?) Mis padres nos inspiraban. Si teníamos que caminar, caminábamos. Mamá, alegremente, lideraba el camino hacia la empinada colina desde el estanque y luego a través de esa larguísima calle residencial hasta La Embajada, a más de dos congelantes kilómetros de distancia.

Cuando los niños estábamos en casa después de la escuela y había luz de día, teníamos que encontrar nuestro propio entretenimiento invernal bajo la autoridad de la regla de La Embajada "Luz de día = Afuera". El entretenimiento más rápido y fácil siempre era construir un muñeco de nieve. Había muchos niños y toneladas de nieve para erigir el muñeco de

boys would get freezing cold and soaking wet from head to toe (even our rubber boots sometimes filled up with water), and 2) what we thought was a clever and beautiful dam to us, turned out to be a hated and annoying "lake of ice" which impeded walking or parking of cars when it all froze over later that night, causing a backlash of criticism from family and neighbors. Oh well. We had a good time and had had a fun time obeying the "Daylight! = Outside!" rule of The Embassy.

In the few rare non-daylight hours when we were home during the winter, there were also plenty of indoor activities for us to do (often planned by and insisted upon by my teacher-by-profession mother). One of our indoor activities was helping Mother grind hash with a large, old metal 14-inch tall, skinny metal tool which clipped on the edge of the table in the kitchen. This grinder had a corkscrew metal interior with a wide hopper mouth on top into which we helped Mother toss hunks of potatoes and large pieces of ham (from last Sunday's dinner). Grinding was fun. Also, it was neat to feel like you were actually helping Mother to make our dinner. With so many people to feed, there was enough grinding for all of us kids to take a turn.

Another of our at-home indoor activities was playing "school," or playing Grandma's old piano while attempting to sing in harmony to our favorite children's songs. Of course, reading and looking at the pictures in our set of *World Book Encyclopedias* or our collection of *Childcraft* books was always an option. We loved reading or being read to. Television was *NOT* usually an option: a) because we generally didn't have a working TV set, or b) with only three broadcast stations with patchy reception, each of which had very limited on-air time, there weren't many children-centric programs to watch anyway.

For my older brother and me, one of our favorite winter indoor activities was going bowling downtown with our Dad and our Grandfather. Both Dad and Grandpa Knothe loved to bowl. In those days, the only bowling alleys were in downtown Troy near the railroad tracks on Broadway. It was between the foot of the local

nieve más grande de todo el vecindario. Un rápido viaje al segundo piso para pedirle a Abuela una zanahoria para la nariz del muñeco de nieve y una incursión aterradora en la oscura y sucia habitación del depósito de carbón en nuestra espeluznante bodega aseguraban una boca, nariz y ojos realistas para nuestro gran muñeco de nieve. Despojar al más pequeño o al más dócil de nuestros compañeros de su bufanda o gorro para nuestro nuevo muñeco de nieve era igualmente rápido y exitoso.

Durante el "Deshielo de enero" o en los primeros derretimientos de marzo, a los niños, especialmente, nos encantaba construir presas sólidas de nieve y bloques de hielo en la cuneta frente a La Embajada. La construcción de estas presas requería hazañas de ingeniería de gran fuerza y astucia. Como La Embajada se encontraba al pie de una colina bastante empinada, el agua de nieve derretida proveniente de la calle de arriba caía en cascada hacia nosotros a un ritmo increíblemente rápido. Para nosotros los niños era una tarea divertida desviar el agua helada que se precipitaba y encerrarla en una presa amurallada de nieve y hielo. Por supuesto que toda esta diversión tenía un precio: 1) los niños nos congelaríamos y empaparíamos de pies a cabeza (incluso nuestras botas de hule a veces se llenaban de agua), y 2) lo que pensábamos que era una presa inteligente y hermosa, resultaba ser un odiado y molesto "lago de hielo" que impedía caminar o estacionar automóviles cuando todo se congelaba de nuevo más tarde esa noche, provocando una reacción violenta de críticas por parte de familiares y vecinos. En fin. Nos la pasábamos bien y nos habíamos divertido obedeciendo la regla de La Embajada de "¡Luz de día = Afuera!"

En las escasas y raras horas en que no había luz de día y estábamos en casa durante el invierno, también había muchas actividades al interior para nosotros (a menudo planeadas y promovidas por mi madre, maestra de profesión). Una de nuestras actividades dentro de la casa consistía en ayudar a Madre a moler el picadillo con una herramienta delgada de 35 centímetros de altura que se sujetaba en el borde de la mesa de la cocina. Este molino tenía un interior de espiral metálica con una amplia boca de embudo en la cual ayudábamos a Madre a arrojar trozos de papas y grandes pedazos de jamón (de la cena del domingo anterior). La molienda era divertida. También era agradable sentir que en verdad estábamos ayudando a Madre a preparar nuestra cena. Con tanta gente que alimentar, había suficiente molienda para que todos los niños nos turnáramos.

college's "RPI Approach," a massive granite outdoor staircase at the top east end of Broadway and the train tracks which ran along present-day Sixth Avenue. The bowling alley was also across the street from the original location of the RPI Playhouse on the south side of Broadway. That playhouse was the scene years later (1967) of Timothy Leary's famous address to students about using LSD!!! That was decades in the future. Right now, in the 1950s, we boys were only interested in going to watch our father and grandfather bowl with their bowling leagues. Our tradition was usually that Dad would take my older brother with *him* when Dad went to bowl with HIS league, and Grandpa (who had more patience with an overly inquisitive little kid like me) would take me with him on *his* league's bowling night. I loved it. We, as children, almost *never* went out at night—and certainly never to a place as noisy and smoky and "wild" as a nighttime city bowling alley.

Not only did I love to watch my grandfather's smooth professional delivery with his bowling ball, but I was absolutely fascinated by the rapid monkey-like movements of "The Pin Boys." For they, after each ball had been propelled down the lane at the bowling pins, had to quickly jump down from their little shelf-like hideaway above the lanes and clear the pins that had been knocked down and then re-set all the pins in their precise triangular pattern by hand for the next bowler. All this, the Pin Boys did with incredible speed and accuracy. For me the antics of these boys was more fun than a visit to the zoo or the circus. They were positively simian in their rapid and accurate movements to help keep the game going. I was hypnotized by that alone. Of course, even better, was the feeling of pride I felt every time that my trim athletic, well-loved grandfather frequently got a "strike!" Being welcomed by my grandfather's teammates felt so good that I imagined I was a semi-celebrity. And when the men offered me a small bottle of Coke (which we never saw at The Embassy) or a cup of cocoa, I really felt that I was living "the high life" with my grandfather. Years later, my grandpa and I would happily reminisce about our evenings out at the old bowling alley down by the railroad tracks. We'd happily recall the speediness of the

Otra de nuestras actividades en casa era jugar "a la escuelita" o tocar el viejo piano de la abuela mientras intentábamos cantar en armonía nuestras canciones infantiles favoritas. Por supuesto, leíamos y mirábamos las imágenes de nuestra *Enciclopedia del Mundo*, o nuestra conjunto de libros *Childcraft* siempre era una opción. Nos encantaba leer o que nos leyeran. La televisión NO era generalmente una opción a) porque normalmente no teníamos una televisión que funcionara, y b) con solo tres canales emisores muy limitados, con recepción intermitente, cada uno de los cuales tenía un tiempo de emisión muy reducido, y de todos modos no había muchos programas infantiles que ver.

Una de las actividades invernales favoritas para mi hermano mayor y para mí que se realizaba bajo techo era ir al boliche del centro con nuestro Papá y nuestro Abuelo. Tanto a Papá como al Abuelo Knothe les encantaba jugar bolos. En aquellos días, las únicas pistas de boliche estaban en el centro de Troy, cerca de las vías del tren en Broadway. Estaba ubicado entre el pie de la "Avenida RPI" de la universidad local, que es una enorme escalinata de granito al aire libre en el extremo este de Broadway, y las vías del tren que recorrían lo que actualmente es la Sexta Avenida. El boliche también estaba cruzando la calle de la ubicación original del Teatro RPI en el lado sur de Broadway. ¡¡¡Ese teatro fue el escenario años más tarde (1967) para el famoso discurso de Timothy Leary a los estudiantes sobre el uso del LSD!!! Eso sería en unas décadas a futuro. En ese momento, en los años 50, nosotros los chicos estábamos interesados en ir a ver a nuestro papá y a nuestro abuelo jugar a los bolos en las ligas de boliche. Por lo general, nuestra tradición era que papá llevara a mi hermano mayor con él cuando papá fuera a jugar boliche con SU liga, y el abuelo (que tenía más paciencia con un niño demasiado curioso como yo) me llevaría con él en la noche de bolos de *su* liga. Me encantaba. Nosotros por ser niños *nunca* salíamos por la noche —y ciertamente nunca a un lugar tan ruidoso, lleno de humo y "salvaje" como un boliche nocturno en la ciudad—.

No solo me encantaba ver la suave y profesional ejecución de mi abuelo con su bola de boliche, también estaba absolutamente fascinado por los rápidos malabares simiescos de los chicos encargados de ordenar los bolos. Ellos, después de que cada bola había sido propulsada por el carril hacia los bolos, tenían que saltar rápidamente desde su pequeño nicho escondite sobre el carril hacia los bolos y quitar los que habían sido

Pin Boys who had long ago been replaced by automatic machines to sweep the bowling lanes of knocked-down pins and re-set an entire triangle of new bowling pins instantaneously and automatically. Certainly not as fun nor as entertaining as that wonderful energetic hands-on crew.

Another winter indoor activity was held in special esteem by my brother and me. Since I was closer in age to our policeman neighbor's only son, I was often prompted by our neighbor to come and spend time with him and his son in the basement level of their house where they had built an entire world for their Lionel O-Gauge train set. (In retrospect, encouraging my visits was likely because I was such a well-behaved, low-maintenance little boy.) In the 1950s, EVERY boy wanted a Lionel O-Gauge train set. Even my brother and I enjoyed pieces of train track, and an engine with a few cars from Santa Claus over the course of a few years. Since space was *very* limited at The Embassy, we could only set up our little train set on our modified dining room table on long school holidays like Easter-time or Christmas-time, and *ONLY* when the dining room and the table were not being used for other family events. So, our train set was not often seen or used. BUT at Jerry's ancient, three-story dark brick house (even older than The Embassy and located just half a block away down the street from us), he and his dad had a permanent train layout. It was a train layout that was several rooms in length and always "ready to roll." What a heaven that was for Jerry and me especially on cold, snowy days home from school or on intensely wet and dark days when we couldn't play outside with our other neighborhood friends. I suspect, another reason I was invited to play there so often was that I was generally a *responsible* and quiet kid. Jerry's police captain dad didn't want that expensive train set ruined, so Jerry had to have someone who was responsible like me who wouldn't steal or damage the expensive train layout. And since Jerry's dad was a policeman, he often had to work nights and sleep days in his bedroom (which happened to be right above the rooms where the train set was located), so a quiet kid like me could play down there with the trains without disturbing Jerry's dad.

derribados para luego volver a colocar a mano todos los bolos en su precisa forma triangular para el siguiente jugador. Todo esto los chicos lo hacían con increíble velocidad y exactitud. Para mí, las contorsiones de estos jóvenes eran más divertidas que una visita al zoológico o al circo. Eran totalmente simiescos en sus movimientos rápidos y precisos para ayudar a mantener el juego en marcha. Eso por sí solo me tenía hipnotizado. ¡Por supuesto, aún mejor era el sentimiento de orgullo que tenía cada vez que mi amado abuelo atlético con frecuencia lograba una "chuza"! Que los compañeros de equipo de mi abuelo me acogieran se sentía tan bien que me creía una quasicelebridad. Y cuando los hombres me ofrecían una botellita de Coca-Cola (que nunca veíamos en La Embajada) o una taza de chocolate, realmente sentía que estaba dándome "la buena vida" con mi abuelo. Años más tarde, mi abuelo y yo felizmente recordamos juntos nuestras noches en el antiguo boliche junto a las vías del ferrocarril. Recordamos felizmente la rapidez de los chicos encargados de los bolos, quienes hacía mucho tiempo habían sido reemplazados por máquinas automáticas que barren los bolos derribados en las pistas y vuelven a colocar un triángulo completo de nuevos bolos de forma instantánea y automática. Ciertamente no es tan divertido ni tan entretenido como ese maravilloso y energético equipo de chicos que ponían manos a la obra.

Había otra actividad invernal bajo techo que mi hermano y yo realizábamos con especial agrado. Como yo era más cercano en edad al hijo único de nuestro vecino policía, este me animaba con frecuencia a pasar tiempo con él y con su hijo en el sótano de su casa donde habían construido un mundo entero para el juego de trenes Lionel O-Gauge. (En retrospectiva, alentaban mis visitas probablemente debido a que yo era un niño bien portado y que no demandaba mucho). En la década de 1950, TODOS los niños queríamos un juego de trenes Lionel O-Gauge. Incluso mi hermano y yo disfrutábamos partes de una vía de tren y una locomotora con algunos vagones que nos había traído Santa Claus en el transcurso de los años. Dado que el espacio era *muy* limitado en La Embajada, solo podíamos instalar nuestro pequeño tren en la adaptada mesa de comedor durante las largas vacaciones escolares como la Semana Santa o Navidad, y *SOLO* cuando la mesa del comedor y el comedor no estaban en uso para otros eventos familiares. Por lo tanto, nuestro juego de trenes no se veía ni se usaba a menudo. *PERO* en la antigua casa de ladrillo oscuro de tres pisos de Jerry (incluso más vieja

All-in-all, Jerry and I had many delightful hours running the trains and playing with the Dinky Toy English cars and trucks with which Jerry and his dad had furnished the winding roads and miniature villages of the enormous train set layout. What a world of fun and imagination!!

Another dramatic aspect of the rainy-day visits to Jerry's dad's basement train room was listening to the police radio broadcast dispatches which came over the speakers 24/7 throughout Jerry's house so that Jerry's father *AND* mother would know what the local city police force was up to at any given moment. It felt exciting to hear those police bulletins live as things happened. As though all that activity weren't enough to keep us occupied on a snowy or rainy day, that downstairs playroom also had a decades-old windup Victrola—one of the first record players—replete with dozens of thick black plastic records of popular tunes from an era when Jerry's grandparents were very young. No matter. We loved winding that old Victrola up and hearing the hollow echoey sounds of the strange music with even stranger antiquated lyrics. FUN!!!!

que La Embajada, y ubicada a solo media cuadra de distancia), él y su padre tenían un trazado de trenes permanente. Era un trazado de trenes que ocupaba varias habitaciones de largo y estaba siempre "listo para rodar". Qué paraíso era para Jerry y para mí, especialmente en los días fríos y nevados en casa después de la escuela o en los días intensamente húmedos y oscuros cuando no podíamos jugar afuera con nuestros otros amigos del vecindario. Sospecho que otra razón por la que me invitaban a jugar ahí con frecuencia era porque generalmente era un niño responsable y tranquilo. El papá de Jerry, capitán de policía, no quería que ese costoso juego de trenes se arruinara, por lo que Jerry tenía que invitar a alguien *responsable* como yo que no robara ni dañara el costoso trazado del tren. Y como el padre de Jerry era policía, a menudo tenía que trabajar en las noches y dormir durante el día en su habitación (que estaba justo en las habitaciones arriba de donde se encontraba el tren), así que un niño tranquilo como yo podía jugar allí con los trenes sin molestar al padre de Jerry.

Con todo, Jerry y yo pasamos muchas horas divertidas manejando los trenes y jugando con los autos y camiones ingleses Dinky Toy con los que Jerry y su padre habían acondicionado las carreteras sinuosas y los pueblos miniatura del enorme trazado del tren. ¡¡Qué mundo de diversión e imaginación!!

Otro aspecto dramático de las visitas en días nublados a la habitación del tren en el sótano del padre de Jerry era escuchar las emisiones de radio de la policía que se oían en los altavoces las 24 horas, los siete días de la semana por toda la casa de Jerry para que el padre Y la madre de Jerry estuvieran enterados de lo que estaba haciendo la policía local de la ciudad en todo momento. Era emocionante escuchar esos boletines policiales en vivo y en tiempo real. Como si toda esa actividad no fuera suficiente para mantenernos ocupados en un día con nieve o lluvioso, la sala de juegos de la planta baja también tenía una antigua vitrola de cuerda —uno de los primeros reproductores de discos—, con docenas de gruesos discos de plástico negro con melodías populares de una época en que los abuelos de Jerry eran muy jóvenes. No importaba. Nos encantaba dar cuerda a esa vieja vitrola y escuchar los sonidos huecos con eco de la música extraña con letras anticuadas aún más extrañas. ¡¡¡¡QUÉ DIVERTIDO!!!!

Chapter 12

Emma May Unexpectedly Comes To The Embassy

I T WAS ONE OF THOSE BEAUTIFUL, QUIET DAYS in Upstate New York when the sun is brilliant and the air is heavily warm. For a Sunday in late September, it was actually a little too warm, a little too brightly sunny, and a little too peaceful and quiet.

There I was lying on the old, worn, red oriental rug on my grandparent's sitting room floor upstairs in The Embassy. I was only eight or nine years old, but I felt I was already in heaven. I was doing exactly what I wanted to do: I was playing quietly on the floor with dozens of my two-inch long, small metal "Tootsie Toy" cars and trucks, happily imagining all kinds of road adventures and traffic mishaps, while my grandfather (at whose very feet I was quietly planted) was listening to a baseball game on the radio. He was reading through an enormous pile of Sunday newspapers, and smoking his delicious-smelling Sunday pipe—a special treat for both of us since Grandpa usually smoked Pall Mall unfiltered cigarettes which didn't have the same intoxicating odor as his pipe tobacco. It was Embassy heaven for me!

My grandfather and I were an inseparable pair. Although I was only eight or nine years old, and he was sixty- or seventy-something, we were identical in our strong, independent personalities and preferences. We both liked a clean, orderly environment, enjoyed our singular hobbies and pastimes, and we DIDN'T like chaos or noise of any kind. We wanted to carry out our individual wishes in an environment of neatness, peace and quiet.

That unfashionable, threadbare room was made-to-order for

Capítulo 12

Emma May llega inesperadamente a La Embajada

ERA UNO DE ESOS HERMOSOS Y TRANQUILOS DÍAS de fines de septiembre en el norte del estado de Nueva York, cuando el sol brilla y el aire es pesadamente caluroso. Aunque en realidad era demasiado caluroso, demasiado soleado y brillante y demasiado tranquilo y silencioso para ser un domingo de finales de septiembre.

Allí estaba yo en el piso de la sala de estar de mis abuelos en La Embajada, acostado sobre la vieja y desgastada alfombra oriental roja. Tenía solo ocho o nueve años pero sentía que ya estaba en el cielo. Estaba haciendo exactamente lo que quería hacer: jugaba tranquilamente en el piso con mis docenas de pequeños autos y camiones metálicos de la marca Tootsie Toy de cinco centímetros de largo, imaginando felizmente todo tipo de aventuras en la carretera y accidentes de tráfico, mientras mi abuelo (a cuyos pies estaba tranquilamente plantado) escuchaba un partido de béisbol en la radio. Él leía una enorme pila de periódicos dominicales y fumaba su pipa del domingo con un delicioso aroma —un gusto especial para los dos, ya que el abuelo solía fumar "Pall Mall", cigarrillos sin filtro que no tenían el mismo olor embriagador que su pipa de tabaco—. ¡Era el paraíso en La Embajada para mí!

Mi abuelo y yo éramos una pareja inseparable. Aunque yo solo tenía ocho o nueve años, y él tenía sesenta o setenta y tantos, éramos idénticos en nuestras preferencias y personalidades fuertes e independientes. A los dos nos agradaba un ambiente limpio y ordenado, disfrutábamos de nuestros pasatiempos singulares y NO nos gustaba el caos o el ruido de ningún tipo. Queríamos llevar a cabo nuestros placeres individuales en un ambiente de limpieza, paz y tranquilidad.

Esa sala de estar pasada de moda y raída estaba hecha a nuestra medida. La sala de mis abuelos en La Embajada estaba amueblada

257

us. The Embassy living room of my grandparents was comfortably (albeit sparsely) furnished with a decades-old simple sofa and matching chair, both of which were upholstered in a well-worn serviceable maroon fabric. Both the sofa and chair also had pretty, white doily-like antimacassars affixed by small straight pins to the upholstered arms and at the top of each of the pillow backs of the sofa and the chair. There was only one other chair in the room— an old faded dark blue upholstered occasional chair whose simple trim shape was emphasized by its shiny mahogany arms and exposed legs. On the wall opposite to this trio was a wide and very tall old mahogany upright piano with a beautifully carved music holder and a matching wooden piano bench . . . both were almost 100 years old since they had belonged to my father's mother's mother back in the 1880s when she was just a girl on her parent's farm out on Huntley Road next to Crooked Lake. In the 1930s, my grandparents had had a little summer camp on Crooked Lake (accessible only by taking a trolley from the city of Troy for a half an hour south, all the way out to the hamlet of Crystal Lake, New York, and from there, they still had to WALK another half hour to reach their little lakefront bungalow). The only other piece of furniture in that entire living room was a small mahogany table next to one of the two huge door-sized windows that overlooked our city street one floor below. On that table was my grandfather's prized table-top radio (which, within the next three years or so, would be replaced by a huge wooden television set with an infinitesimally small picture screen whose tubes had to be warmed up thoroughly before anyone could begin to watch any television program). On the wall behind the sofa was one large gold-framed print of a bowl of flowers. On the wall between the two windows (above the massive four-foot tall cast iron ancient white radiator) was a gigantic round, ornately-framed-in-golden-gilt ancient wooden mirror which had also belonged to my paternal great-grandmother. The old plaster-and-lath walls had been wallpapered about sixty years earlier, but now the ecru-colored wallpaper printed with pale gray garlands of flowers was now so faded that both the flower garlands and the ecru background now

cómodamente (aunque escasamente) con un sofá simple y una silla a juego de décadas de antigüedad, ambos tapizados en una tela granate duradera pero muy desgastada. Tanto el sofá como la silla a juego también tenían bonitos antimacasares blancos en forma de tapete colocados con pequeños alfileres rectos en los descansabrazos tapizados y en la parte superior de cada uno de los respaldos acojinados del sofá y la silla. Solo había una silla más en la habitación: un descolorido sillón ocasional tapizado de color azul oscuro cuya forma simple y refinada se destacaba por sus brillantes descansabrazos de caoba y las patas expuestas. En la pared opuesta a este trío de muebles había un ancho y muy alto piano vertical de caoba con un atril de partituras bellamente tallado y un banco de madera a juego... ambos tenían casi cien años desde que habían pertenecido a la madre de la madre de mi padre en la década de 1880, cuando era solo una niña en la granja de sus padres en Huntley Road, al lado de Crooked Lake. En la década de 1930, mis abuelos habían tenido un pequeño campamento de verano en Crooked Lake (accesible solo tomando un tranvía desde la ciudad de Troy durante media hora al sur, hasta la aldea de Crystal Lake, Nueva York y desde allí todavía tenían que CAMINAR otra media hora para llegar a su pequeño bungalow frente al lago. El único mueble adicional en toda la sala de estar era una pequeña mesa de caoba junto a una de las dos enormes ventanas del tamaño de una puerta que daban a nuestra calle urbana, un piso más abajo. Sobre esa mesa estaba el preciado radio de mesa de mi abuelo (que en tres años más o menos, sería reemplazado por un enorme televisor de madera con una pantalla de imagen infinitamente pequeña cuyos tubos debían calentarse completamente antes de que alguien pudiera comenzar a ver cualquier programa de televisión). En la pared detrás del sofá había una gran impresión de un tazón de flores con marco dorado. En la pared entre las dos ventanas (sobre el enorme radiador blanco antiguo de hierro fundido de más de un metro de altura) había un antiguo y gigantesco espejo redondo de madera adornado con marcos dorados que también había pertenecido a mi bisabuela paterna. Las viejas paredes de tablas de madera recubiertas de yeso se habían tapizado unos sesenta años antes, pero el original papel pintado de color crudo impreso con guirnaldas de flores de color gris pálido ahora estaba tan descolorido que tanto las guirnaldas de flores como el fondo crudo insinuaban cualquier patrón y cualquier color. No había bagatelas ni

just hinted of any pattern and color. There were no bibelots and knickknacks of any kind. The room was clean and spare . . . just the way Grandpa and I liked it. Hanging at the two windows were two sets of very heavy cotton, heavily starched white curtains. They were so heavy and so excessively starched that if the living room windows were ever opened (which they were inevitably NOT ever opened), the breeze could not enter the room. So, even though Grandpa had opened one of the big living room windows to cool down the room on such a hot September day, the advantage was almost unnoticeable . . . any breeze just moved the curtains, but the fresh air never entered the room, which explained why, although the room was immaculately neat and clean, the whole space had a closed-in dusty odor and feeling to it.

Grandpa was a tall, trim, athletic-looking man with a mature but handsome face and a completely bald nicely-shaped head. Even at home, he wore a clean white dress shirt with a tie, nice gray dress slacks, and highly polished cordovan leather shoes. Since it was Sunday and I had just come home from our neighborhood Catholic church earlier that day, I, too, was presentably dressed in a button-down shirt, black dress slacks and my only pair of black leather shoes. The baseball game was humming and the only sound out of my grandfather or me was an occasional word or a grunt or two of excitement or disappointment depending on the progress of the game, the news article Grandpa happened to be reading or the imagined events of my toy car scenario.

You can bet that we weren't alone on a Sunday in The Embassy. EVERYBODY was ALWAYS home on Sunday at The Embassy . . . all ten or so of us. For one, Grandpa and I could hear Grandma out in her kitchen two rooms away preparing Grandpa's 3 o'clock favorite Sunday dinner. Even though on Sunday we all usually ate a big Sunday dinner together at about noon in the main downstairs dining room, once in a while my grandparents, just the two of them, had a special little Sunday dinner together in their own upstairs kitchen (for reasons that I, as an Embassy child neither knew nor was bold enough to ask). So, we knew where Grandma was and what she was doing at that

chucherías de ningún tipo. La habitación estaba limpia y sobria... tal como nos gustaba al abuelo y a mí. En las dos ventanas colgaban dos juegos de cortinas blancas de algodón muy pesadas y almidonadas. Eran tan pesadas y excesivamente almidonadas que si las ventanas de la sala de estar alguna vez se abrían (que inevitablemente NUNCA se abrieron), la brisa no podría entrar en la habitación. Entonces, a pesar de que el abuelo había abierto una de las grandes ventanas de la sala para enfriar la habitación en un día caluroso de septiembre, la ventaja era casi imperceptible... cualquier brisa solo movía las cortinas, pero el aire fresco nunca entraba en la habitación, lo que explicaba por qué, aunque la habitación estaba impecablemente limpia y ordenada, todo el espacio tenía un olor y sensación de polvo encerrado.

El abuelo era un hombre alto, delgado, de aspecto atlético, con una cara madura pero atractiva y una cabeza completamente calva y bien formada. Incluso en casa llevaba una camisa de vestir blanca impecable con corbata, bonitos pantalones de vestir grises y zapatos de cuero cordobés muy pulidos. Como era domingo, y yo acababa de llegar de la iglesia católica de nuestro vecindario, también, estaba presentablemente vestido con una camisa con cuello de botones, pantalones negros y mi único par de zapatos de cuero negro. El juego de béisbol zumbaba, y el único sonido que emitíamos mi abuelo o yo era una palabra ocasional o un gruñido o dos de emoción o decepción dependiendo del progreso del juego de béisbol, del artículo de noticias que el abuelo estaba leyendo, o de los eventos imaginarios del escenario de mis coches de juguete.

Pueden apostar que no estábamos solos un domingo en La Embajada. Los domingos TODOS estábamos SIEMPRE en casa... los diez más o menos. Por un lado, el abuelo y yo podíamos escuchar a la abuela en su cocina a dos habitaciones de distancia preparando la comida dominical favorita del abuelo que servía a las tres en punto. Aunque los domingos solíamos comer todos juntos alrededor del mediodía en el comedor principal de la planta baja, de vez en cuando mis abuelos, solo ellos dos, tenían una pequeña comida especial de domingo en su cocina de arriba (por razones que yo, como niño de La Embajada, no sabía ni era lo suficientemente valiente como para preguntar). Entonces, sabíamos dónde estaba la abuela y qué estaba haciendo en ese momento. Además, yo sabía que mi papá y mi hermano mayor, Fred, estaban en el lote vacío de al lado tratando de conseguir que FUNCIONARA

261

moment. Also, I knew my dad and my older brother, Fred, were out in the vacant lot next door trying to get another of Dad's recently bought old second-hand cars, to RUN!!!! It was a fun "hobby" for them, but the end result was almost always that the inexpensive car would never run, and there would just be another hulking old worthless car sitting in the vacant lot (Avenue Q Alley) next to our house, and Dad would have to ride to his job at General Electric Company (all the way in Schenectady, New York) with a coworker. The rest of us, as always, would just walk or take the city bus at the corner. Mother and "the Girls" (my two oldest sisters who were about seven and five years old) were probably downstairs on the back porch fussing with their hair, playing with the baby, or preparing some element for our light supper later that afternoon (since evidently we weren't going to have our usual Sunday "feast" together). And Great-Aunt May was apparently off on some adventure of her own (in her own old-but-functioning Ford automobile), but no mention of her "mission" was made, so nothing was said about it by anyone (Embassy law).

As I lay stretched out on the floor next to Grandpa, enjoying the masculine redolence of his pipe tobacco, the hypnotic sound of the radio announcer's voice as he narrated the action on the baseball diamond, and as I successfully and pleasantly succeeded in lining up all of my favorite little toy cars and trucks, I *suddenly* had the feeling that all this was just too good to be true. It was all just TOO pleasant, quiet and perfect. I am not blessed with ESP or defined as a "seer" of any great renown, but I DO often have a very dependable sixth sense—and right now my intuition was telling me that SOMETHING was about to happen.

And it did: as I was dreamily listening to the drone of the sportscaster and the sound of my dear grandfather alternately grunting and clicking his tongue to the events of the baseball game, I heard a car whoosh up to the curb just five feet in front of our house in the city street below. Since, in those days, even though we lived in a densely crowded city neighborhood, there was almost never any automobile or even pedestrian activity on our street especially on a Sunday. But I *knew* something must be afoot, so I jumped up and

otro de los autos usados que papá había comprado recientemente. Era un "pasatiempo" divertido para ellos, pero el resultado final era casi siempre que el automóvil barato nunca funcionaría, y que simplemente habría otro automóvil viejo y descomunal en el lote baldío (Callejón de la Avenida Q) al lado de nuestra casa, y papá tendría que ir a su trabajo en General Electric Company (hasta Schenectady, Nueva York) con un compañero de trabajo. El resto de nosotros, como siempre, simplemente caminábamos o tomábamos el autobús urbano en la esquina. Mi madre y "las chicas" (mis dos hermanas mayores que tenían entre siete y cinco años) probablemente estaban abajo en el porche trasero, peleándose con su cabello, jugando con el bebé o preparando algún elemento para nuestra cena ligera más tarde (ya que evidentemente no íbamos a tener nuestro "festín" dominical acostumbrado juntos). Y la tía abuela May aparentemente estaba en una aventura propia (en su propio automóvil Ford viejo pero que funcionaba), pero no se mencionaba su "misión", por lo que nadie decía nada al respecto (Ley de La Embajada).

Mientras yacía tendido en el suelo junto al abuelo, disfrutando de la masculina fragancia de su tabaco de pipa, el sonido hipnótico de la voz del locutor de radio mientras narraba la acción en el diamante de béisbol, y cuando logré con éxito y gratamente alinear todos mis pequeños autos y camiones favoritos de juguete, *de repente* tuve la sensación de que todo esto era demasiado bueno para ser verdad. Todo era DEMASIADO agradable, tranquilo y perfecto. No estoy dotado de percepción extrasensorial ni soy considerado un *vidente* de gran renombre, pero a menudo TENGO un sexto sentido muy confiable —y en ese momento mi intuición me decía que ALGO estaba por suceder—.

Y así fue: mientras estaba soñando y escuchando el zumbido del comentarista deportivo y a mi querido abuelo gruñendo alternadamente y chasqueando la lengua ante los eventos del juego de béisbol, escuché que un auto silbaba en la banqueta de la calle de abajo frente a nuestra casa a solo metro y medio de distancia. Dado que, en aquellos días, a pesar de que vivíamos en un vecindario de la ciudad densamente abarrotado, casi nunca había automóviles ni peatones en nuestra calle los domingos, yo *sabía* que algo debía estar *cocinándose*, así que salté y corrí hacia la ventana de la sala de la habitación para ver de qué se trataba toda la "agitación".

Abajo, en la calle, pude ver un Ford sedán de cuatro puertas limpio,

dashed to the living room window to see what all the "excitement" was about.

Down below on the street, I could see a clean, shiny, older model, tan Ford four-door sedan that had parked right in front of our front door. Since there were hardly ever any cars parked anywhere on our poor urban street, there was ALWAYS tons of space for any casual visitor to our house or any of our neighbors' houses. It didn't take a little Stefano very much time to figure out WHO our unannounced Sunday visitors were. Why? Well, first of all, even though we didn't even OWN a car, for some reason, as a little boy in the 50s and 60s, I knew EVERY brand and type of car in the entire USA. I knew Fords from Chevys, Cadillacs from Oldsmobiles, Ramblers from Lincolns; I knew ALL the makes and models and all the years of almost every car made during my childhood. In those days, there were almost NO foreign car nameplates to worry about (although, of course, I was already familiar with the easily identifiable foreign cars like Jaguar and Mercedes because of their distinctive hood ornaments, and, since the Asian market had not yet begun to infiltrate the American car market to any measurable extent . . . any silly and tiny toy-like car was either a Honda or a Toyota . . . and, at the time, below the consideration of admiration for a little American boy of that era).

The year was 1958 and this tan Ford that had pulled up in front of our house was "only" a 1953 Ford Sedan. It was "old" and old-fashioned. We neighborhood kids were currently ogling the 1958 car models and were drooling in anticipation of all the new 1959 cars that the American car companies always unveiled for sale in October or November. Car enthusiasts had to wait for the autumn presentation of new cars for the following calendar year. So, in September of 1958 we kids were already excited about what Detroit was going to offer for 1959.

Now, even though this tan 1953 Ford sedan was already "old," it gleamed with a newness that spoke of extreme care in pride of ownership. Furthermore, the fact that it was a "stripped down" model, which meant it didn't have white-wall tires, dual-paint color, or lots of additional chrome trim, etc., was a big hint

brillante y antiguo que se había estacionado justo en frente de nuestra puerta principal. Como casi nunca había automóviles estacionados en algún lugar de nuestra pobre calle urbana del vecindario, SIEMPRE había mucho espacio de estacionamiento para cualquier visitante casual de nuestra casa o de las casas de nuestros vecinos. No le llevó mucho tiempo al pequeño Stefano darse cuenta de QUIÉNES eran nuestros visitantes dominicales que llegaban de improviso. ¿Por qué? Bueno, antes que nada, a pesar de que ni siquiera teníamos coche PROPIO, por alguna razón, cuando era un pequeño, en los años 50 y 60, conocía TODAS las marcas y tipos de automóviles en todo Estados Unidos. Distinguía los Fords de los Chevys, los Cadillacs de los Oldsmobiles, los Ramblers de los Lincolns; Conocía TODAS las marcas y modelos y todos los años de casi todos los autos fabricados durante mi infancia. En esos días casi NO había placas de identificación de automóviles extranjeros de los que preocuparse (aunque, por supuesto, ya estaba familiarizado con los automóviles extranjeros fácilmente identificables como Jaguar y Mercedes debido a sus distintivos adornos en el capó, y, dado que el mercado asiático aún no había comenzado a infiltrarse en el mercado automovilístico estadounidense en una medida apreciable... cualquier automóvil ridículo y pequeño como un juguete era un Honda o un Toyota... y, en ese momento, no merecía la consideración de admiración de un niño estadounidense de esa época).

Era el año 1958 y este Ford color canela que se había detenido frente a nuestra casa era "solo" un Ford Sedan de 1953. Era "viejo" y anticuado. Los niños del vecindario en ese entonces nos comíamos con los ojos los modelos de autos de 1958 y babeábamos anticipando todos los autos nuevos de 1959 que las compañías automotrices estadounidenses siempre destapaban para la venta en octubre o noviembre. Los entusiastas de los automóviles tenían que esperar la presentación de otoño de automóviles nuevos para el siguiente año. Entonces, en septiembre de 1958, los niños ya estábamos entusiasmados con lo que Detroit iba a ofrecer para 1959.

Ahora, a pesar de que este sedán Ford 1953 canela ya era "viejo", brillaba como nuevo, lo que hablaba de un cuidado extremo por orgullo de su propietario. Además, el hecho de que se tratara de un modelo "austero", es decir, no tenía neumáticos de pared blanca, color de pintura doble o muchos adornos cromados adicionales, etc., era una gran pista

for a little Stefano that this austere-looking car (which looked like a company "fleet" car, or an unmarked police car) belonged to DIRK CROWLEY! I was not only car savvy, but a good detective as well. WHO was Dirk Crowley and WHAT did the arrival of this car mean?

Well, upon surmising that the car of Dirk Crowley had pulled up in front of our house, it was incumbent on me to run throughout the house and let everyone know that we had company. This was very important since we seldom, if ever, had company (and when we did, it was usually a relative; certainly not anyone from outside the family). The household had to be WARNED!!

The first person, of course, who was the recipient of my announcement of unexpected company was my grandfather who was sitting right there within three feet of me. "It's EMMA MAY, Grandpa," I announced to a suddenly scowling Grandpa Knothe. The deep scowl by my grandfather was immediately accompanied by a menacing growl from deep within his throat and highlighted by my grandfather's ultimate display of frustration and dissatisfaction: my grandfather raised his right arm up to his head, and with the large open palm of his strong right hand, he slapped the top of his bald head just above his forehead with a sound that could have been heard on the next street!!! "Uh oh," I thought; I forgot Grandpa doesn't like ANY unannounced company, and he never seemed to like a visit from EMMA MAY in particular. Grandpa was too much of a gentleman and loved his wife and family, all of us, too much to utter even one unkind word about a guest of ours, and he didn't now, but it was obvious to my little eight-year-old self that THIS was not going to be a visit welcomed by my much-loved and much-revered grandfather.

I didn't have time to stop and question Grandpa about WHY he reacted in this UN-pleased manner when I mentioned EMMA MAY's name because, like Paul Revere on his midnight ride to warn the colonists that "the Redcoats are coming," I had to hurry throughout the house to warn Grandma, Dad and Mother that SOMEONE was here so that they could get ready, and prepare themselves for this unusual occurrence. In her kitchen, Grandma,

para un pequeño Stefano de que este automóvil de aspecto sencillo (que parecía un automóvil de "flota" de alguna compañía, o un automóvil de policía sin rotular) pertenecía a ¡DIRK CROWLEY! No solo era un experto en automóviles, sino también un buen detective. ¿QUIÉN era Dirk Crowley y QUÉ significaba la llegada de este automóvil?

Bueno, al suponer que el auto de Dirk Crowley se había detenido frente a nuestra casa, me correspondía correr por toda la casa y hacerles saber a todos que teníamos compañía. Esto era muy importante ya que rara vez, si acaso, teníamos visita (y cuando la teníamos, generalmente era un pariente; ciertamente nadie "fuera de los familiares"). ¡¡Mis parientes tenían que ser ADVERTIDOS!!

La primera persona, por supuesto, que recibió mi anuncio de visita inesperada fue mi abuelo, que estaba sentado a un metro de mí. "Es EMMA MAY, Abuelo", anuncié a un abuelo Knothe que de repente frunció el ceño. El profundo ceño fruncido de mi abuelo se acompañó inmediatamente de un gruñido amenazante desde lo más profundo de su garganta y resaltado por la última muestra de frustración e insatisfacción de mi abuelo: mi abuelo levantó su brazo derecho hacia su cabeza y con la enorme palma abierta de su fuerte mano derecha, ¡¡¡se golpeó la parte superior de su propia cabeza calva justo por encima de su frente con un sonido que podría haberse escuchado en la siguiente calle!!! "Oh oh", pensé, olvidé que al abuelo no le gustaba NINGUNA visita no prevista, y a él nunca pareció agradarle particularmente la visita de EMMA MAY. El abuelo era demasiado caballero y amaba a su esposa y a su familia, a todos nosotros, demasiado para pronunciar una palabra desagradable sobre un invitado nuestro, y ahora no lo sabía, pero era obvio para mi yo pequeño de ocho años que esta no iba a ser una visita bien recibida por mi abuelo muy querido y venerado.

No tuve tiempo de detenerme y preguntarle al abuelo POR QUÉ reaccionó tan a disgusto cuando mencioné el nombre de EMMA MAY porque, como Paul Revere en su viaje de medianoche para advertir a los colonos que "los Casacas Rojas estaban cerca", tuve que apresurarme por toda la casa para advertir a la abuela, papá y madre que ALGUIEN estaba aquí para que pudieran estar listos y prepararse para este acontecimiento inusual. En su cocina, la abuela, aunque en estado de shock, estaba muy contenta de que le hubiera advertido, porque, si bien ella —como todos en La Embajada, estaba vestida con su mejor ropa

while shocked, was very glad I had warned her, although she—like all of us in The Embassy was dressed in her Sunday best—she needed that extra minute or two to hobble into her bedroom (a few steps off the upstairs kitchen) and, at least, powder her face and put a fresh coat of lipstick on her lips.

I dashed down the back staircase to avoid possibly bumping into these new guests at the front door and to tell my parents that EMMA MAY was here, only to find that EMMA MAY had already come through the side yard garden gate, walked to the back of the house, and had already greeted my pretty mother and my little sisters on the downstairs back porch where the older girls and Mom had been sewing doll dresses by hand. I offered my greetings to EMMA MAY and gave her The Embassy requisite kiss on the cheek. My kiss was answered by a bigger kiss on the cheek by EMMA MAY with an accompanying hug from her smartly powdered and perfumed well-dressed self.

EMMA MAY presented herself and conducted herself as though she were royalty come to bless us with her sweet and charming presence. Although strikingly much prettier and somehow stunningly feminine, EMMA MAY even looked similar to Queen Elizabeth with her beautiful pale blue full dress and matching hat with her perfectly coifed and lacquered copper-colored hair peeking out from under the tiny veil which fell over her forehead. She was carrying a big one-foot-square bone-colored patent leather pocketbook (which matched her bone white patent leather high-heel shoes), all of which was set off by discreetly small and simple high-quality silver jewelry: a simple silver necklace, a pair of elegant silver bracelets on her left wrist, and two or three onyx and silver rings adorned her pretty hands. She must have been around fifty years old or so, but she appeared younger and almost girlish in her enthusiasm to greet all of us at The Embassy. Her sincere smile and royal graciousness made her immediately welcomed, liked, and loved by everyone who met her.

As I surmised, EMMA MAY was not alone. No! She couldn't possibly have arrived by car by herself unaccompanied. Why? Because like many women of her era (the early 1900s) she believed

de domingo— necesitaba ese minuto extra o dos para cojear hasta su habitación (a unos pasos de la cocina de arriba) y, al menos, empolvar su rostro y ponerse una capa fresca de pintura de labios.

Bajé corriendo la escalera trasera para evitar la posibilidad de toparme con estos nuevos invitados en la puerta principal Y decirles a mis padres que EMMA MAY estaba aquí, solo para descubrir que EMMA MAY ya había cruzado la puerta del jardín del patio lateral, había caminado hacia la parte trasera de la casa, y ya había saludado a mi bella madre y a mis dos hermanas pequeñas en el porche trasero de la planta baja, donde las chicas y mamá habían estado cosiendo vestidos de muñecas a mano. Le di mis saludos a EMMA MAY y le di el imprescindible beso en la mejilla que La Embajada estipulaba. Mi beso fue correspondido por un beso más grande en la mejilla por EMMA MAY acompañado de un abrazo de su elegante, bien vestida y bien perfumada persona.

EMMA MAY se presentaba y se comportaba como si fuera un miembro de la realeza que venía a bendecirnos con su dulce y encantadora presencia. Aunque era sorprendentemente mucho más bonita y de alguna manera increíblemente femenina, EMMA MAY incluso se parecía a la Reina Isabel con su hermoso vestido azul claro y su sombrero a juego, con su cabello cobrizo perfectamente peinado y lacado asomando por debajo del pequeño velo que caía sobre su frente. Llevaba un gran bolso de charol color hueso de 30 centímetros cuadrados (que combinaba con sus zapatos de tacón alto de charol color blanco hueso), todo lo cual resaltaba por las joyas de plata de alta calidad discretamente pequeñas y simples: un sencillo collar de plata, un par de elegantes pulseras de plata en la muñeca izquierda y dos o tres anillos de ónix y plata que adornaban sus bonitas manos. Debía de tener unos cincuenta años más o menos, pero parecía más joven, casi aniñada en su entusiasmo por saludarnos a todos en La Embajada. Su sincera sonrisa y su gracia real lograban que fuera bienvenida, apreciada y amada de inmediato por todos quienes la conocían.

Como supuse, EMMA MAY no estaba sola. ¡No! No podría haber llegado sola en coche sin acompañante. ¿Por qué? Porque, como muchas mujeres de su época (principios de 1900), ella creía que una verdadera dama NO conducía un automóvil y, por lo tanto, ella NO lo hacía. En cada uno de sus flancos, como una especie de acólitos reales,

that a *real* lady did NOT drive a car, and so, she did NOT drive a car. On either side of her, like some kind of royal acolytes, were a young man and a young woman about 20 and 30 years old respectively. The handsome young man who had bright black shiny always-moving eyes (like a chipmunk), and thick, straight, dark-brown hair which was unfashionably heavily slicked back like some 1930's actor (like Rudolph Valentino or somebody) was neatly dressed in a short-sleeved white shirt with the collar open at the neck, nicely-ironed khaki slacks, and stylish well-polished brown penny-loafers. The young woman who was dressed in a charming pale pink full dress (in the same smart style as EMMA MAY) did not wear a hat or high heels, but wore simple black leather "flats" (that looked like ballet slippers) instead of high heels and carried only a pair of white cloth dress gloves, and no pocketbook. Her mousey brown hair had obviously been cut in a stylish pageboy bob. But somehow, on her, the cut seemed to only emphasize her hair's thinness and lankness as it hung tiredly down over her quite generously-sized ears. Her role as EMMA MAY's attendant seemed to be emphasized by her extreme modesty of always standing tightly next to EMMA MAY and yet, a step behind her and *always* turning slightly aside with her face perpetually aiming away from people and steadfastly looking toward the floor.

These, I knew, were Emma and Dirk's grown children. Her daughter, Millie, was supposedly about 30 years old, but looked much older. Her son, Ben, 19, was a strapping, smiling bundle of energy who seemed UNABLE TO STOP continually moving and/or talking. Had their elderly father, Dirk Crowley, been present, you might have been treated to a startling biology lesson in heredity and genetics.

I remember meeting Dirk Crowley on several previous Embassy visits. Although always neatly dressed and sporting a pleasant smile of sincere greeting, in every other aspect of his very being, Dirk seemed to be the exact OPPOSITE of his wife, Emma May. Whereas she spoke in a cultured, well-educated manner, Dirk spoke like one of the ranch hands from a Wild West movie . . . loud and

había un joven y una joven de unos veinte y treinta años respectivamente. El apuesto joven de brillantes ojos negros y siempre en movimiento (como una ardilla), y de cabello grueso, liso, de color castaño oscuro peinado hacia atrás y engrasado de manera anticuada, como un actor de los años treinta (como Rudolph Valentino o alguien parecido), estaba bien vestido con una camisa blanca de manga corta con el cuello abierto, pantalones caqui bien planchados y elegantes mocasines cafés bien pulidos. La joven que llevaba puesto un encantador vestido rosa pálido (en el mismo estilo elegante que EMMA MAY) no usaba un sombrero o tacones altos, sino que usaba simples zapatos de piso de cuero negro (que parecían zapatillas de ballet) en lugar de zapatillas de tacón, solo llevaba un par de guantes de vestir de tela blanca y no traía cartera. Obviamente, su cabello castaño y rubio había sido cortado en un estilo moderno "de paje o de jícara", pero de alguna manera, en ella, el elegante corte de cabello parecía únicamente destacar la delgadez y languidez de su cabello, ya que colgaba cansadamente sobre sus orejas bastante generosas. Su papel de asistente de EMMA MAY parecía enfatizarse por su modestia extrema de estar siempre de pie junto a EMMA MAY y, sin embargo, un paso detrás de ella, y *siempre* volteada ligeramente hacia un lado con el rostro perpetuamente dirigido lejos de las personas y firmemente mirando al piso.

Yo sabía que estos eran los hijos adultos de Emma y Dirk. Supuestamente, su hija Millie tenía unos 30 años, pero parecía mucho mayor. Su hijo, Ben, de 19 años, era un montón de energía fornida y sonriente que parecía incapaz de detenerse, se movía y/o hablaba continuamente. Si su padre anciano, Dirk Crowley, hubiera estado presente, uno podría haber recibido una sorprendente clase de biología sobre herencia y genética.

Recuerdo haber conocido a Dirk Crowley en varias de sus visitas anteriores a La Embajada. Aunque siempre estaba bien vestido y lucía una sonrisa agradable de saludo sincero, en todos los demás aspectos de su ser Dirk parecía ser el OPUESTO exacto de su esposa, Emma May. Mientras que ella hablaba de una manera culta y bien educada, Dirk hablaba como uno de los peones del rancho de una película del salvaje oeste... fuerte y aparentemente liberado de la exigencia estricta de cualquier tipo de reglas de gramática. Mientras que Emma May tenía una cara delicadamente esculpida, tan bonita que asumías que,

apparently unhindered by the taxing exactness of any kind of English grammar rules. Whereas Emma May had a delicately sculptured face so pretty that you assumed that, surely, with her beautifully arranged light-colored soft hair, she was a model for any number of famous portrait artists; Dirk had a wide unsymmetrical flat face bordered by enormous ears which jutted out perpendicularly from his head and were only exceeded in their wild appearance by his shock of unruly, coarse black hair that seemed to begin and end heaven knows where, but which defied any culturally sanctioned means of control. Emma May was tall, trim and stately; Dirk was broad and rough. Emma May had soft blue eyes that looked dream-like and angelic; Dirk's deep dark eyes looked wild and would've looked evil except for the fact that his sweet manner of addressing people eliminated any threat or hint of evil about him . . . despite those demonic-looking black eyes. You felt you were truly in the presence of a superiorly educated and raised royal princess when you spent time with Emma May; yet with Dirk, you wondered why he hadn't been captured by the truant officers when he was a boy and made to attend school so that he could have at least the most basic elements of an education. Surprisingly, the more time you spent with Emma May and her husband, Dirk, the more you realized just how much they loved and appreciated each other—however different they appeared to the casual observer.

And that lesson in genetics? Well . . . one of the mysteries of life is WHY we look the way we do and WHY we act the way we do. WHERE do those genes come from??!! In the case of Ben and his sister, Millie, the way the mystery of genes plays out was quite obvious. Ben had dark eyes and dark hair which obviously came from his father, but, apart from those two dark features, Ben could've been the male reincarnation of his mother when you paid attention to his handsome face, his tall lean form, and his dance-like sense of physical movement which all came directly from her. His charm and thoughtfulness of others seemed to just flow naturally out of his very being in a manner no less strained than the way his mother exuded a similar warmth and uniqueness. Millie (poor Millie), on the other hand, was dealt the cruel genetic blow of physically favoring

seguramente, con su cabello suave de color claro bellamente peinado, ella era, hasta el día de hoy, una modelo para cualquier cantidad de famosos retratistas; Dirk tenía una cara plana, ancha y asimétrica, enmarcada por enormes orejas que sobresalían perpendicularmente de su cabeza y solo eran superadas en su aspecto salvaje por la sorpresa del cabello negro rebelde y áspero que parecía comenzar y terminar solo dios sabía dónde, pero que desafiaba cualquier medio de control permitido culturalmente. Emma May era alta, delgada y majestuosa; Dirk era ancho y rudo. Emma May tenía unos suaves ojos azules que parecían de ensueño y angelicales; los profundos ojos oscuros de Dirk parecían salvajes y se verían malvados, excepto por el hecho de que su dulce manera de dirigirse a las personas eliminaba cualquier amenaza o indicio de maldad sobre él... a pesar de esos ojos negros de aspecto demoníaco. Uno sentía que de verdad estaba en presencia de una princesa real educada y criada superiormente cuando pasaba tiempo con Emma May; sin embargo, con Dirk, uno se preguntaba por qué no había sido atrapado por los prefectos escolares cuando era niño para obligarlo a asistir a la escuela y que al menos tuviera los elementos más básicos de educación. De manera sorprendente, cuanto más tiempo pasabas con Emma May y su esposo, Dirk, más te dabas cuenta de cuánto se amaban y se valoraban, a pesar de lo diferentes que parecieran para el observador casual.

¿Y la clase de genética? Bueno... uno de los misterios de la vida es POR QUÉ tenemos cierto aspecto y POR QUÉ nos comportamos de la manera que lo hacemos. ¡¡¿¿De DÓNDE vienen esos genes??!! En el caso de Ben y su hermana, Millie, la forma en que juega el misterio de los genes era bastante obvia. Ben tenía cabello y ojos oscuros que obviamente provenían de su padre, pero, aparte de esas dos facciones oscuras, Ben podría haber sido la reencarnación masculina de su madre cuando uno prestaba atención a su hermoso rostro, su alta figura delgada y su sensación de movimiento físico similar a la danza, todo proveniente directamente de ella. Su encanto y consideración hacia los demás parecían fluir naturalmente de su propio ser de una manera no menos forzada que la forma en que su madre exudaba una calidez y singularidad similares. Millie (la pobre Millie), por otro lado, recibió el cruel golpe genético de parecerse físicamente a su padre. Lo que en Dirk se veía simplemente como masculinidad fuerte, parecía ser una

her father. What looked simply like strong maleness in Dirk appeared to be almost ghoulish contrariness in his daughter. As a matter of fact, despite Emma May's obviously fastidious effort to help Millie appear prettier, more sophisticated, and more charming, there was a genetic strength of presentation far stronger than any parental tutelage could possibly counteract in one lifetime. The wide face and prominent ears of her father were startling on a young woman. The lank and uncontrollable hair on a man, looks absolutely uncivilized on a woman. Any little social awkwardness in a man, when transferred to a young woman's personality, is absolutely off-putting and distasteful. On the father, clothes (which just hung on Dirk with ill-fitting discomfort) seemed to be a simple option to bestial nakedness; on the daughter, it was almost comical, like dressing up your favorite pet cat or dog in the prettiest pink silk blouses and skirts and then watching how, even the richest fabrics and brightest colors only look the more ridiculous on such a creature while he tries to wriggle out of the proffered outfit in spasms of distress. Millie and her nice clothes just didn't seem to go well together. Your heart really went out to Millie because NOBODY, however attractive and well-educated, could have appeared pretty, intelligent, sophisticated or lovable when placed next to Emma May and her many charming qualities of intelligence and warm attractiveness.

But with today's visit, there was no father. Today there was no Dirk Crowley with whom to make any startling comparisons. Today, Ben Crowley had apparently taken the place of his father, to chauffeur his mother and his sister in their modest tan Ford sedan all the way up to Troy, New York, from their little backwoods country hamlet of Nassau, New York, in southern Rensselaer County about an hour or so south of The Embassy. Although Nassau was in the same county, it was quite far away, since there were, in the 1950s, no interstate highways NOR even four-lane state highways to get around the Capital District of Upstate New York. Nassau was such a tiny hamlet and located in the rolling hills of the county that to get in and out of there really was quite a transportation challenge (especially in winter when the dozens and dozens of Upstate New York storms of

terquedad casi macabra en su hija. De hecho, a pesar del esfuerzo obviamente fastidioso de Emma May para ayudar a Millie a verse más bonita, más sofisticada y más encantadora, había una fuerza genética de apariencia mucho más poderosa de lo que cualquier tutela maternal podría contrarrestar en una vida. La cara ancha y las orejas prominentes de su padre resultaban sorprendentes en una mujer joven. El cabello lacio e incontrolable de un hombre se veía absolutamente incivilizado en una mujer. Cualquier pequeña torpeza social en un hombre, cuando se transfiere a la personalidad de una mujer joven, es absolutamente poco atractiva e incluso desagradable. Para el padre, la ropa (que colgaba incómodamente del cuerpo Dirk) parecía ser una opción simple para la desnudez bestial; para la hija, era casi cómico, era como vestir a tu mascota favorita, perro o gato, con las blusas y faldas de seda rosa más bonitas, y luego observar cómo, incluso las telas más ricas y los colores más brillantes, solo se ven más ridículas en una criatura así mientras trata de escabullirse del atuendo brindado con espasmos de aflicción. Millie y su linda ropa no parecían combinar bien. Sin embargo, uno se compadecía de Millie porque NADIE, por atractivo y educado que fuera, podría haber parecido bonito, inteligente, sofisticado o adorable cuando se lo colocaba junto a Emma May y sus muchas cualidades encantadoras de inteligencia y cálido atractivo.

Pero hoy no estaba el padre. Hoy no estaba Dirk Crowley para hacer comparaciones alarmantes. Hoy, Ben Crowley aparentemente había tomado el lugar de su padre, para conducir a su madre y a su hermana en su modesto sedán Ford color canela, hasta Troy, Nueva York, desde su pequeña aldea rural de Nassau, Nueva York, en el sureño condado de Rensselaer, aproximadamente una hora al sur de La Embajada. Aunque Nassau se ubicaba en el mismo condado, estaba realmente muy lejos, ya que en la década de 1950 no había carreteras interestatales ni siquiera carreteras estatales de cuatro carriles para moverse por el Distrito Capital al norte del estado de Nueva York. Nassau era una aldea tan pequeña y ubicada en las onduladas colinas y bosques del condado, que entrar y salir de allí era verdaderamente un gran desafío de transporte (especialmente en invierno cuando las docenas y docenas de tormentas de nieve y hielo en el norte del estado de Nueva York hacían que esos viejos caminos de la década de 1950 fueran casi intransitables). Por eso, los Crowley siempre elegían el clima de

snow and ice made those old roads almost impassable). So, summer weather was always chosen by the Crowleys to venture forth and make their special social pilgrimages, like visiting Aunt Helen (my grandmother) in Troy, New York.

Hearing all of the commotion of hellos and greetings on the downstairs back porch brought my brother and my father running from their work on the old black car in the vacant lot to see what was happening. They, too, although fussing with the old car, looked very presentable and neat since they were also wearing their Sunday best which was Embassy "law" on any given Sunday. The Embassy law for Sunday was threefold: 1) NO outside-of-the-family friends or neighbors were allowed in The Embassy on Sunday . . . Sunday was family day; 2) All embassy Catholics (i.e. my mother and all six of us little kids) had to attend church at the 9 o'clock children's mass and, when they got home, *had* to leave on their good Sunday clothes for the rest of the day until bath time later on in the early evening, and; 3) EVERYONE in the family was expected to sit primly and properly in their good fancy clothes for our formal family Sunday dinner at the well-appointed table (replete with a white tablecloth and white cloth napkins). It was required that we partake in, not only the food of that special meal, but also in the adult-lead conversation during the meal (which might last MORE than an hour!!). The extra incentive for us kids to sit at the table for such a long time (even though there were NO options given) was that, besides enjoying listening to all five or more of The Embassy adults talking politely about adult topics, Sunday was about the ONLY dinner time which ended in a delicious dessert of cake or something fantastic. So that long dinner time event actually passed quite quickly for us little Embassy kids.

All Embassy residents, governed by strict tradition, looked fit for company, while The Embassy grounds were spruced up and always clean and neat. The only thing that wasn't fit for the scrutiny of unexpected company was the exterior of The Embassy building itself. The old wooden siding was nothing but grayish-brown bare wood. Thanks to evidence of a few chips of alligatored paint that remained in recesses on the siding, we concluded The Embassy was

verano para aventurarse y hacer sus peregrinaciones sociales especiales, como visitar a tía Helen (mi abuela) en Troy, Nueva York.

Al escuchar toda la conmoción de holas y saludos en el porche trasero en la planta baja, mi hermano y mi padre abandonaron su trabajo en el viejo auto negro en el lote baldío para ver qué sucedía. Ellos también, aunque luchando con el viejo auto, se veían muy presentables y arreglados ya que también usaban su mejor ropa de domingo, que era la "ley" de la Embajada para cualquier domingo. La ley de La Embajada para el domingo tenía tres normas: 1) NO se permitía que amigos o vecinos fuera de la familia entraran a La Embajada el domingo... el domingo era día familiar, 2) Todos los católicos de La Embajada (es decir, mi madre y los seis niños pequeños) tenían que asistir a la iglesia, a la misa de niños de las nueve en punto y, cuando llegaban a casa, *tenían* que dejarse puesta sus buenas ropas de domingo por el resto del día hasta la hora del baño en la noche, y 3) Se esperaba que TODOS en la familia se sentaran escrupulosa y adecuadamente con la mejor ropa dominical para nuestra comida formal de los domingos en la mesa bien puesta (cubierta de un mantel de tela blanca y servilletas de tela blanca). Se requería que compartiéramos los alimentos de esa comida especial y también la conversación dirigida por adultos durante toda la comida (¡que podría durar MÁS de una hora!). El incentivo adicional para que nosotros, los niños, nos sentáramos a la mesa durante tanto tiempo (a pesar de que NO se nos daban opciones) era que, además de disfrutar de escuchar a los cinco o más adultos de La Embajada hablando cortésmente sobre temas de adultos, el domingo era la única comida que cerraba con un delicioso postre, pastel o algo fantástico. Así que ese largo evento de la comida en realidad pasaba bastante rápido para nosotros, los niños de La Embajada.

Todos los residentes de La Embajada, regidos por una estricta tradición, parecíamos aptos para recibir visitas, al tiempo que los terrenos de La Embajada estaban arreglados y siempre limpios y ordenados. Lo único que no era apto para el escrutinio de una visitante inesperada era el exterior del edificio de la Embajada. El viejo revestimiento de madera de La Embajada no era más que madera color marrón grisáceo. Gracias a la evidencia de algunas astillas de pintura descascarada que permanecían en huecos del revestimiento, concluíamos que La Embajada alguna vez fue pintada de un elegante

once painted an elegant cream-color with bright white trim. But at the time of EMMA MAY's visit that day, *IT HADN'T BEEN PAINTED IN OVER SIXTY YEARS OF HARSH WINTERS.* And, although the interior was spotlessly clean and organized, and the surrounding property was neat and well-kept, The Embassy building looked quite worn, shabby and tired. We at The Embassy just simply didn't have the money to lay out for such a costly project as painting the big, two-story, two-family house that we called home (and it wouldn't be properly restored and painted for about another seven years or so when my older brother, Fred, started a job where he made good money and helped my parents and grandparents by beginning a decades long modernization and beautification project of completely rehabilitating that wonderful Embassy house inside and out).

It might seem that EMMA MAY's unannounced visit was a surprise, but the truth is that we should have expected her arrival on that very day. WHY? Because her twice-annual visits were almost predictable even to a little nine-year-old Embassy child like me. She ALWAYS came on one Sunday in late spring and she ALWAYS came of a Sunday in early fall . . . ALWAYS. I wasn't surprised to see her. She always came on one of the first hot Sundays in spring and also, inevitably, on one of the last hot Sundays in autumn. And here she was . . . right on schedule.

WHO was EMMA MAY? And WHY did she come to The Embassy twice a year? And where did she come from? And what was the connection of this EMMA MAY with those of us in The Embassy?

Emma May Robertson Crowley was the daughter of the older brother of my paternal Grandmother Helen Robertson Knothe. Not only was Emma May, the orphaned daughter of my grandmother's older brother, but she was also raised jointly by my Grandmother Helen (who was only a teenager at the time), my grandmother's mother, Emma Huntley Robertson, and my much-loved Great-Aunt Jenny May in a big three-story townhouse on Troy's East Side. Thus, the explanation for the name: Emma (my great-grandmother's first name, Emma) and May (the name of my grandmother's older sister,

color crema con ribete blanco brillante. Pero en el momento de la visita de EMMA MAY ese día, LA FACHADA NO SE HABÍA PINTADO EN MÁS DE SESENTA AÑOS DE INVIERNOS SEVEROS. Y aunque el interior estaba impecablemente limpio y organizado, y la propiedad circundante estaba en orden y bien cuidada, el edificio de La Embajada parecía bastante desgastado, en mal estado y agotado. Nosotros en La Embajada simplemente no teníamos el dinero para emprender un proyecto tan costoso como pintar la gran casa de dos pisos, de dos familias, que llamábamos hogar (y no sería restaurada y pintada adecuadamente por aproximadamente otros siete años más o menos, cuando mi hermano mayor, Fred, comenzó en un trabajo donde ganaba mucho dinero y ayudó a mis padres y abuelos a iniciar un proyecto de modernización y embellecimiento que tardó décadas en rehabilitar por completo esa maravillosa casa de La Embajada por dentro y por fuera).

Puede parecer que la visita no anunciada de EMMA MAY era una sorpresa, pero la verdad es que deberíamos haber esperado su llegada ese mismo día. ¿POR QUÉ? Porque sus visitas dos veces al año eran casi predecibles incluso para un pequeño niño de nueve años de La Embajada como yo. Ella SIEMPRE llegaba un domingo a finales de la primavera y SIEMPRE llegaba un domingo a principios del otoño... SIEMPRE. Yo no estaba sorprendido de verla. Ella siempre venía uno de los primeros domingos calurosos en primavera y también, inevitablemente, en uno de los últimos domingos calurosos en otoño. Y aquí estaba... justo a tiempo.

¿Quién era EMMA MAY? ¿Y POR QUÉ venía a La Embajada dos veces al año? ¿De dónde salió? ¿Y cuál era la conexión de esta EMMA MAY con todos nosotros en La Embajada?

Emma May Robertson Crowley era la hija del hermano mayor de mi abuela paterna, Helen Robertson Knothe. Además de ser la hija huérfana del hermano mayor de mi abuela, Emma May también fue criada conjuntamente por mi abuela Helen (que era solo una adolescente en ese momento), la madre de mi abuela, Emma Huntley Robertson, y mi muy querida tía abuela Jenny May en una gran casa de tres pisos ubicada al este de Troy. De ahí la explicación del nombre: Emma (el primer nombre de mi bisabuela, Emma) y May (el nombre de la hermana mayor de mi abuela, Jenny May). Aunque fue triste que una niña de principios de 1900 quedara huérfana, tuvo la suerte de tener tías jóvenes maravillosas

Jenny May). Although it was sad for a little girl of the early 1900s to be orphaned, it was lucky for her to have such wonderful young aunts and a superior woman such as her Grandmother Emma to raise her as a very special child in a home of privilege and good breeding. Every single member of my Grandmother's large family (except for her older sister, my Great-Aunt May) was already now long ago dead; and the very few of my Grandfather's remaining family lived far-away in Passaic Park in northern New Jersey where my grandfather had, at best, only the most sporadic and superficial occasional contact.

Although by the late 1940s and early 1950s, the physical structure of The Embassy was quite worn-out and shabby and the income levels of the breadwinners of the family, my father and grandfather, were quite low. The truth is that ALL of The Embassy adults had come from well-educated and well-heeled families. Unfortunately, two World Wars and the Great Depression left my parents and grandparents cash-poor and struggling financially by the time World War II came to a close.

Lucky for Emma May that, although orphaned at a young age, she was raised in a financially more affluent environment than we Embassy residents found ourselves in after WWII. As a matter of fact, not only did the beautiful city townhouse of my paternal great-grandparents boast of having its own very profitable grocery store (which catered to the wealthy "carriage trade" on Troy's newly expanded East Side) on the first floor of their home, but they also had two upper floors which were elegantly appointed and the hub of many political, religious, and business-related social meetings and parties. In the late 1800s, my great-grandmother, Emma, had been well-educated (a rarity for women of the mid-nineteenth century era) and, as a very young woman, was a country school teacher before her marriage into the Robertson family (whose name graced a huge sign on the outside of their profitable store).

Surprisingly, as early as 1909, the Robertson family had a FLEET of three automobiles when *most* people in those days still had horses and buggies or got around in the city by trolley car or

y una mujer extraordinaria como su abuela Emma para criarla como una niña muy especial en un hogar de privilegio y buena crianza. Todos los miembros de la gran familia de mi abuela (excepto su hermana mayor, mi tía abuela May) habían muerto hacía ya mucho tiempo; y los pocos miembros de la familia restante de mi abuelo vivían lejos en Parque Passaic, en el norte de Nueva Jersey, donde tenía, en el mejor de los casos, solo el contacto ocasional más esporádico y superficial.

Aunque a fines de la década de 1940 y principios de la década de 1950, la estructura física de La Embajada estaba bastante desgastada y en mal estado, y los niveles de ingresos de los sostenes de la familia, mi padre y mi abuelo, eran bastante bajos. La verdad es que TODOS los adultos de La Embajada provenían de familias bien educadas y adineradas. Desafortunadamente, las dos guerras mundiales y la Gran Depresión dejaron a mis padres y abuelos con poco dinero y con dificultades financieras para cuando la Segunda Guerra Mundial llegó a su fin.

Afortunadamente para Emma May que, aunque quedó huérfana a una edad temprana, se crió en un entorno económicamente más próspero del que nos encontramos los residentes de La Embajada después de la Segunda Guerra Mundial. De hecho, además de que la hermosa casa urbana de mis bisabuelos paternos se jactó de tener su propia tienda de comestibles muy rentable (que abastecía al rico "comercio de carruajes" en el recién expandido este de Troy) en el primer piso de su casa, también tenía dos pisos superiores que estaban elegantemente decorados y eran el centro de muchas reuniones sociales y fiestas políticas, religiosas y de negocios. A fines de 1800, mi bisabuela, Emma, había recibido una buena educación (una rareza para las mujeres de mediados del siglo XIX) y, cuando era muy joven, era maestra de escuela rural antes de emparentarse con la familia Robertson (cuyo nombre adornaba un gran cartel en el exterior de su lucrativa tienda).

Sorprendentemente, ya en 1909 la familia Robertson tenía una FLOTILLA de tres automóviles cuando la *mayoría* de las personas en esos días todavía tenían caballos y calesas o se desplazaban por la ciudad en tranvía o caminando. Troy con sus muy empinadas colinas en todo Nueva York, que se alejaban del ancho y agradable río Hudson, casi requería que sus residentes usaran el tranvía para ir al este, colina arriba hacia La Embajada o hacia la tienda Robertson de comestibles

walking. Troy, New York's very steep hills, climbing away from the wide and gracious Hudson River, almost required its residents to use the trolley car to go east up the hill toward either The Embassy, or The Robertson's home and neighborhood grocery store. Otherwise, it was a long, hard climb on foot, which few people enjoyed.

After a few minutes of greeting everyone and chatting with my parents, Emma May (accompanied by her two acolytes) voiced her opinion that she really had to get upstairs to see her favorite aunt, Aunt Helen (my grandmother). Pocketbook in hand, and her two grown children trailing behind her, she proceeded to climb the clean, gray painted back staircase that led upstairs to my grandmother's flat. I was worried that Emma May would not be able to endure the extremely hot temperature of my Grandmother's upstairs kitchen. It really was a scorching hot day, especially for September, and being as poor as we were, there was absolutely no such thing as air conditioning, or for us, not even window fans. At The Embassy when it was cold outside YOU were cold inside, and when it was hot outside YOU were hot inside. Added to the lack of air conditioning and fans was my grandmother's insistence on cooking big HOT meals (even on the hottest summer days), and worse, almost NEVER opening the kitchen windows for fear that her long, clean white kitchen curtains would get dirty from being blown about by the wind, or that they would rip on a cabinet or even catch fire if they floated too close to the stovetop.

Then too, there was the possibility that, even in the warm weather, the heavy gigantic white wooden-framed glass storm windows hadn't been removed and replaced by the big, dark green wooden screen windows. Each heavy wooden window was about six-feet high by three-feet wide and weighed a ton. As my father and grandfather got older and busier, there were often seasons where they had not bothered to get out the long, heavy wooden extension ladder, put it up to the second-floor windows, to remove/install/replace the gigantic heavy wooden storm windows or the awkwardly large screen windows. Often, it wasn't a matter of "bothering" as much as it was that perhaps *that* year an enormous snowstorm or a particularly

para el hogar y el vecindario. De lo contrario, a pie era una cuesta larga y dura que pocas personas disfrutaban.

Después de unos minutos de saludar a todos y conversar con mis padres, Emma May (acompañada de sus dos acólitos) expresó que realmente tenía que subir las escaleras para ver a su tía favorita, tía Helen (mi abuela). Con el bolso en la mano y sus dos hijos adultos detrás de ella, procedió a subir la escalera limpia y pintada de gris que llevaba al departamento de mi abuela en La Embajada. Yo estaba preocupado de que Emma May no pudiera soportar la temperatura extremadamente alta de la cocina de mi abuela, en el piso de arriba. Realmente era un día caluroso y abrasador, especialmente para ser septiembre, y siendo tan pobres como éramos, no había aire acondicionado ni remotamente, o para nosotros, ni siquiera ventiladores de ventana. En La Embajada, cuando hacía frío afuera, hacía frío adentro, y cuando hacía calor afuera, hacía calor adentro. Además de la falta de aire acondicionado y ventiladores, era insistencia de mi abuela el cocinar grandes comidas CALIENTES (incluso en los días más calurosos de verano) y, mucho peor, casi NUNCA abría las ventanas de la cocina por temor a que sus largas y limpias cortinas blancas de cocina se ensuciaran al ser sopladas por el viento, o que se rasgaran si se enganchaban en los gabinetes o se incendiaran si flotaban muy cerca de la estufa.

Entonces, también existía la posibilidad de que, incluso en clima cálido, las enormes ventanas de tormenta hechas de vidrio blanco con marco de madera no fueran removidas y reemplazadas por las grandes ventanas de pantalla de madera verde oscuro por lo que la casa estaría más caliente y sin siquiera un pequeño soplo de aire fresco. Cada pesada ventana de madera tenía casi dos metros de alto por casi un metro de ancho y pesaba una tonelada. A medida que mi padre y mi abuelo se hacían mayores y estaban más ocupados, a menudo había temporadas en las que no se habían tomado la molestia de sacar la larga y pesada escalera extendida de madera, colocarla en las ventanas del segundo piso para quitar/instalar/reemplazar las gigantescas ventanas pesadas de madera para tormentas o las grandes y aparatosas ventanas de pantalla. Con frecuencia, no se trataba de "tomarse la molestia" sino de que tal vez *ese* año una enorme tormenta de nieve o una ola de frío particularmente temprana habían hecho que todo el "proceso de cambio de ventanas" fuera imposible de llevar a cabo. Otra posibilidad era que se tratara de

early cold snap had made the whole "window changing process" impossible to carry out. Another possibility was that it was a very wet spring and all that rain prevented the entire window-changing project from taking place at all. When a suitable Saturday or Sunday was available in the spring, and again in the fall they would spend an ENTIRE long day (with the women and we Embassy boys helping in various ways) getting the windows out of the car barn, washing them, carrying them around to the spot nearest to where they were to be installed, removing either the screen or the storm window that was in place, cleaning all the stationary double-hung windows, and then moving the UN-used set of either screens or storms back to the car barn at the back of the service yard.

Grandpa or Dad took turns laboriously hauling the big heavy windows to the second floor, using one hand to grab and haul up the window, while holding onto the shaky ladder with their other hand all the way up to the second floor. It really was a feat of tremendous proportions that required considerable strength, balance, endurance, and expertise. While balancing at the top of the ladder (still clutching the heavy window in one hand), they had to "hang" the storm or screen windows by means of difficult-to-access metal hooks above the tops of the tall windows while STILL balancing and holding on for dear life at the top of the shaky ladder fourteen feet off the ground. Grandpa and Dad "spelled" each other by taking a turn on the ground where that man had to "steady" the long rickety ladder with his extended arms and his firmly planted feet down on the ground level. In total, there were twenty-five windows all around the house on two floors, which meant that they had to carry FIFTY WINDOWS up or down the ladder!!!

In short, the "changing of the screens and storm windows," replete with the laborious task of carefully washing all twenty-five windows inside AND outside, hosing down the screens (which was one of the "easy" tasks that Dad and Grandpa assigned my older brother, Fred, and I to do), and then hauling the heavy windows to the old backyard car barn and putting the unused set of either screens or storms into some semblance of order within the crowded

una primavera muy lluviosa y la lluvia impedía que todo el proyecto del cambio de ventanas se llevara a cabo. Cuando se contaba con un sábado o domingo de primavera adecuado, y nuevamente en el otoño, ellos pasarían un largo día entero (con las mujeres y los muchachos de La Embajada ayudando de varias maneras) sacando las ventanas del establo de coches, lavándolas, llevándolas al lugar más cercano a donde se iban a instalar, quitando la ventana de pantalla o la ventana de tormenta que estuviera colocada, limpiando todas las ventanas dobles colgadas, y luego trasladando el conjunto no utilizado de ventanas de pantalla o de tormenta de nuevo al establo de coches en la parte trasera del patio de servicio.

El abuelo o Papá se turnaban laboriosamente para arrastrar las grandes y pesadas ventanas hacia el segundo piso, usando una mano para sostener y subir la ventana, mientras con la otra mano sostenían la escalera temblorosa hasta el segundo piso. Realmente era una hazaña de proporciones colosales que requería una fuerza, equilibrio, resistencia y experiencia tremendas. Mientras se balanceaban en la parte superior de la escalera (aún agarrando la pesada ventana con una mano), tenían que "colgar" la ventana de tormenta o de pantalla por medio de ganchos metálicos de difícil acceso sobre la parte superior de las ventanas altas mientras TODAVÍA se balanceaban aferrándose a la vida en lo alto de la escalera temblorosa a cuatro metros del suelo. El abuelo y Papá "se relevaban" tomando turnos en el suelo donde ese hombre tenía que "estabilizar" la larga y destartalada escalera con los brazos extendidos y los pies firmemente plantados en el suelo. ¡¡¡En total había veinticinco ventanales alrededor de la casa en los dos pisos, lo que significaba que tenían que cargar CINCUENTA VENTANAS hacia arriba o hacia abajo de la escalera!!!

En resumen, el "cambio de ventanas de pantalla y de tormenta", sumado a la laboriosa tarea de lavar cuidadosamente las veinticinco ventanas por dentro Y por fuera, limpiar a fondo las pantallas (que era una de las tareas "fáciles" que papá y el abuelo asignaban a mi hermano mayor, Fred y a mí), y luego arrastrar las ventanas pesadas al viejo establo de coches del patio trasero y poner el conjunto no utilizado de ventanas de pantalla o de tormenta en una especie de orden dentro del establo de coches atiborrado... TODO era un enorme empresa para mis padres y abuelos. Esto incluía a mi madre y a mi abuela que tenían

car barn. . . . ALL was an enormous undertaking for my parents and grandparents. This included my mother and grandmother who had to carefully wash the inside of all twenty-five of the stationary casement windows while my father and grandfather washed the outside of all of the windows. It was an exhausting Embassy project that NOBODY looked forward to doing twice per year at the change of seasons. By the end of my last years at The Embassy, this exhausting and time-consuming project was essentially cut in half since my parents and grandparents simply omitted changing the screens and storm windows on the ENTIRE second floor (inhabited by my grandparents), even though "just" changing half of the windows on the first floor level was no picnic either. Also, in a very few short years when we boys grew big enough and adept enough (unfortunately for my older brother and me), Fred and I did most of the work that had been done by my poor father and grandfather. And believe me, no matter how young or strong you were THE CHANGING OF THE SCREEN AND STORM WINDOWS was a filthy, time-consuming and exhausting task that NOBODY anticipated doing with anything but apprehension and determination.

THIS year had been one of those early years where the STORM windows had stayed installed on the entire second floor all through the summer and Emma May was about to see just how hot that uninsulated and uncooled second floor had become under the glaring hot sun of that particularly warm September day.

Having been warned of unexpected guests by me, her grandson, Grandma had already "taken a comb to her hair" and applied some fresh, pale pink lipstick. And, although it was obvious she was in the midst of some major cooking project—evidenced by huge clouds of steam billowing from her gas stovetop where the flames could be seen lapping up at the sides of the three enormous two-gallon metal-lidded pots—Grandma had prepared herself to "receive company" by using her dainty white cloth handkerchief to wipe the sweat from her face and try to appear to be calmly sitting in one of the old wooden rocking chairs in the corner of the kitchen in front of one of the big windows. That particular window was

que lavar el interior de las veinticinco ventanas abatibles mientras mi padre y mi abuelo lavaban el exterior de todas las ventanas. Era un proyecto agotador de La Embajada que nadie deseaba hacer dos veces al año con el cambio de estaciones. Al final de mis últimos años en La Embajada, este proyecto agotador y que consumía mucho tiempo se redujo esencialmente a la mitad, ya que mis padres y abuelos simplemente omitieron cambiar las ventanas de pantalla y de tormenta en TODO el segundo piso (habitado por mis abuelos), aunque "solo" cambiar las doce ventanas más o menos en el primer piso tampoco era un sencillo picnic. Además, en unos pocos años cuando los chicos crecimos lo suficiente y nos volvimos expertos (desafortunadamente para mi hermano mayor y para mí), Fred y yo hacíamos la mayor parte del trabajo que habían hecho mis pobres padre y abuelo. Créeme, no importa cuán joven o fuerte eras, el cambio de las ventanas de pantalla y de tormenta era una tarea inmunda, larga y agotadora que NADIE esperaba hacer con otra cosa que no fuera aprensión y determinación.

ESE año había sido uno de esos primeros años en que las VENTANAS de tormenta habían permanecido instaladas en todo el segundo piso durante todo el verano, y Emma May estaba a punto de ver qué tan caliente se había vuelto ese segundo piso sin aislamiento y sin ventilación bajo el deslumbrante sol de ese particularmente cálido día de septiembre.

Después de que yo, su nieto, le advirtiera la presencia de invitados inesperados, la abuela ya se había "pasado un peine en el cabello" y aplicado un poco de fresco lápiz labial rosa pálido. Y, aunque era obvio que estaba en medio de un gran proyecto de cocina —como lo evidenciaban enormes nubes de vapor que ondulaban de las hornillas de su estufa de gas en donde las flamas se veían lamer los lados de las tres ollas grandes con capacidad de ocho litros con tapa metálica—, la Abuela se había preparado para "recibir visitas" usando su delicado pañuelo de tela blanca para limpiarse el sudor de la cara y tratar de aparentar estar tranquilamente sentada en una de las dos viejas mecedoras en la esquina de la cocina frente a una de las grandes ventanas. Esa ventana en particular estaba más alejada de la estufa y había sido abierta cinco a siete centímetros, y la ventana de tormenta pesada fuera de ella se había empujado hacia afuera con sus bisagras cinco a siete centímetros y se sostenía allí con un palo viejo dejado en el alféizar de la ventana para

farthest from the stove and had been lifted open two or three inches and the heavy storm window outside of it, pushed out on its hinges two or three inches and held there with an old stick left on the windowsill for just that purpose. That whole process was done with the idea of letting some "cool" air into the kitchen to make visiting with the unexpected guest, Emma May, more comfortable. Of course, all these lifting and opening procedures had absolutely no noticeable effect on cooling down the room preparatory to receiving company, but, apparently my grandmother thought so as she posed herself in a "relaxed and casual" manner in one of the big wooden rockers in anticipation of greeting her guest, her beloved niece Emma May.

Even to a NON-Embassy person, this window-opening procedure and rocking chair posing was all a SHAM!! To the most casual and the most stupid visitor, it was painfully obvious that the room was sweltering hot, that my grandmother was tremendously overheated, and that she was not the least bit relaxed despite the use of such a deceptive prop as her comfortable old wooden rocking chair. I *knew* (as did most Embassy residents) that my poor overworked, overheated, timid, and ingratiating grandmother was nervously awaiting her guest with the double worry that the house might not be presentable enough (although it was), that she wouldn't be able to entertain her guest properly (which of course she easily could), and that, most of all, maybe she wouldn't have enough food for dinner to share with Emma May (which of course was an absurdity because my grandmother always cooked enough for two dozen people even if only she and my slim grandfather were going to sit down to the meal). But my Grandmother was a Worrier (with a capital W).

My much-loved grandmother blessed me (by her unintentional bad example) with the joy of being sure that for the rest of my life, I would NOT be just such a worrier as she. Days like this where her time with a loved guest should have been simply enjoyed, turned into a cavalry of suffering because she was such a WORRIER. Is the room too hot? Is there enough food to share? Is my dress nice enough? etc., etc., etc. I also knew that the litany of worries would continue long into the night when Emma May, Ben, and Millie had long left our

ese propósito. Todo ese proceso se realizó con la idea de dejar entrar un poco de aire "fresco" a la cocina para que la estancia de la visitante inesperada, Emma May, fuera más cómoda. Por supuesto, todos estos procedimientos de levantamiento y apertura no tuvieron absolutamente ningún efecto notorio para enfriar la habitación como preparación para recibir compañía, pero, aparentemente, mi abuela pensaba eso, ya que posó de manera "relajada y casual" en una de las grandes y viejas mecedoras de madera a la expectativa de saludar a su invitada, su amada sobrina Emma May.

¡¡Incluso para una persona externa a La Embajada, este procedimiento de apertura de ventanas y la pose en la mecedora era toda una FARSA!! Para el visitante más casual y más bobo era penosamente obvio que en la habitación hacía un calor sofocante, que mi abuela estaba tremendamente acalorada, y que no estaba nada relajada a pesar del uso de un accesorio tan engañoso como su cómoda y vieja mecedora de madera. Yo *sabía* (al igual que la mayoría de los residentes de La Embajada) que mi pobre abuela exhausta, abochornada, tímida y congraciadora estaba esperando nerviosamente a su huésped con la doble preocupación de que la casa no estuviera lo suficientemente presentable (aunque lo estaba), que no sería capaz de deleitar a su invitada adecuadamente (lo cual, por supuesto, podía hacer fácilmente), y, sobre todo, que tal vez no tendría suficiente comida para compartir con Emma May (lo cual, por supuesto, era un absurdo porque mi abuela siempre cocinaba lo suficiente para dos docenas de personas, incluso si solo ella y mi delgado abuelo iban a comer). Pero mi abuela era una Preocupona (con una P mayúscula).

Mi amada abuela me bendijo (gracias su involuntario mal ejemplo) con la alegría de estar seguro de que por el resto de mi vida, NO sería tan preocupón como ella. Días como este en los que debería haber simplemente disfrutado su tiempo con una visitante querida, se convertían en un calvario de sufrimiento porque ella se preocupaba mucho. ¿Hace demasiado calor en la habitación? ¿Hay suficiente comida para compartir? ¿Es mi vestido lo suficientemente bonito?, etc., etc., etc. También sabía que la letanía de preocupaciones continuaría hasta bien entrada la noche, hasta mucho después de que Emma May, Ben y Millie hubieran dejado nuestra casa. A veces era doloroso presenciar la preocupación de la pobre abuela para

house. Poor Grandma's worrying, at times, was, for those of us who loved her so much, almost painful to witness.

Sometimes, her worrying was so extreme, it was almost comical. Since my grandmother was already (at this point in my young life) almost completely crippled by arthritis, I always ran errands for her . . . and gladly. As soon as I came home from our neighborhood Catholic grammar school, one of the first things I would do is run upstairs, two steps at a time, to see if Grandma needed me to do anything. I LOVED her so much (and she me). One rainy day after school, I presented myself to her and she asked me to double-check the mailbox downstairs on our front porch. When I had done so, I ran back upstairs and told her that I had found no mail in her mailbox. "Stevie (she called me Stevie), are you sure there was no mail? I'm looking for the electric bill to come. I don't want to miss it. They might turn off our power! And then where would we be?" I reassured her that I had double-checked, but I would be sure to bring her the bill the very second that I discovered it in her mailbox. I did NOT add that three days ago she had just paid the most recent electric bill!!! I knew she had just paid the most recent bill because I had seen her put the money in CASH in the payment envelope. Since nobody at The Embassy in those days had a checking account or credit cards, EVERYTHING was paid in cash. Plus, I saw with my own eyes, my grandmother give the payment envelope to my grandfather so he could pay the electric bill while he was out on his lunch hour from his furniture salesman job right in the middle of downtown. But here it was only three days after paying the latest monthly utility bill and yet she was ALREADY WORRYING about paying the NEXT one. She worried and worried. What if Grandpa had missed the bus to work? What if it was going to rain and we hadn't been sure to close all the windows? What if the garbage men forgot to collect and empty our big metal garbage cans, or worse, left the empty cans to roll away down the street and we lost them? Poor Grandma!!!! She could turn GOOD events into episodes FRAUGHT WITH WORRY!!! "Grandma, I won this nice fifty-cent piece in the school spelling bee." "Oh, Stevie!," she would say to such good news,

nosotros que la amábamos tanto.

A veces su preocupación era tan extrema que era casi cómica. Como mi abuela ya estaba (en este momento de mi vida joven) casi completamente paralizada por la artritis, siempre le hice mandados... y con mucho gusto. Tan pronto como llegaba a casa después de la escuela católica del vecindario, una de las primeras cosas que hacía era subir las escaleras, dos escalones a la vez, para ver si la abuela necesitaba que yo hiciera algo. La AMABA mucho (y ella a mí). Un día lluvioso después de la escuela, me presenté ante ella y me pidió que revisara el buzón de abajo en nuestro porche del frente. Cuando lo había hecho, corrí escaleras arriba y le dije que no había encontrado correo en su buzón. "Stevie (ella me llamaba Stevie), ¿estás seguro de que no había correo? Estoy buscando el recibo de la electricidad pendiente. No quiero que se me pase. ¡Podrían quitarnos la luz! ¿Y luego qué nos pasaría?" Le aseguré que lo había verificado dos veces, pero que me aseguraría de llevarle en recibo en el mismo momento en que lo encontrara en su buzón. ¡¡¡NO agregué que tres días antes ella había pagado el recibo de luz más reciente!!! Yo sabía que lo acababa de pagar porque la había visto poner el dinero en EFECTIVO en el sobre de pago. Dado que nadie en La Embajada en esos días tenía una cuenta de cheques o tarjetas de crédito, TODO se pagaba en efectivo. Además, vi con mis propios ojos que mi abuela le dio el sobre de pago a mi abuelo para que él pudiera pagar el recibo de la luz en la hora de comida de su trabajo de vendedor de muebles justo en el centro de la ciudad. Pero solo habían pasado tres días después de pagar el último recibo mensual de servicios públicos y, sin embargo, YA se estaba PREOCUPANDO por pagar el SIGUIENTE. Ella se preocupaba y preocupaba. ¿Y si el abuelo perdía el autobús para ir a trabajar? ¿Y si iba a llover y no nos habíamos asegurado de cerrar todas las ventanas? ¿Qué pasaría si los hombres de la basura se olvidaban de recoger y vaciar nuestros grandes botes metálicos de basura, o, peor aún, si dejaron los botes vacíos y se rodaron por la calle y los perdimos? ¡¡¡¡Pobre abuela!!!! ¡¡¡Ella podía convertir BUENOS eventos en episodios CARGADOS DE PREOCUPACIÓN!!! Yo podía decirle: "Abuela, gané esta bonita moneda de cincuenta centavos en el concurso de ortografía de la escuela". "¡Oh, Stevie!", diría a tan buenas noticias, "Asegúrate de no tener un agujero en el bolsillo de tus pantalones o la moneda podría

"Be sure you don't have a hole in your pants pocket or the coin might fall on the ground and you'll lose it." "Be sure not to let strangers see you with that; they might knock you down and rob you. (Being "knocked down" was a recurring worry theme for her.) "Save it in case you need it some rainy day." Worry, worry, worry. So, even by eight years old, I had learned to expertly "field" the heap of worries she automatically and unconsciously tossed my way.

When Emma May entered Grandma's flat through the screen door on the upstairs back porch (after a token knock and singsong "hello" or two), Ben, Millie, and I were right on her heels ready for a warm reunion of a loving aunt and her adoring niece. In addition, I was anticipating how the pair would successfully spar their way through the twice-yearly "fight" of "You Must Stay For Dinner." Watching Emma May and my Grandmother politely vie for the final word about Sunday dinner was more than theatrical: Grandma, "How wonderful to see you! You MUST stay to dinner," is the opening salvo of the recurring battle. Emma May, "I've been thinking of you since Fourth of July, Aunt Helen. We're just stopping to visit for an hour and couldn't possibly stay for dinner since Dirk is home alone." This parry from Emma May shows she is ready to do verbal battle. The clever repartee continues with: "We have more than enough and the children look hungry." And *this*, of course, pauses the duel just long enough for "the children" (19 and 30 years old) to offer their greetings and the mandatory peck on the cheek which is expected by everyone at The Embassy, hosts and guest alike. That done; the polite and sweetly-worded debate goes quietly on between Emma May and her Aunt Helen for a few more brief interactions, ending only when Emma May insists that she "peek in on Uncle Louie," (that is to say, my Grandfather) who is still sitting in the living room enthralled in listening to the baseball game on the radio, although, of course, he is aware of the entrance of Emma May and party. Emma May (leaning into the doorway of the living room with a little wave), "Hi, Uncle Louie! Hot for September isn't it?" To this innocuous comment, my Grandfather (said Uncle Louie) responds with his nicest yet mechanical, "Hello, Emma May. I hope you're staying cool today."

caer al suelo y la perderás". "Asegúrate de no dejar que extraños te vean con eso; podrían derribarte y robarte (ser "derribado" era un tema recurrente para ella)". "Guárdalo en caso de que lo necesites cuando haya vacas flacas". Preocuparse, preocuparse, preocuparse. Entonces, incluso a los ocho o nueve años, aprendí a "sortear" de manera experta el montón de preocupaciones que ella me arrojaba automática e inconscientemente.

Cuando Emma May entró en el departamento de la abuela a través de la puerta malla en el porche de arriba (después de un toque simbólico y un "hola" o dos en sonsonete), Ben, Millie y yo estábamos justo detrás de ella, listos para una cálida reunión de un tía amorosa y su sobrina fervorosa. Además, yo estaba anticipando cómo la pareja se enfrentaría con éxito en la "pelea" dos veces al año de "Debes quedarte a cenar". Viendo a Emma May y a mi abuela educadamente competir por la última palabra sobre la cena del domingo era más que teatral, Abuela: "¡Qué maravilloso verte! ¡DEBES quedarte a cenar!", es la salva inicial de la recurrente batalla. Emma May: "He estado pensando en ti desde el cuatro de julio, tía Helen. Solo nos detuvimos para visitarles durante una hora y no podríamos quedarnos a cenar ya que Dirk está solo en casa." Esta parada de Emma May muestra que está lista para pelear verbalmente. La ingeniosa réplica continúa con la abuela diciendo: "Tenemos más que suficiente y los niños parecen hambrientos". Y *esto*, por supuesto, detiene el duelo el tiempo necesario para que "los niños" (de 19 y 30 años) ofrezcan sus saludos y el picotazo obligatorio en la mejilla que todos esperan en La Embajada, anfitriones e invitados por igual. Superada esa parte, el debate educado y dulcemente expresado se mantiene en silencio entre Emma May y su tía Helen durante unas breves interacciones más que finalizan solo cuando Emma May insiste en "echarle un vistazo a 'Tío Louie'" (es decir, mi abuelo) que continua sentado en la sala de estar, cautivado escuchando el juego de béisbol en la radio, aunque, por supuesto, está al tanto de la entrada de Emma May y compañía. Emma May (inclinándose hacia la puerta de la sala con un pequeño saludo): "¡Hola, Tío Louie! Hace calor para septiembre, ¿no?" A ese comentario inocuo, mi abuelo (el mencionado Tío Louie) responde con su más amable pero mecánico: "Hola, Emma May. Espero que te mantengas fresca hoy". Fin de ESE diálogo. Emma May vuelve a la

End of THAT dialogue. Emma May returns to the kitchen. Duty is done by both. While in the living room to witness this interaction, I stay for a minute to see how my grandfather is doing, which gives me the opportunity to hear him say *sotto voce*, "Now our dinner will probably be late." No more; no less. And, of course, he's right. My grandparents' midafternoon dinner hour comes and goes, and while there is no convincing Emma May (and by extension, her "children") to STAY to join my grandparents in their Sunday meal, NEITHER IS THERE an evident rushing of Emma May to LEAVE so as not to disrupt Grandpa's Sunday meal.

Meanwhile, Grandma and Emma May are talking up a storm while sitting in the twin old wooden rocking chairs in the sweltering hot kitchen with the three big metal pots steaming and boiling over while periodically they continue to visit the "You Must Stay for Dinner" debate in all its subtle forms amid pointedly chosen vocabulary about the subject. (It's a draw. No one seems to be winning or losing that "argument.") A quick look past the brutally spartan and uncomfortable kitchen table to the wooden chair over in the far corner of the room reveals an unforgettable tableau of a long-suffering Millie. She sits silent and alone with her hands folded on her lap and her eyes cast down toward the floor. All of this female activity of the three of them, plus the unbearable heat, drove me outside onto the upstairs back porch and then down the backstairs to find out what was happening with Ben and the rest of my fellow Embassy inhabitants . . . especially my Dad and my big brother, Fred.

Although reluctantly (since I wanted to hear all the news that Emma May had to impart to my grandmother), I left Grandma's kitchen and was instantly relieved to have done so since the temperature outside of that upstairs kitchen was at least 100 degrees cooler!!!! I felt instant relief plus a sudden burst of cool-inspired energy to go find out what was doing with "the guys." Since I was just an insignificant "baby" of only eight or nine years old, I didn't really have much to contribute to the men's conversation, but I was sure old enough to glean plenty of information from the parley they were having amongst themselves. Being a little "invisible" kid is like

cocina. El deber lo cumplen ambos. Mientras estoy en la sala de estar para presenciar esta interacción, me quedo un minuto para ver cómo está mi abuelo, lo que me da la oportunidad de escucharlo decir en voz baja: "Ahora nuestra cena probablemente se retrasará". Ni más, ni menos. Y, por supuesto, tiene razón. La hora de la cena de mis abuelos a media tarde va y viene, y aunque no hay manera de convencer a Emma May (y, por extensión, sus "hijos") de que se QUEDARAN para acompañar a mis abuelos en la comida del domingo, y TAMPOCO HAY ningún apuro evidente por parte de Emma May para IRSE ni para interrumpir la comida dominical del Abuelo.

Entre tanto, la abuela y Emma May están hablando con mucho entusiasmo mientras están sentadas en las viejas mecedoras de madera gemelas en la sofocante cocina caliente con las tres grandes ollas metálicas humeantes e hirvientes mientras periódicamente regresan al debate "Debes quedarte a cenar" en todas sus formas sutiles en medio del vocabulario elegido específicamente sobre el tema. (Es un empate. Nadie parece estar ganando o perdiendo esa "discusión"). Una rápida mirada a la silla de madera de la mesa de la cocina brutalmente espartana e incómoda en el rincón más alejado de la habitación, revela un cuadro inolvidable de una Millie sufriente. Ella se sienta en silencio y sola con las manos cruzadas sobre su regazo y sus ojos mirando hacia el piso. Toda esta actividad femenina de las tres, más el calor insoportable, me llevó afuera al porche trasero de arriba y luego abajo para descubrir qué estaba pasando con Ben y el resto de mis compañeros habitantes de La Embajada... especialmente mi papá y mi hermano mayor, Fred.

Aunque de mala gana (ya que quería escuchar todas las noticias que Emma May tenía que comunicar a mi abuela), me salí de la cocina de la abuela y al instante me sentí aliviado porque ¡¡¡¡la temperatura fuera de esa cocina de arriba era al menos 100 grados más fresca!!!! Sentí un alivio instantáneo más un repentino estallido de energía inspirada por la frescura para ir a descubrir qué estaban haciendo "los muchachos". Como yo era, para ellos, un insignificante "bebé" de solo ocho o nueve años, en realidad no tenía mucho que contribuir a la conversación de "los hombres", pero por supuesto que tenía la suficiente edad para cosechar mucha información de la conversación que estaban teniendo entre ellos. Ser un pequeño "invisible" es como tener una licencia para

license to go where you want, see who you want, and hear whatever you want. I loved it. I was comfortable upstairs, downstairs, outside, or anyplace within the confines of The Embassy. When I happened upon Ben, Fred, and my Dad, they were back out at the junky old black car that my dad had been trying to get to run.

Fred was a normal young teen and was able to *hold his own* conversing with my Dad and Ben. However, from the look on Fred's face, I had the feeling that he was wishing it were already Monday and he was back at school with his school chums. Dad was obviously blissfully happy just being home with his family on his one day off a week. It was 19-year-old Ben who was *holding forth* on the subject of politics, his woes about the women he knew, and anything at all to do with his job at the famous press where he worked just across the river from the New York State Capitol. Although, as a child, I really didn't understand even one word of Ben's loud and vociferous monologue, I just loved being there with the guys and watching them chat and carry on about any and all themes of a manly interest. Like Dad, I didn't care WHAT I was doing or with WHOM as long as I was happily among my family in the sanctity of The Embassy.

It seemed like a very quick afternoon after those few incidents, but soon three things happened in rapid succession: 1) we were having a quick, light Sunday dinner together in the downstairs kitchen, 2) we could hear Emma May's voice bidding "Aunt Helen" goodbye as the main front door to the street closed, and 3) our old claw-footed cast iron bathtub in our downstairs bathroom was echoing the torrent of water from the hot and cold water taps as my parents prepared us kids for our Sunday night baths and our usual very early evening 7 o'clock bedtime.

I can still hear my wonderful young mother's voice, "Hurry, cheeldren," in her heavy Italian accent, "it eez time for thee baths! There is thee school tomorrow!"

ir a donde quieras, ver a quien quieras y escuchar lo que quieras. Me encantaba. Estaba cómodo arriba, abajo, afuera o en cualquier lugar dentro de los límites de La Embajada. Cuando me topé con Ben, Fred y mi papá, estaban de regreso en el viejo y negro auto que mi papá había estado tratando de hacer funcionar.

Fred era un joven adolescente normal y se *defendía* al conversar con mi papá y Ben. Sin embargo, por la expresión en la cara de Fred, tuve la sensación de que él deseaba que ya fuera lunes para estar de regreso en la escuela con sus cuates. Obviamente, papá estaba felizmente contento de estar en casa con su familia un día libre a la semana. Era Ben quien estaba *perorando* sobre el tema de la política, sus aflicciones con las mujeres que conocía, y cualquier cosa que tuviera que ver con su trabajo en la famosa imprenta donde trabajaba al otro lado del río desde el capitolio de Nueva York. Aunque, cuando era niño, realmente no entendía ni una palabra del ruidoso y vociferante monólogo de Ben, simplemente me encantaba estar allí con los hombres y verlos charlar y continuar sobre todos y cada uno de los temas de interés masculino. Al igual que papá, no me importaba QUÉ estaba haciendo o con QUIÉN mientras estaba felizmente entre mi familia en la santidad de La Embajada.

Pareció una tarde muy apresurada después de esos pocos incidentes, pero pronto ocurrieron tres cosas en rápida sucesión: 1) Nosotros estábamos disfrutando una comida de domingo rápida y ligera juntos en la cocina de la planta baja, 2) pudimos escuchar la suave voz de Emma May cuando se despidió de la "Tía Helen" y se cerró la puerta principal de la calle, y 3) nuestra vieja bañera de hierro fundido con patas de garra en nuestro baño de abajo estaba haciendo eco del torrente de agua de los grifos de agua fría y caliente, mientras mis padres nos preparaban a los niños para nuestros baños de los domingos por la noche y nuestra habitual y muy temprana hora de acostarnos a las siete de la noche.

Todavía puedo escuchar la maravillosa voz de mi joven madre: "Dense prisa, niñosss (con su fuerte acento italiano). ¡Ya es l-la hora del-l baño! ¡Mañaaana hay que ir a l-la escueel-la!"

The Embassy inspired me to love all kinds of people and different places. It led me to live and work among other cultures around the world. In turn, those life experiences have helped me to grow even more. My adventures in Oaxaca were a big part of my life for more than ten years; here's a little glimpse.

La Embajada me inspiró a amar todo tipo de personas y lugares. Esto me llevó a vivir y trabajar inmerso en otras culturas alrededor del mundo. A su vez, esas experiencias de vida me han ayudado a crecer todavía más. Mis aventuras en Oaxaca fueron una parte importante de mi vida por más de diez años; aquí les dejo un vistazo.

Stefano and a local guide escort three female American students to historic sites near Oaxaca

Stefano y un guía de la zona acompañan a tres alumnas estadounidenses a sitios históricos cerca de Oaxaca

A friendly neighbor and her two children at a small party on Stefano's terrace overlooking the Galaguetza Stadium

Una vecina amigable y sus dos hijos en una pequeña fiesta en la terraza de Stefano con vista al Auditorio Guelaguetza

Stefano, Holly, and Jesús visit a centuries-old abandoned church in the countryside

Stefano, Holly y Jesús visitan una centenaria iglesia campirana abandonada

Juan with a new friend from the USA

Juan con una nueva amiga de los Estados Unidos

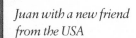

Stefano sports a fancy paper "hat" made by his friend's two little daughters

Stefano luce un elegante "sombrero" de papel fabricado por las dos pequeñas hijas de su amigo

The first "intercambio" of Stefano, Mario waits for class in the courtyard of our beautiful school grounds (An "intercambio" exchanges one hour of Spanish classes for one hour of English classes)

El primer "intercambio" de Stefano, Mario espera la sesión en el patio de nuestra hermosa escuela (Un "intercambio" consiste en cambiar una hora de clases de español por una hora de clase de inglés)

Two of Stefano's biggest fans open surprise gifts in their parents' kitchen

Dos de las más grandes admiradoras de Stefano abren regalos sorpresa en la cocina de sus padres

Three friends admire the garden/courtyard of a potential new apartment in downtown Oaxaca

Tres amigos admiran el patio/jardín de un posible nuevo departamento en el centro de Oaxaca

*The cool and elegant three-
story atrium of Stefano's
newest apartment building
in downtown Oaxaca*

*El moderno y elegante patio
interior de un edificio de
tres pisos del nuevo departamento de Stefano en
el centro de Oaxaca*

*Bargaining for good prices with the
carver/creator of some excellent
"alebrijes" (Alebrijes are carved wooden
fantastical animal figurines)*

*Regateando los precios con un tallador/
creador de excelentes "alebrijes"
(Los alebrijes son figuras de animales
fantásticos tallados en madera)*

Three new friends from different corners of the world, look forward to sharing a special Oaxacan luncheon

Tres nuevos amigos de distintas partes del mundo esperan compartir un especial almuerzo oaxaqueño

Stefano (as guide) leads an unsuspecting student toward a cave of bats outside the city of Oaxaca

Stefano (como guía) conduce a una estudiante desprevenida hacia una cueva de murciélagos en los alrededores de la ciudad de Oaxaca

Stefano waiting to be served a tasty Oaxacan breakfast in the atrium of his new apartment in downtown Oaxaca

Stefano esperando que le sirvan un delicioso desayuno oaxaqueño en el patio interior de su nuevo departamento en el centro de Oaxaca

lma and Stefano (with little Jesús Hijo) waiting to go on a "zipline" in the woods over a mountainside river

lma y Stefano (con el pequeño Jesús hijo) en una ladera de la sierra sperando para subirse a una tirolesa sobre un río junto a la montaña

road trip to historical sites in the tiny villages outside of Oaxaca, Oaxaca

'n viaje por carretera a sitios históricos en los pueblitos en las afueras de ciudad de Oaxaca

*Two American students enjoy an
outing to Hierve de Agua with
their three Mexican friends*

*Dos estudiantes estadounidenses
disfrutan un paseo a Hierve El Agua
con sus tres amigos mexicanos*

*A much-loved favorite teacher, Enedina, gives fun ceramic lessons to her new
adult students in her pavilion workshop on the rooftop of Stefano's school*

*Una profesora favorita muy querida, Enedina, da divertidas clases de
cerámica a sus nuevos estudiantes adultos en su taller en un área de la
azotea de la escuela de Stefano*

A long trip by car (with a Mexican friend and his two young daughters) over the mountains to visit the ocean seaside town of Santa Maria Huatulco

Un largo viaje en coche (con un amigo mexicano y sus dos jóvenes hijas) por la montañas para visitar la población costeña de Santa María Huatulco

Holly and Stefano pose under the gigantic ancient "Tree of Tule"

Holly y Stefano posan debajo del antiguo y gigantesco "Árbol del Tule"

About the Author

Stefano Buonocore-Knothe, a lifelong learner, has experienced the world with open arms. His favorite locations are South Korea, France, and Oaxaca, Mexico. He is proud of his accomplishments, varied jobs and careers along the way. Stefano loves people; he has a warm smile and is always ready for a hearty laugh. He holds an M.S. from The State University of New York and studied for his doctorate at NYU in New York and France. He has lived and worked among the indigenous people of Oaxaca, Mexico for ten years. The author continues to study, write, and travel while currently living in New York.

Nota del Autor

Stefano Buonocore-Knothe, un aprendiz de por vida, ha experimentado el mundo con los brazos abiertos. Sus lugares favoritos son Corea del Sur, Francia y Oaxaca, México. Le enorgullecen sus logros, variados empleos y profesiones a lo largo del camino. A Stefano le encanta la gente, tiene una cálida sonrisa y siempre está listo para una risa sincera. Cuenta con una maestría en ciencias por la Universidad Estatal de Nueva York y realizó estudios de doctorado por la NYU en Nueva York y Francia. Ha vivido y colaborado con comunidades indígenas de Oaxaca, México, durante 10 años. El autor continúa estudiando, escribiendo y viajando mientras que actualmente vive en Nueva York.

PHOTO OF THE AUTHOR BY MICHAEL CHRISNER, 2020, IN FRONT OF THE EMBASSY, 17TH STREET, TROY, NEW YORK.

Made in the USA
Monee, IL
22 March 2021